Repè…

La philosophie

Patrice Rosenberg

Niezlzsche Twilight of the Idols 58 59 105
Hegel Lecture on fine arts 50 51 109 140 149
Freud "the uncanny 20 86 87 96
Marxism Benjamin the work of art in the Age
Marxism Adorno
Psychoanalysis Lacan "the mirror ~~the~~ image

Nathan

Sommaire

Histoire de la philosophie

Grands philosophes

Écoles et courants

Notions et problèmes

Philosophie et culture

Méthode

© Nathan, 25 avenue Pierre-de-Coubertin, 75013 Paris, 2008 – ISBN 978-2-09-160642-2

MODE D'EMPLOI

Divisé en six parties, l'ouvrage s'organise par doubles pages.
Chaque double page fait le point sur un thème et fonctionne de la façon suivante.

À gauche

Une page synthèse apporte toutes les informations pour comprendre le sujet de la double page.

À droite

Une page explications développe un point particulier qui illustre et complète la page de gauche.

Le titre annonce le thème de la double page.

Le menu aide à repérer les six parties du livre.

Quelques lignes d'introduction cernent le sujet.

Le titre de la page de droite met en lumière un point particulier.

HISTOIRE DE LA PHILOSOPHIE
GRANDS PHILOSOPHES
ÉCOLES ET COURANTS
NOTIONS ET PROBLÈMES
PHILOSOPHIE ET CULTURE
MÉTHODE

Sartre (1905-1980)

Jean-Paul Sartre a produit une œuvre à la fois philosophique et littéraire tout en prenant une part active aux grands combats politiques de son époque. Philosophe existentialiste, il affirme le caractère indépassable de la liberté.

Philosophe et écrivain

Né à Paris en 1905, Sartre est un brillant étudiant reçu premier à l'agrégation de philosophie en 1929. Enseignant, il publie un premier texte philosophique, *L'Imagination* (1936), puis un roman, *La Nausée* (1938). Les premières représentations des *Mouches* (1943) marquent le public, alors que Sartre publie la même année son grand texte philosophique marqué par la phénoménologie de Husserl et Heidegger, *L'Être et le Néant*.

En 1945, Sartre quitte l'enseignement et fonde la revue engagée *Les Temps modernes* avec Simone de Beauvoir et Maurice Merleau-Ponty. Le succès de ses pièces de théâtre (*Huis clos*, 1944 ; *Les Mains sales*, 1948), ses essais, son engagement politique à gauche font de Sartre un homme célèbre et discuté. En 1964, il publie *Les Mots* et reçoit le prix Nobel de littérature qu'il refuse. Il participe à la fondation du journal *Libération* en 1973. Dans *La Critique de la raison dialectique*, il s'efforce de concilier existentialisme et marxisme.

Un existentialisme athée

La philosophie de Sartre est un existentialisme athée : non seulement l'existence individuelle est première, mais surtout elle n'est justifiée par rien. L'existence est un fait contingent ; il n'y a aucune nécessité au fait d'exister. L'homme est jeté dans l'existence ; il existe sans raison (il n'y a aucune finalité ni intention divine qui explique sa présence). L'existence est à la fois gratuite et absurde.

Si nous prenons un outil, nous pouvons dire que sa fabrication est déterminée par sa fonction : nous pouvons en donner une définition avant de le faire exister. Rien de tel pour l'homme : on ne peut le définir avant qu'il n'existe. Il n'y a pas de nature ou d'essence humaine. « L'existence précède l'essence ». Ainsi « l'homme n'est rien d'autre que ce qu'il se fait ». Pour Sartre, ce que l'homme fait de lui dépend fondamentalement du regard d'autrui.

« L'homme est condamné à être libre »

La formule de Sartre « l'homme est condamné à être libre » peut paraître paradoxale mais elle exprime le sens de l'existentialisme sartrien. L'homme est condamné « parce qu'il ne s'est pas créé lui-même ». Mais il est libre car n'étant pas défini par avance, « une fois jeté dans le monde, il est responsable de tout ce qu'il fait ».

La liberté humaine est absolue pour Sartre, ce qui implique que ma responsabilité est elle-même absolue. Ma vie est la somme de mes actes et je suis toujours responsable de ce qui m'arrive. Même lorsque je semble subir un événement, c'est bien moi qui choisis la manière de le subir. Soldat en temps de guerre, je suis responsable de cette guerre : je peux la refuser, déserter, voire me suicider. Ce choix ultime montre que je suis toujours libre. Affirmer que j'ai été contraint, que je ne pouvais rien faire, c'est toujours justifier un choix parmi d'autres. Dire qu'il n'y avait pas d'autres choix, c'est faire preuve de « mauvaise foi ».

66

LA MAUVAISE FOI

La vie d'un homme est faite de l'ensemble de ses actes, qui sont autant de choix libres. S'il affirme que ce sont les circonstances ou des contraintes extérieures qui l'ont fait agir, qu'il n'est pas responsable, il se ment à lui-même. Il est de « mauvaise foi ».

Jean-Paul Sartre, photographié à Paris, dans les années 1960.

Le mensonge contre soi

La mauvaise foi apparaît comme un mensonge envers soi-même. Or, par définition, le menteur sait qu'il ment et il trompe celui à qui il s'adresse. Comment puis-je alors me mentir à moi-même puisque ce « moi » qui ment est le même que celui qui est trompé ? On évoque alors l'idée que c'est l'inconscient qui me trompe, mais Sartre refuse une telle idée : pour que l'inconscient agisse sur la conscience, il faut qu'il fasse des choix, ce qui suppose une forme de conscience. La thèse psychanalyste de l'existence d'un inconscient est pour Sartre une manière de masquer la mauvaise foi.

Le garçon de café

Si la mauvaise foi est une forme de mensonge envers soi même, c'est parce que l'être de l'homme ne coincide pas réellement avec ce qu'il est. Une chose est toujours ce qu'elle est (une table ne peut etre autre chose qu'une table), mais la réalité humaine, car elle a conscience d'elle-même, ne se réduit jamais à ce qu'elle présente d'elle-même. Il existe une distance entre ce qu'elle est et l'idéal qu'elle veut être. Sans cesse, il y a une sorte de jeu entre ce que je suis et ce que je joue à être. C'est ainsi qu'apparaît la mauvaise foi. Sartre illustre cela par l'exemple du garçon de café, qui joue son rôle de garçon de café car c'est ce qu'il veut être, tout en sachant qu'il ne se réduit pas à être ce garçon de café qu'il joue.

« Considérons ce garçon de café. Il a le geste vif et appuyé, un peu trop précis, un peu trop rapide, il vient vers les consommateurs d'un pas un peu trop vif, il s'incline avec un peu trop d'empressement, sa voix, ses yeux expriment un intérêt un peu trop plein de sollicitude pour la commande du client, enfin le voilà qui revient, en essayant d'imiter dans sa démarche la rigueur inflexible d'on ne sait quel automate, tout en portant son plateau avec une sorte de témérité de funambule, en le mettant dans un équilibre perpétuellement instable et perpétuellement rompu, qu'il rétablit perpétuellement d'un mouvement léger du bras et de la main. Toute sa conduite nous semble un jeu. Il s'applique à enchaîner ses mouvements comme s'ils étaient des mécanismes se commandant les uns les autres, sa mimique et sa voix même semblent des mécanismes ; il se donne la prestesse et la rapidité impitoyables des choses. Il joue, il s'amuse. Mais à quoi joue-t-il ? Il ne faut pas l'observer longtemps pour s'en rendre compte : il joue à *être* garçon de café. »

Jean-Paul Sartre, *L'Être et le Néant*, © Éd. Gallimard.

67

Les sous-titres permettent de repérer les points principaux du sujet.

Les photos illustrent le texte.

Les encadrés colorés font ressortir l'information.

La naissance de la philosophie (VIe-Ve siècles av. J.-C.)

La philosophie est née en Grèce entre les VIe et Ve siècles av. J.-C. Si les hommes ont toujours cherché à comprendre ce qui se passait autour d'eux, ils n'ont pas toujours été philosophes. S'opposant aux explications légendaires ou magiques, la philosophie apparaît lorsque des hommes cherchent à expliquer rationnellement le monde qui les entoure.

L'origine grecque de la philosophie

La philosophie est une invention grecque. À partir du VIIIe siècle av. J.-C., des colonies grecques se développent sur le pourtour de la Méditerranée qui devient la « mer grecque ». Les relations commerciales et les contacts nombreux avec les populations non grecques facilitent l'élargissement de l'horizon intellectuel.

Intégrant les savoirs des vieilles civilisations égyptiennes ou mésopotamiennes, des écoles grecques de pensée apparaissent en Asie Mineure (les Ioniens au VIe siècle av. J.-C.), puis en Italie du Sud (les Pythagoriciens ou les Éléates au Ve siècle av. J.-C.). Non seulement ces écoles développent des connaissances scientifiques, en astronomie ou en géométrie par exemple, mais elles proposent également des théories pour expliquer l'ordre de l'univers.

Le rayonnement athénien

À partir du Ve siècle av. J.-C., ces différents courants présocratiques (c'est-à-dire antérieurs au philosophe Socrate) confluent vers Athènes, dont le rayonnement politique et culturel est considérable. Périclès, qui réforme la démocratie, soutient les plus grands artistes et intellectuels de son temps : l'Acropole se couvre de monuments classiques sous la direction du sculpteur Phidias, le théâtre résonne des paroles tragiques écrites par Eschyle, Sophocle ou Euripide.

C'est à cette époque que la philosophie, avec Socrate, passe de l'enfance à l'âge adulte. Contre les préjugés et les croyances, les opinions et les superstitions, Socrate ne cesse d'indiquer que la critique rationnelle est le seul moyen d'établir une connaissance fondée.

Le projet d'une connaissance rationnelle

La philosophie naît de l'abandon de la référence aux dieux pour rendre compte du monde. Face au spectacle de la nature et à la puissance des éléments, l'étonnement des hommes a d'abord cherché une explication dans l'intervention d'êtres surnaturels. La croyance religieuse était alors une réponse au sentiment mêlé d'admiration et de crainte que provoque l'expérience du monde.

Ce qu'on appelle le « miracle grec » consiste dans le souci nouveau d'éclairer ces phénomènes par une justification rationnelle appuyée sur la démonstration et la preuve. Aucun domaine ne doit alors échapper à l'investigation de la raison et à l'examen critique. Les Grecs inventent ainsi la démonstration mathématique, l'enquête historique, mais aussi le débat politique. C'est dans ce contexte que la philosophie se donne un projet : explorer méthodiquement la réalité dans le but de la connaître. Mais cette connaissance possède également une finalité pratique : elle doit permettre de comprendre et de savoir comment vivre.

L'ORIGINE DU MOT « PHILOSOPHIE »

En inventant le mot « philosophie », les Grecs ont souligné que toute connaissance commence par un aveu d'ignorance qui nous débarrasse des illusions et des préjugés.

L'apparition du mot

Pythagore (v. 582-v. 500 av. J.-C.) est, selon Diogène Laërce, l'inventeur du mot « philosophie ». L'étymologie du terme renvoie à l'idée d'un « amour » (*philia* en grec) de la « sagesse » (*sophia*).

> « Le terme de "philosophie" est une création de Pythagore. Le premier, il s'est appelé philosophe [...]. Il alléguait qu'aucun homme n'est sage, que la sagesse est le privilège des dieux. Avant lui, en effet, cette discipline s'appelait la "sagesse", et celui qui en faisait profession, s'il avait une âme riche et élevée, s'appelait "sage". Un philosophe, c'est, au contraire, quelqu'un qui *cherche à atteindre* la sagesse. »
>
> Diogène Laërce, *Vies, doctrines et sentences des philosophes illustres*, tome I, IIIe siècle (?), trad. R. Genaille, Éd. GF, 1965.

La sagesse théorique et la sagesse pratique

Pour les Grecs, la *sophia* est à la fois la sagesse et le savoir. Ce savoir renvoie en même temps à la connaissance scientifique et à l'interrogation philosophique. Ainsi, les philosophes furent, pendant des siècles, des mathématiciens, des physiciens, ou des biologistes, bref des chercheurs de vérité. Mais le mot « philosophie » associe également l'idée d'une recherche de la vérité à celle de la capacité à vivre avec sagesse. La philosophie possède donc un aspect théorique, mais aussi une dimension pratique. L'accès à la *sophia* doit permettre de savoir comment vivre.

Les sages et les sophistes

Dans l'Antiquité grecque, le sage (*sophos*) est notamment celui que l'on honore pour ses qualités morales. On évoque souvent Sept Sages, dont la liste varie, mais parmi lesquels reviennent Thalès de Milet, Pittacos de Mytilène, Bias de Priène, Solon d'Athènes. La plupart de ces hommes sont des législateurs.

Le philosophe ne prétend donc pas posséder la sagesse, mais il affirme en être l'ami. En fait, le mot « philosophe » employé par Platon permet d'établir une différence entre celui qui fait semblant de savoir et celui qui cherche à savoir. Platon oppose ainsi au philosophe le sophiste (*sophistès*), un professionnel du discours qui enseigne l'art de persuader un public en toute occasion.

L'un des principaux sophistes est Protagoras (v. 490-v. 420 av. J.-C.), qui affirme la relativité de tout savoir (« l'homme est la mesure de toutes choses »). On trouve également£Gorgias (480-390 av. J.-C.), qui fait de la rhétorique le savoir par excellence, car il donne le pouvoir sur toute assemblée. Pour le philosophe, il ne s'agit pas de persuader, mais de convaincre avec des arguments rationnels.

La philosophie, le savoir suprême

Pour de nombreux philosophes, la philosophie est la recherche du savoir suprême placé au-dessus de tous les autres savoirs. Platon affirme ainsi du philosophe qu'il est « possédé du désir de la sagesse, non pas tel ou tel élément, mais de la sagesse tout entière » (*République*, V, 475 b). Cette exigence d'une vérité ultime explique que le cheminement philosophique soit un long apprentissage.

Les premières grandes doctrines philosophiques

(IVe siècle av. J.-C.)

Au IVe siècle av. J.-C., alors qu'Athènes a perdu le faste de l'époque de Périclès, s'élaborent deux grandes doctrines qui marqueront toute l'histoire de la philosophie. Elles ont pour auteurs Platon et Aristote, qui fondent respectivement l'Académie et le Lycée.

Les difficultés d'Athènes

À la fin du Ve siècle av. J.-C., de nombreuses cités grecques, au premier rang desquelles Sparte et Thèbes, s'opposent à l'hégémonie d'Athènes. La guerre du Péloponnèse s'achève par la défaite de la prestigieuse cité en 404 av. J.-C. Au milieu du siècle suivant, la puissance athénienne est à nouveau menacée par le royaume de Philippe de Macédoine. Dans ce cadre bouleversé, le philosophe Platon, dont le maître Socrate a été condamné à mort par le tribunal d'Athènes, s'interroge sur les limites du régime démocratique.

Pour Platon, les difficultés de la cité ne peuvent être surmontées que si celui qui gouverne devient philosophe ou si le philosophe devient roi. À Syracuse, en Sicile, Platon espère réformer la politique en conseillant Denys, le maître de la cité ; mais il échoue : l'idéal du roi-philosophe est bien difficile à réaliser.

Platon, le premier grand auteur de la philosophie

L'œuvre de Platon (v. 427-v. 347 av. J.-C.) est la première grande œuvre philosophique qui nous soit parvenue. Disciple de Socrate, Platon met en scène son maître dans des dialogues philosophiques. Il propose une réflexion morale, politique et éducative, tout en condamnant les manipulations du discours accomplies par les sophistes. En 387 av. J.-C., il fonde une école, l'Académie.

La doctrine de Platon oppose le monde sensible, variable et conduisant à de vulgaires opinions, au monde intelligible, éternel et seul lieu de la vérité. L'itinéraire philosophique consiste alors à se débarrasser d'un monde d'illusions, pour accéder à la science, puis à la contemplation directe des essences éternelles (le monde des Idées) dont le principe ultime est l'idée du Bien.

Aristote, l'élève qui devient un nouveau maître

Après avoir suivi l'enseignement de Platon à Athènes, Aristote (v. 384-v. 322 av. J.-C.) quitte la cité grecque pour devenir le précepteur du futur Alexandre le Grand. Il revient douze années plus tard pour fonder le Lycée, une école concurrente de l'Académie. Aristote a écrit des dialogues, mais, à la différence de l'œuvre de Platon, seules des notes de cours nous sont parvenues.

Aristote manifeste un esprit encyclopédique et classificateur qui fait du savoir un vaste ensemble ordonné. Biologie, physique, politique, morale, art, métaphysique, aucun domaine n'échappe à sa curiosité. Il propose une doctrine finaliste de la nature où chaque être tend vers une perfection. Tout être évolue à partir d'une forme qui organise la matière brute. À la différence de Platon, Aristote considère que cette forme est inséparable du monde sensible.

L'ACADÉMIE ET LE LYCÉE

L'influence de Platon et d'Aristote est considérable sur l'ensemble de la pensée occidentale. Il faut dire que leur enseignement a pu être transmis grâce aux écoles qu'ils ont créées.

	L'Académie fondée par Platon	**Le Lycée fondé par Aristote**
Date de la fondation	387 av. J.-C.	335 av. J.-C.
Origine du nom	Les jardins d'Académos, un lieu-dit à l'extérieur des murs d'Athènes, où se trouve le tombeau du héros mythique.	Le Lukeion, un lieu-dit dans le nord-est d'Athènes, où se trouvent le temple d'Apollon Lycéen et un gymnase.
Organisation	Les cours ont lieu dans une propriété achetée par Platon. À sa mort, l'école est dirigée par un scholarque (le premier choisi par Platon pour lui succéder, puis les suivants élus parmi les académiciens).	Aristote enseigne en se promenant, d'où le nom d'École péripatéticienne donné au Lycée (de *peripatein*, « se promener »). Aristote propose des cours du soir, dits exotériques, pour le grand public (les notes de ces cours ont disparu), et des cours du matin, dits ésotériques, pour les disciples du Lycée (les notes de ces cours ont été conservées). Après la mort d'Aristote, l'école est dirigée par un scholarque.
Enseignement	Mathématiques (« Nul n'entre ici s'il n'est géomètre. »), sciences naturelles, sciences politiques (de nombreux hommes politiques d'Athènes ont fréquenté l'Académie), philosophie (couronnement de la formation).	Rhétorique, sciences naturelles (de nombreuses recherches sont faites en biologie), physique, médecine, logique, mathématiques. Importante bibliothèque.
Histoire	Trois périodes : – l'Ancienne Académie (387-268 av. J.-C.), qui prolonge l'enseignement de Platon ; – l'Académie moyenne (268-167 av. J.-C.), qui enseigne un certain scepticisme ; – la Nouvelle Académie (167-88 av. J.-C.), qui professe une doctrine du probable. Après 88 av. J.-C., des philosophes continuent de se réclamer de l'Académie.	Théophraste, successeur d'Aristote, développe les sciences naturelles, notamment la botanique. Puis Straton s'intéresse surtout à la physique et à la morale. Déclin du Lycée dès les années 270 av. J.-C., lorsqu'il devient une école de rhétorique. Vers 60 av. J.-C., Andronicos de Rhodes, le dernier scholarque, classe et édite les œuvres ésotériques d'Aristote.
	En 529, l'empereur Justinien ferme toutes les écoles philosophiques à Athènes.	

Les sagesses hellénistiques (IVe-IIe siècle av. J.-C.)

À partir de la fin du IVe siècle av. J.-C, les cités grecques perdent définitivement leur indépendance. Dans cette période, dite hellénistique, qui va de la mort d'Alexandre (323 av. J.-C.) à la conquête romaine (146 av. J.-C.), la culture grecque s'exporte et se modifie au contact de nouvelles influences.

La fin de la cité grecque et l'essor de Rome

Au IVe siècle av. J.-C., les cités grecques perdent leur indépendance. Philippe II de Macédoine devient le maître de la Grèce en 338 av. J.-C. et son fils Alexandre le Grand étend son pouvoir sur un vaste empire qui va d'Athènes à l'Indus (nord de la péninsule indienne) en passant par l'Égypte.

Dès le IIIe siècle av. J.-C, Rome étend sa domination. Si le centre de gravité politique glisse vers l'ouest, le rayonnement culturel et philosophique d'Athènes séduit les Romains. En 155 av. J.-C., une ambassade de trois philosophes vient à Rome plaider la cause d'Athènes condamnée à une forte amende. Leur talent fait sensation et éblouit la jeunesse romaine. La philosophie entre alors dans « la Ville ».

L'époque des sagesses individuelles

En perdant son indépendance au profit des royaumes et des empires, l'ordre politique et social de la cité grecque est bouleversé. Les repères traditionnels sont brisés : l'homme n'est plus cet « animal politique » défini par Aristote et dont la finalité est de participer à la vie publique de la cité (*polis* en grec, qui a donné « politique ») ; il est d'abord un individu, et son horizon déborde le cadre de la cité pour s'établir à l'échelle de l'univers.

Dans un monde qui semble échapper à la maîtrise politique, le bonheur est avant tout une affaire personnelle et individuelle, en retrait des affaires publiques. Les finalités et les moyens de cette sagesse sont alors déterminés par la recherche de la paix intérieure et de la tranquillité de l'âme, ce que les philosophes hellénistiques nomment « ataraxie ».

Les doctrines hellénistiques

De nouvelles doctrines apparaissent dans ce monde en profonde mutation. Les deux plus célèbres sont l'épicurisme, fondé par Épicure (341-270 av. J.-C.), et le stoïcisme, créé par Zénon de Citium (v. 332-v. 262 av. J.-C.). Toutes deux visent l'ataraxie (absence de trouble dans l'âme), mais leurs moyens pour l'atteindre sont différents ; la première préconise une gestion prudente des désirs, la seconde une adhésion de la raison à l'ordre de la nature.

Diogène (v. 413-v. 327 av. J.-C.) inaugure une pensée cynique qui refuse toute préoccupation sociale ou politique. Parallèlement, la doctrine sceptique est fondée par Pyrrhon (v. 360-v. 270 av. J.-C.). Constatant que l'homme est incapable d'établir une vérité incontestable et certaine, il invite à suspendre tout jugement, seul moyen d'accéder à l'ataraxie.

LA PHILOSOPHIE À LA CONQUÊTE DE ROME

La conquête de la Grèce par les Romains est achevée en 146 av. J.-C. Les œuvres des artistes et des penseurs grecs impressionnent et enthousiasment l'élite romaine malgré les réticences de certains hommes politiques, comme le souligne le poète latin Horace (65-8 av. J.-C.) : « La Grèce, conquise, conquit à son tour ses grossiers vainqueurs, et importa les arts dans le Latium sauvage. » Peu à peu, des philosophes romains poursuivent l'œuvre des Grecs.

L'ambassade des philosophes athéniens

En 155 av. J.-C., des philosophes athéniens sont envoyés en délégation à Rome. Leur objectif : obtenir une diminution de l'amende infligée par Rome à la suite du pillage par Athènes de la ville d'Oropos. L'un d'eux, Carnéade, un des lointains successeurs de Platon à la tête de l'Académie, prend la parole devant les Romains.

« Le charme de Carnéade, dont l'influence était considérable et la réputation égale à l'influence, atteignait des auditoires nombreux et cultivés. Ce fut comme un vent impétueux, dont le souffle remplit la ville. Le bruit se répandit qu'un Grec, extraordinaire au point de frapper d'étonnement, charmant et domptant tout, avait inspiré aux jeunes gens une passion violente pour la philosophie, un enthousiasme qui leur faisait sacrifier, pour elle, toute espèce de plaisir et de passe-temps. Cela plaisait aux autres Romains, et ils voyaient avec joie les adolescents participer à la culture grecque et fréquenter des hommes admirés. Mais Caton[1], dès le commencement, s'apercevant que le goût de l'éloquence gagnait toute la ville, en fut mécontent ; il craignait que, tournant leurs ambitions de ce côté, les jeunes gens ne s'attachassent à la gloire de la parole plutôt qu'à celui de l'action et des campagnes [militaires]. »

Plutarque[2], *Vies parallèles*,
trad. B. Latzarus, Éd. Garnier, 1950.

1. Caton (234-149 av. J.-C.) : homme politique romain.
2. Plutarque (v. 46-v. 120) : écrivain grec.

Les premiers philosophes romains

Lucrèce (v. 98-55 av. J.-C.)

Son long poème, *De rerum natura* (« De la nature des choses »), expose une pensée matérialiste. Reprenant la philosophie d'Épicure, il affirme que tout ce qui existe est composé d'atomes. Sa morale vise à extraire la crainte du cœur des hommes.

Cicéron (106-43 av. J.-C.)

Homme politique romain, orateur exceptionnel, il élabore une théorie de l'éloquence. Il fait œuvre philosophique en adaptant la pensée des grandes écoles grecques, notamment stoïcienne et platonicienne, à la langue latine.

La philosophie médiévale (Ve-XVe siècle)

En 476, la fin de l'Empire romain d'Occident inaugure une nouvelle période qui, en raison de son caractère chaotique, ne parvient à transmettre qu'une partie de l'héritage philosophique. Au XIIe siècle, l'Europe médiévale produit nombre de penseurs qui, dans les universités naissantes, approfondissent l'enseignement d'Aristote au contact de la foi chrétienne.

L'essor de la chrétienté

À partir de 312, l'empereur romain Constantin se convertit au christianisme qui devient religion d'État. En 395, l'Empire romain est divisé en deux ensembles : l'empire d'Occident et l'empire d'Orient dont les capitales respectives sont Rome et Constantinople. L'empire d'Occident ne peut contenir les grandes invasions et disparaît en 476. Mais les nouveaux maîtres se convertissent à leur tour au christianisme (baptême catholique de Clovis, le roi des Francs, à la fin du Ve Siècle).

La philosophie s'ouvre au christianisme. Le IIIe siècle voit s'épanouir une des dernières grandes doctrines non chrétiennes de Rome, celle du néo-platonicien Plotin (v. 205-270) qui tente d'allier l'exigence de rationalité de la philosophie de Platon à des aspirations mystiques. Mais, un siècle et demi plus tard, l'évêque Augustin (354-430), un Romain d'Afrique, écrit la première grande œuvre théologique et philosophique d'un monde désormais chrétien.

Les nouveaux centres philosophiques

Les grandes invasions qui se succèdent entre le IVe et le VIIe siècle bouleversent profondément la vie intellectuelle. Mais le règne de Charlemagne, couronné empereur en 800, permet l'expression d'une renaissance (la « renaissance carolingienne ») qui trouve son origine, pour l'essentiel, dans les monastères où se transmettent et se conservent certains textes venus de l'Antiquité.

Avec la chute de l'Empire romain d'Occident, une grande partie de la pensée philosophique est recueillie à Constantinople et dans les grandes villes d'un Islam en expansion : Damas, puis Bagdad, Cordoue et Tolède. Grâce notamment aux travaux du philosophe arabe Averroès (1126-1198), l'Occident pourra redécouvrir progressivement l'œuvre d'Aristote.

Le développement de la philosophie à l'université

À partir du XIIe siècle, les écoles épiscopales installées près des cathédrales connaissent un essor lié au développement des villes. Mais le besoin d'émancipation des écoliers et des maîtres par rapport à l'évêque aboutit à la création des premières universités au début du XIIIe siècle. Caractérisées par leur indépendance intellectuelle et juridique, celles-ci deviennent le lieu d'une activité philosophique intense.

Aux environs de l'an mil, la philosophie était la « servante de la théologie », elle devait uniquement chercher à confirmer les vérités de la foi religieuse. Progressivement, des maîtres de l'Université de Paris, comme Albert le Grand (v. 1200-1280), insistent sur l'autonomie de la démarche philosophique. Poursuivant la réflexion d'Albert le Grand, Thomas d'Aquin (1225-1274), le plus célèbre théologien et philosophe de cette époque, propose alors une synthèse originale des exigences de la raison et de celles de la foi.

L'ENSEIGNEMENT SCOLASTIQUE

La scolastique désigne l'enseignement de philosophie et de théologie qui est professé dans les universités du Moyen Âge. Commentant les textes de la tradition chrétienne et les œuvres d'Aristote, elle s'appuie sur le développement de la logique et sur une méthode originale, la *disputatio*.

L'enseignement de l'école

Le mot « scolastique » est formé sur le latin *schola* (qui a donné le mot « école »), emprunté lui-même au grec *skolê* (qui désigne notamment un groupe de personnes qui reçoit un enseignement). Fondées par Charlemagne, les écoles sont sous l'autorité d'un abbé ou d'un évêque. Ce sont des lieux d'un enseignement élémentaire que l'on appelle, depuis la fin de l'Antiquité, les arts libéraux (*artes liberales*, c'est-à-dire les « arts dignes de l'homme libre »).

Le premier cycle est le *trivium* composé des disciplines littéraires (grammaire, rhétorique, dialectique) ; le second cycle, scientifique, est le *quadrivium* (arithmétique, géométrie, astronomie et musique). Si la renaissance carolingienne est celle du *trivium*, l'enseignement du *quadrivium* réapparaît à la fin du Xe siècle. Quand naissent les universités au XIIIe siècle, les arts libéraux, désormais associés à l'étude d'Aristote et des sciences de la nature, demeurent la base des études à la faculté des Arts.

L'Université médiévale

Le mot *universitas* désigne une « communauté », une corporation de maîtres et d'écoliers qui, au XIIIe siècle, s'affranchit de la tutelle de l'évêque. À la faculté des Arts (libéraux), qui dispense un enseignement secondaire s'ajoutent les facultés supérieures de théologie, de droit et de médecine. Chaque faculté s'organise par elle-même en élisant ses dirigeants.

L'enseignement scolastique s'appuie d'abord sur le commentaire méthodique d'un texte, la *lectio*, sous l'autorité du maître. Après l'analyse grammaticale et sémantique, on dégage une interprétation à la fois symbolique et morale. Puis vient la *disputatio* (« la dispute »), un exercice qui suppose à la fois la connaissance de références précises et une réelle compétence logique. Elle commence par une question à laquelle les étudiants sont invités à répondre en argumentant. Le maître donne ensuite sa solution, puis répond précisément à chaque intervention.

Saint Thomas d'Aquin enseignant. *Œuvre flamande du XVe siècle, peinte par Juste de Gand.*

La Renaissance, une idée neuve de l'homme

(XVe-XVIe siècles)

Au XVe siècle, l'Europe vit une nouvelle aventure de l'esprit: renaissance intellectuelle et artistique, découverte de continents inconnus, progrès des sciences de la nature... Une conception de l'homme bouscule la pensée scolastique du Moyen Âge.

La découverte d'un monde sans limite

À partir du milieu du XVe siècle, les grands navigateurs repoussent les limites géographiques du monde connu. En 1492, à la recherche d'une nouvelle route commerciale vers les Indes, Christophe Colomb découvre l'Amérique. En 1497, Vasco de Gama double le cap de Bonne-Espérance et ouvre la route maritime des Indes. La découverte de territoires et de cultures inconnus provoque des conflits mais aussi une remise en question des certitudes. Montaigne dénonce ainsi l'action des conquérants qui, face aux pratiques cannibales, ne perçoivent pas leur propre barbarie.

À la même époque, Nicolas Copernic (1473-1543) abandonne la théorie géocentrique (du grec *gê*, « Terre »), dans laquelle la Terre est immobile et donc l'homme, au centre de l'Univers. Il élabore une théorie héliocentrique (du grec *hêlios*, « Soleil ») qui démontre que les planètes tournent autour du Soleil. En faisant de la Terre une planète en mouvement comparable aux autres astres, Copernic initie une profonde remise en question de la pensée et de la place de l'homme dans l'Univers.

Une nouvelle conception de l'homme

La pensée médiévale rattachait l'homme à tout un réseau d'appartenances: le groupe familial, la corporation de métier, la communauté chrétienne dans son ensemble. À la Renaissance, l'essor économique et urbain, la rupture de l'unité chrétienne (Martin Luther est excommunié en 1521), la diffusion de la culture traduisent une plus grande affirmation de l'individu.

Depuis l'Antiquité, les théories politiques visent essentiellement l'accomplissement d'un idéal. En écrivant *Le Prince*, en 1516, Nicolas Machiavel (1469-1527) montre que la politique est moins la réalisation d'un tel idéal que l'action d'individus pour établir et conserver un pouvoir. Sur le plan artistique, à partir du XVe siècle, on assiste à une multiplication d'œuvres signées; l'art du portrait devient un genre indépendant et d'une extrême fidélité.

De nouvelles références pour la pensée

Les années 1450-1600 correspondent à une modification profonde des références culturelles. Les princes des États italiens, notamment les Médicis, favorisent la naissance de cercles philosophiques ou artistiques qu'on appelle des « académies ». Ainsi, à Florence, à la tête de l'Académie platonicienne, Marsile Ficin (1433-1499) s'oppose à la doctrine d'Aristote. S'appuyant sur les œuvres de Platon et de Plotin qu'il traduit, il permet l'accès à un christianisme régénéré.

L'élite intellectuelle a alors le sentiment de vivre une mutation considérable. L'invention de l'imprimerie et la circulation des livres permettent la diffusion de nombreuses œuvres de l'Antiquité. La première édition imprimée de Platon paraît à Venise en 1513. Des érudits humanistes parlent alors de Renaissance, par opposition à la période médiévale accusée d'immobilisme.

L'IDÉAL HUMANISTE

Même si les penseurs des années 1450-1600 n'utilisent pas le terme d'« humanisme » qui est une création du XIXe siècle, ils sont attentifs à la valeur de l'homme. Ils puisent ainsi un idéal de perfection humaine dans la lecture des « humanités », c'est-à-dire la littérature gréco-latine. Cette perfection est morale, comme l'indique l'attention portée à l'éducation. Elle est également sociale et se traduit par un pacifisme et un esprit réformateur. Enfin, elle est esthétique, comme le montrent les recherches des artistes sur les proportions du corps humain.

Pic de La Mirandole (1463-1494)

Jean Pic de La Mirandole. Peinture du XVIIe siècle.

« Qui donc s'abstiendra d'admirer l'homme ? »

Jean Pic de La Mirandole a une vie courte, mais sa précocité et son érudition sont impressionnantes. Maîtrisant le latin, le grec, l'arabe, l'hébreu et l'araméen, il apparaît comme un esprit universel. Il rédige neuf cents thèses couvrant toute la philosophie et la théologie et souhaite les proposer au débat public. Mais il doit renoncer à cette entreprise car certaines de ses thèses sont condamnées par l'Église. Dans son *Discours sur la dignité de l'homme*, il souligne que, contrairement aux autres êtres, l'homme est libre et qu'il est l'auteur de son destin.

Érasme (v. 1469-1536)

Desiderius Erasmus, dit aussi Érasme de Rotterdam, peint par Hans Holbein le Jeune, en 1523.

« L'homme ne naît pas homme, il le devient. »

Traducteur, commentateur, poète, Érasme parcourt l'Europe à la rencontre de l'élite intellectuelle de l'époque. Figure centrale de l'humanisme, il compose l'*Éloge de la folie* (1509) qui se présente comme le sermon d'un personnage, la Folie, qui critique les nombreux travers de la société et souhaite promouvoir les véritables idéaux chrétiens. Le succès de cette œuvre est considérable. En 1524, Érasme publie *Du libre arbitre* où il prend position contre la théorie de la prédestination, auquel répondra Luther dans *Du serf arbitre* un an plus tard.

La naissance du « sujet » moderne (XVIIe siècle)

Au XVIIe siècle, rompant avec les conceptions aristotéliciennes défendues par l'Église, des scientifiques revendiquent la prééminence des preuves rationnelles et expérimentales. Au centre de toute vérité, il y a le travail méthodique du « sujet » (« je »), qui reconnaît comme seule autorité les évidences de la raison.

Le début de la science moderne

Le progrès des sciences au Moyen Âge était gêné par une approche essentiellement textuelle : on expliquait la nature en commentant les textes des Anciens, ceux d'Aristote et de ses interprètes. À partir du XVIe siècle et surtout au XVIIe siècle, les connaissances scientifiques progressent grâce à l'association d'une démarche expérimentale et de l'utilisation de l'outil mathématique.

Galilée (1564-1642) découvre la loi de la chute des corps dans le vide et affirme que « le grand livre de la nature est écrit en langage mathématique ». L'invention de la lunette astronomique lui permet d'observer les astres (la Lune, des satellites de Jupiter...) et, prolongeant les découvertes de Copernic au XVIe siècle, il défend une thèse héliocentrique (la Terre tourne autour du Soleil). La conception médiévale d'un monde clos et immobile, défendue par l'Église, est mise à mal par l'idée d'un monde infini.

La révolution cartésienne

René Descartes (1596-1650), lui-même excellent mathématicien, est convaincu par la vision galiléenne du monde. Mais la condamnation de Galilée en 1633 le conduit à renoncer à publier le *Monde* dans lequel il adhère à l'héliocentrisme. Il continue cependant à défendre une conception mécaniste de la nature, rejetant ainsi la science enseignée au Moyen Âge, qui lui paraît sans fondement assuré.

En publiant le *Discours de la méthode* en 1637, Descartes fait du « sujet » pensant (le « je ») le fondement de la connaissance. En doutant méthodiquement de toutes les certitudes acquises, il parvient à établir une première vérité indubitable : « je pense, donc je suis ». En effet, je peux douter de la vérité des savoirs que j'ai appris, mais il est évident pour moi que je ne peux pas douter que je pense, car douter, c'est encore penser et donc exister. Descartes souligne ainsi que l'évidence reconnue par le « sujet » peut être le critère de la vérité, indépendamment de toute autorité extérieure. Le sujet moderne est né.

Le rationalisme

Descartes met en avant la toute puissance du sujet. La connaissance vraie est le résultat du travail de la raison. Dans un passage des *Méditations métaphysiques* (1641), il explique ainsi que la perception d'un morceau de cire n'est pas une simple réception par les cinq sens. Elle suppose une « conception » de l'esprit qui préserve l'unité de la chose même lorsque les qualités sensibles de la cire (la couleur, le parfum...) se modifient en fondant.

Ce rationalisme se retrouve chez de nombreux penseurs pour lesquels la raison est le fondement de la vérité, mais aussi de la liberté. Blaise Pascal (1623-1662), dans les *Pensées*, souligne cependant les limites de la raison face aux vérités du cœur.

LES DIFFÉRENTES EXPRESSIONS DU « SUJET » MODERNE

En tant que commencement, le « sujet » moderne fonde la connaissance. Il modifie également la conception que l'homme a de lui-même et exprime la liberté de l'individu dans le monde.

Le sujet métaphysique

En faisant du « *cogito, ergo sum* » (« je pense donc je suis ») le premier principe de toute science et de toute action, Descartes fait du moi « une substance dont toute l'essence ou la nature n'est que de penser » ; c'est-à-dire que le « je » est entièrement présent à lui-même par la pensée (lorsque je pense, je n'ai pas l'impression d'être incomplet dans cette pensée). Ce qui signifie que je suis une substance « qui pour être n'a besoin d'aucun lieu ni ne dépend d'aucune chose matérielle ; en sorte que ce moi, c'est-à-dire l'âme, par laquelle je suis ce que je suis, est entièrement distincte du corps, et même qu'elle est plus aisée à connaître que lui, et qu'encore qu'il ne fût point, elle ne laisserait pas d'être tout ce qu'elle est. » (*Discours de la méthode*, IVe partie)

Le sujet juridique

La prééminence du « je » fait de chaque homme un être indépendant. Progressivement, à partir du XVIIe siècle, se fait jour l'idée que l'homme possède une liberté naturelle, qui préexiste à toute obligation sociale. Dire « je », c'est revendiquer une autonomie de droit égale entre toutes les consciences. Comme le rappelle le philosophe anglais John Locke (1632-1704) : « L'homme est maître de lui-même, et propriétaire de sa propre personne et des actions et du travail de cette même personne. » (*Le Second Traité du gouvernement*). Toute obéissance à la loi ne peut alors être qu'un engagement volontaire de citoyen.

Le sujet scientifique et technique

Le sujet (ce qui connaît) se distingue de l'objet (ce qui est connu par le sujet). Pour Descartes, cela signifie que la science est une élaboration de l'esprit qui permet d'expliquer le fonctionnement du monde et d'y intervenir de manière efficace au profit de l'homme.

« [Les sciences physiques] m'ont fait voir qu'il est possible de parvenir à des connaissances qui soient fort utiles à la vie, et qu'au lieu de cette philosophie spéculative qu'on enseigne dans les écoles[1], on en peut trouver une pratique, par laquelle connaissant la force et les actions du feu, de l'eau, de l'air, des astres, des cieux et de tous les autres corps qui nous environnent, aussi distinctement que nous connaissons les divers métiers de nos artisans, nous les pourrions employer de même façon à tous les usages auxquels ils sont propres, et ainsi nous rendre **comme maîtres et possesseurs de la nature**. Ce qui n'est pas seulement à désirer pour l'invention d'une infinité d'artifices qui feraient qu'on jouirait sans aucune peine des fruits de la terre et de toutes les commodités qui s'y trouvent, mais principalement aussi pour la conservation de la santé, laquelle est sans doute le premier bien et le fondement de tous les autres biens de cette vie. »

Descartes, *Discours de la méthode*, VIe partie.

1. Allusion à l'enseignement abstrait des écoles du Moyen Âge.

Les Lumières et l'idéal du progrès (XVIIIe siècle)

On assiste au XVIIIe siècle à une accélération de l'innovation scientifique et technique. En Europe, de nombreux penseurs en prennent acte et considèrent que les « lumières de la raison » peuvent également éclairer les domaines religieux et politique.

Les progrès de la pensée scientifique et technique

Alors que le XVIIe siècle voit naître la physique moderne avec Galilée (1564-1642), puis Isaac Newton (1642-1727) qui énonce la loi de la gravitation universelle, le siècle suivant voit s'accélérer le mouvement des découvertes. La chimie moderne apparaît ainsi avec Antoine Lavoisier (1743-1794) qui met au point une classification rationnelle des éléments et formule la loi de conservation de la masse dans les réactions chimiques.

De nouvelles techniques de production apparaissent dans l'agriculture avec l'extension de la culture du maïs et l'introduction de la pomme de terre, mais aussi par la mise au point de méthodes agricoles plus efficaces (nouvelle rotation des cultures). L'industrie textile connaît une véritable révolution, depuis l'invention de la navette volante en 1733 (plus rapide qu'une navette manuelle) jusqu'au métier mécanique mû par la machine à vapeur en 1785.

La promotion des savoirs

Le progrès des connaissances conduit Denis Diderot (1713-1784) et Jean Le Rond d'Alembert (1717-1783) à entreprendre, de 1751 à 1772, la rédaction de l'*Encyclopédie*, conçue comme un *Dictionnaire raisonné des sciences, des arts et des métiers*. Associant l'élite intellectuelle de l'époque, elle constitue non seulement une célébration du savoir, mais aussi un manifeste en faveur de l'usage de la raison et de l'esprit critique en tout domaine.

La volonté de vulgarisation concerne tous les domaines. L'*Encyclopédie* est en France le premier ouvrage de présentation systématique des connaissances. Les articles théoriques y côtoient les planches de dessins où sont décrits en détail les métiers et leurs techniques. Malgré les condamnations et la censure, les auteurs parviennent à soutenir des idées progressistes, souvent à l'occasion d'un article technique.

Le combat pour la tolérance

Les philosophes des Lumières ne partagent pas une doctrine commune. Ainsi, le déisme de Voltaire (1694-1778), soutenant que la marche de l'univers suppose l'existence d'« un grand horloger », est éloigné de l'athéisme de Diderot, qui refuse toute intention divine dans un monde qui n'est que matière animée. De même, l'idée voltairienne d'un « despotisme éclairé », appuyant toute réforme sur l'intervention autoritaire du monarque, est différente de l'idée de « contrat social » et de « volonté générale » de Jean-Jacques Rousseau (1712-1778).

Mais tous s'opposent à l'idée qu'il existe des vérités indiscutables. Rien ne peut être soustrait à l'examen de la raison, même en religion. Voltaire met sa plume au service de la défense des victimes de l'intolérance religieuse : il contribue à la réhabilitation de Jean Calas, un protestant injustement condamné à mort, il défend les époux Sirven, également protestants et accusés d'avoir tué leur fille… Le fanatisme religieux est combattu sans relâche.

L'USAGE PUBLIC DU DÉBAT

Les philosophes des Lumières manifestent leur confiance dans les capacités de la raison humaine à faire progresser la connaissance et le droit. La mise en débat de la pensée dans l'espace public est le moyen d'un tel progrès.

La promotion de la « publicité »

Les philosophes des Lumières insistent sur la nécessité de transmettre les savoirs et de mettre les pensées en débat. Les thèses, les critiques doivent pouvoir être publiques, c'est-à-dire faire l'objet d'une « publicité » (c'est le premier sens, non commercial, du terme).

L'échange public est le moyen d'un progrès de la civilisation. Comme le souligne le philosophe allemand Emmanuel Kant (1724-1804), « quelles seraient l'ampleur et la justesse de notre pensée, si nous ne pensions pas en quelque sorte en communauté avec d'autres à qui nous communiquerions nos pensées et qui nous communiqueraient les leurs ! » Il ne faut cependant pas confondre le débat public avec le refus privé d'obéir aux lois : « le citoyen ne peut se refuser à payer les impôts dont il est redevable… Néanmoins celui-là même ne contrevient pas au devoir d'un citoyen s'il exprime publiquement… ses pensées contre l'incongruité ou l'illégitimité de telles impositions. » Il faut donc que « l'"usage public" de la raison soit toujours libre et lui seul peut répandre les Lumières parmi les hommes ».

Salons, cafés et éditions : le développement d'un espace public

Au XVIIIe siècle, les salons littéraires sont un lieu d'échange intellectuel. De 1749 à 1777, le salon de Mme Geoffrin est un des endroits importants de propagation des Lumières : deux fois par semaine, on y croise des philosophes, des artistes, des ministres ou des ambassadeurs.

Les cafés, tel *Le Procope*, fréquentés par les artistes et les hommes de lettres, sont aussi des lieux d'échanges et de travail.

Parallèlement, des ouvrages déjouent la censure et diffusent les connaissances savantes et les thèses des philosophes. Sous la direction de Diderot et d'Alembert, le projet devient celui de l'*Encyclopédie*, immense œuvre de vulgarisation et de lutte contre l'irrationnel, à laquelle participent vingt ans durant plusieurs dizaines de collaborateurs.

Dans cette peinture de Gabriel Lemonier, Une soirée chez Madame Geoffrin, *1812, on peut repérer Fontenelle, Montesquieu, Diderot et le buste de Voltaire.*

Le temps des utopies

(XIXe siècle)

Au XIXe siècle, la révolution industrielle transforme profondément les conditions de vie des individus. Des philosophes étudient ces bouleversements aux conséquences sociales parfois tragiques et proposent de nouvelles perspectives.

L'essor des sciences et des techniques

Le goût des Lumières pour l'observation et l'expérimentation se prolonge dans le développement des sciences du XIXe siècle : la découverte expérimentale du fonctionnement physiologique du foie par Claude Bernard dans les années 1850 ou l'élaboration de la théorie de l'évolution (publiée en 1859) par Charles Darwin à partir d'observations effectuées autour du monde sont des exemples du succès de la pensée scientifique.

L'invention de la machine à vapeur, à l'origine de la première révolution industrielle du XIXe siècle, modifie profondément les modes de production. Le travail est bouleversé : développement du salariat ouvrier, croissance urbaine, paupérisation. Les transformations sociales deviennent alors un thème fondamental de la réflexion philosophique.

La foi dans la science

En raison des progrès accomplis, le XIXe siècle exprime une confiance très forte dans les capacités des sciences et des techniques. La démarche scientifique (ou positive) semble être le seul modèle de toute véritable connaissance. La philosophie « positiviste » d'Auguste Comte (1798-1857) explique ainsi que l'esprit humain atteint son plein développement lorsqu'il parvient à décrire les phénomènes uniquement par des lois scientifiques.

Mais le positivisme se transforme parfois en scientisme, c'est-à-dire que la confiance dans les progrès de la science devient un véritable acte de « foi ». Des penseurs affirment alors que la science peut ou pourra résoudre tous les problèmes de l'homme. Le chimiste Marcelin Berthelot (1827-1907) en arrive ainsi à souhaiter « une direction des sociétés humaines par les sciences ».

La question du progrès social

Un grand nombre d'hommes du XIXe siècle est réduit à une extrême pauvreté et vit dans des conditions effroyables malgré les progrès techniques. Les droits de l'homme, revendiqués à la fin du XVIIIe siècle, semblent ne pas avoir de véritable réalité. Des penseurs utopistes proposent alors d'édifier une nouvelle organisation sociale. Charles Fourier (1772-1837) décrit ainsi une cité idéale, le phalanstère, une petite société où chacun peut vivre selon ses désirs.

La critique de la situation sociale vise essentiellement la notion de propriété, car celle-ci est la base des inégalités. Le socialiste Pierre Joseph Proudhon (1809-1865) affirme ainsi que « la propriété, c'est le vol ! » La résolution de cette inégalité suppose la compréhension exacte de la réalité sociale, ce qui implique une étude objective. Cette idée est approfondie par Karl Marx (1818-1883), qui fait de la science économique un outil pour comprendre les transformations de l'Histoire.

LA NAISSANCE DES GRANDES THÉORIES SOCIALES

Au XIXe siècle, le développement de la société industrielle se traduit par un profond bouleversement économique et social. De nombreux philosophes et acteurs politiques vont étudier cette situation et proposer des réponses pour garantir un monde plus juste.

Le « phalanstère » de Fourier : l'utopie des passions

Pour Charles Fourier (1772-1837), les relations sociales sont régies par une loi d'attraction comparable à celle des phénomènes physiques. Une société harmonieuse doit donc respecter cette loi, ce qui n'est pas le cas dans les sociétés industrielles. Charles Fourier distingue 810 caractères humains. À partir de ce constat, il imagine une société harmonieuse de 1 620 hommes et femmes constituant une phalange et vivant dans un phalanstère. Chacun y travaille dans l'harmonie et le respect réciproque de ses passions car « le bonheur consiste à avoir beaucoup de passions et beaucoup de moyens de les satisfaire ».

L'anarchisme de Proudhon : la liberté individuelle et le mutualisme

Issu de la classe ouvrière, autodidacte, Pierre Joseph Proudhon (1809-1865) pratique différents métiers (ouvrier typographe, imprimeur…) avant de devenir un journaliste et écrivain engagé. Il entreprend une critique « scientifique » du capitalisme et de la propriété privée (« la propriété privée, c'est le vol »). Il condamne également les différents pouvoirs comme l'État et l'Église car ils sont, selon lui, des obstacles à la liberté. Il apparaît ainsi comme un des fondateurs de l'anarchisme. La réponse aux injustices et inégalités sociales passe par une société où les travailleurs, instruits, s'associent librement. Cette association libre est le mutualisme. Les échanges des associations de production sont assurés par une fédération. Tout pouvoir est décentralisé.

La révolution ouvrière de Marx : une nécessité historique

La pensée de Karl Marx repose sur une étude approfondie des mécanismes économiques et de leur évolution. Au début des années 1850, il fonde une science de l'histoire (le matérialisme historique) pour montrer le caractère transitoire du mode de production capitaliste : fondé sur « l'exploitation de l'homme par l'homme », le capitalisme ne peut que mourir de ses contradictions. Il faut donc que la classe ouvrière fasse la révolution pour instaurer une société sans classe. Une période transitoire établit la dictature du prolétariat et l'abolition de la propriété privée. Puis l'État lui-même disparaît. C'est alors la naissance de la société communiste.

La philosophie en question (XXe siècle)

Alors que le XIXe siècle manifeste sa confiance dans le progrès, en dépit des conflits qui traversent une société bouleversée par la révolution industrielle, les philosophes du XXe siècle pensent un monde qui en vient à douter de ses capacités et de son avenir.

Le choc des conflits mondiaux

À l'aube du XXe siècle, les sociétés européennes portent le plus souvent un regard optimiste sur la civilisation. À Paris, l'Exposition universelle de 1900 se présente comme une manifestation grandiose des capacités créatrices du génie français. Mais la tragédie de la Première Guerre mondiale (9 millions de morts) a des effets sociaux, politiques et culturels considérables, conduisant l'écrivain et philosophe Paul Valéry (1871-1945) à affirmer en 1919 que « nous autres, civilisations, nous savons maintenant que nous sommes mortelles ».

Ne parvenant pas à empêcher une Seconde Guerre mondiale, les hommes découvrent alors toute l'horreur d'une humanité qui, dans les camps de la mort, est parvenue à supprimer des millions d'hommes et de femmes avec une efficacité redoutable. Des philosophes s'interrogent sur la valeur d'une culture qui semble incapable d'empêcher la barbarie.

La critique du sujet

Depuis Descartes au XVIIe siècle, un grand nombre de philosophes faisait du sujet (le moi) le principe de toute vérité et de toute action. Confiants dans la toute puissance de la raison, assurés du pouvoir de la liberté humaine, ils estimaient que l'homme était maître de sa destinée. Cet optimisme est largement remis en cause par les « penseurs du soupçon ».

À l'image de Karl Marx (1818-1883) et de Friedrich Nietzsche (1844-1900), qui soulignaient les illusions du sujet, Sigmund Freud (1856-1939) remet en question la définition de l'homme comme être de conscience. Faisant l'hypothèse de l'intervention de processus inconscients échappant à toute maîtrise, le père de la psychanalyse affirme que « le moi n'est pas maître dans sa propre maison ».

La philosophie et les sciences humaines

Au XXe siècle, de nouvelles approches et de nouveaux savoirs se développent. La psychologie, la linguistique ou la sociologie ont ainsi pour but de décrire l'homme de manière scientifique. Les sciences humaines (par opposition aux sciences de la nature, comme la physique ou la biologie) apparaissent alors comme une alternative au questionnement philosophique. Des philosophes, comme Edmund Husserl (1859-1938) ou Martin Heidegger (1889-1976), critiquent cette approche scientifique ou technique de l'homme.

Cette approche « positive » de l'homme (c'est-à-dire établie sur des faits, des expériences) abandonne toute réflexion sur les finalités et les valeurs de l'action humaine. L'essor des sciences humaines conduit à définir, dans les années 1950-1960, une méthode d'analyse commune, appelée « structuralisme », où chaque réalité humaine ne se conçoit que dans sa relation à une structure ou un système qui échappe à la conscience des individus.

PENSER LA BARBARIE

Certains philosophes ont tenté de penser la barbarie du XXe siècle, qui, en raison de son caractère absolu, implique de nouvelles perspectives sur la réalité humaine.

Hannah Arendt : la banalité du mal

Hannah Arendt (1906-1975) est une philosophe américaine d'origine allemande, qui doit fuir le régime nazi car elle est juive. Son analyse des *Origines du totalitarisme* la rend célèbre en 1951. Ayant suivi le procès du nazi Adolf Eichmann en 1961 en Israël, elle en retire l'idée que le criminel n'est pas un monstre sanguinaire, mais un homme tristement banal, un petit fonctionnaire ambitieux et zélé, entièrement soumis à l'autorité. Cela n'excuse en rien la barbarie commise mais nous interroge sur la banalité du mal qui, dans un régime totalitaire, peut surgir chez toute personne qui renonce à penser ses actes.

Vladimir Jankélévitch : la question du pardon

Vladimir Jankélévitch (1903-1985) est un philosophe français d'origine russe. Spécialiste de la philosophie et de la musique allemande, il renonce à tout contact avec la culture allemande après la guerre et le génocide juif. Il refuse d'accepter l'idée d'un pardon envers les Allemands au motif que le crime commis par les nazis est sans équivalent dans l'histoire (par son énormité, sa gratuité) et que la responsabilité est partagée car les citoyens ont choisi Hitler. De plus, on ne peut pardonner à ceux qui ne l'ont pas demandé et la punition d'un tel crime est de fait impossible. À la fin de sa vie, Vladimir Jankélévitch accepte cependant de pardonner à un Allemand qui le lui demande.

Jürgen Habermas : la critique culturelle

Jürgen Habermas (né en 1929) est un philosophe allemand. Il refuse de faire du génocide nazi un simple accident de parcours dans l'histoire de l'Allemagne. Il pense au contraire que la culture allemande a fait son unité en exaltant des sentiments qui ont permis l'émergence du nazisme. On ne peut décrire l'ensemble du phénomène nazi à partir de cette dimension culturelle, mais on se doit de reconnaître cette part d'explication. Jürgen Habermas en tire l'idée que les hommes ne doivent pas avoir un attachement purement identitaire à leur pays, mais doivent avant tout promouvoir des institutions démocratiques.

L'entrée du camp d'extermination d'Auschwitz photographiée par Raymond Depardon.

La philosophie aujourd'hui

Depuis la fin du XXe siècle, la philosophie fait l'objet d'une forte, mais parfois confuse, demande sociale. Appuyée sur une longue tradition, la démarche philosophique apparaît alors comme une tentative pour éclairer la finalité de l'action humaine dans un monde en perte de repères.

Les transformations du monde

Les progrès techniques, les bouleversements économiques, la mondialisation des échanges, les inégalités sociales et de développement conduisent les sociétés à rechercher de nouveaux repères entre tentative d'adaptation, volonté de réforme et repli identitaire. Parallèlement, l'augmentation mondiale de la demande en énergie et en biens accélère les atteintes à l'environnement et fait de l'écologie un enjeu international fondamental.

On assiste à une accélération sans précédent des moyens de communication entre les hommes. La révolution Internet démultiplie les possibilités d'accès instantané à des informations disséminées sur toute la planète. Dans le même temps, cette séduisante facilité peut, toutefois, ignorer la hiérarchisation des savoirs indispensable à toute véritable connaissance.

Les nouveaux débats

Les profonds changements contemporains s'accompagnent de nouvelles interrogations. Les problèmes écologiques conduisent à réfléchir sur les conséquences à long terme de l'action humaine et sur le bon usage de la nature. La mondialisation provoque un débat intense de philosophie politique sur les modèles de développement et les contre-pouvoirs.

De nombreux penseurs s'interrogent sur la définition qu'il faut désormais donner de l'homme. La séparation traditionnelle de la nature et de la culture est mise à mal par les études des zoologistes, notamment sur les grands singes, qui semblent déplacer les frontières entre l'homme et l'animal.

S'appuyant sur des données scientifiques sur le cerveau, « la philosophie de l'esprit » (un courant né aux États-Unis et en Grande-Bretagne) tente d'éclaircir les processus mentaux en abandonnant les approches classiques de la conscience.

Certains philosophes critiquent la morale humaniste de la tradition occidentale. Ils pensent qu'elle est dépassée par les capacités biotechniques de l'homme (les techniques appliquées au vivant). Le philosophe allemand Peter Sloterdijk (né en 1947), par exemple, promeut un nouvel humanisme qui intégrerait les progrès de la génétique.

La philosophie et l'individu

On assiste à une multiplication des études et des recherches dans tous les domaines et le paysage intellectuel semble se caractériser par son éclatement. L'idée d'une unité des sciences, de leur insertion dans un système, est pour l'heure un horizon lointain, malgré des tentatives qui souvent se traduisent par la réduction à un facteur (la génétique, par exemple).

Les individus peinent donc à trouver un repère aisé dans un monde qui apparaît complexe. Alors que se multiplient cafés et magazines philosophiques, c'est bien souvent la référence à des penseurs de la sagesse individuelle, ceux de l'Antiquité, qui semble offrir un réconfort aux inquiétudes contemporaines.

LES GRANDS THÈMES ACTUELS DE LA PHILOSOPHIE

Des thèmes sont privilégiés par la philosophie au début du XXIe siècle. En voici quelques-uns, tels qu'ils apparaissent chez certains penseurs à travers le monde.

Justice
La philosophie morale et politique a été renouvelée par le philosophe américain **John Rawls** (1921-2002) et sa théorie de la justice.

Sagesse
À côté du courant phénoménologique, de l'ouverture à la philosophie analytique anglo-saxonne, la redécouverte des sagesses antiques rencontre un large écho en France (avec **Marcel Conche**, **Pierre Hadot**…).

Biotechnique
Le philosophe allemand **Peter Sloterdijk** interroge l'humanisme de manière critique à une époque où les hommes sont capables de transformer le vivant.

Idéologie
Le philosophe slovène **Slavoj Zizek** met à jour les aspects cachés des idéologies contemporaines.

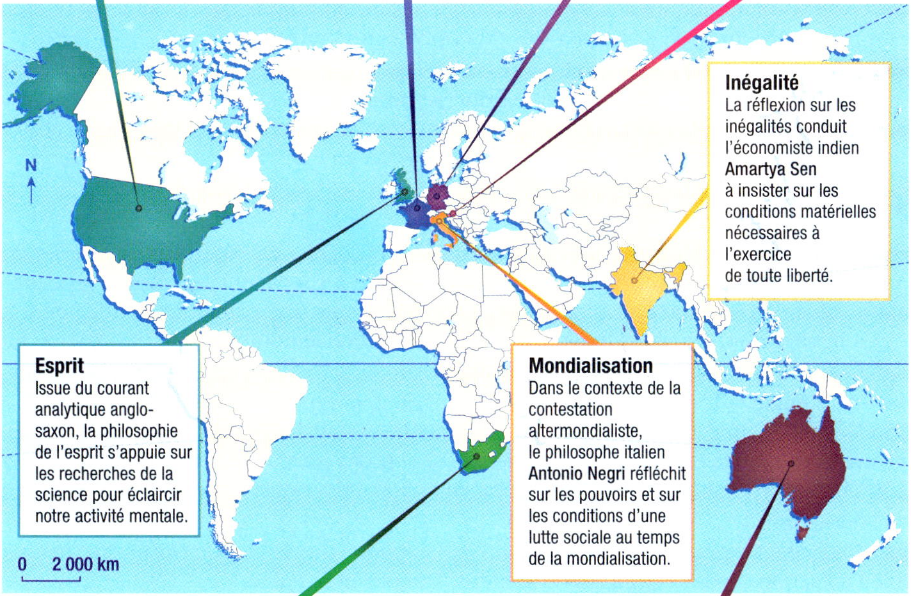

Inégalité
La réflexion sur les inégalités conduit l'économiste indien **Amartya Sen** à insister sur les conditions matérielles nécessaires à l'exercice de toute liberté.

Esprit
Issue du courant analytique anglo-saxon, la philosophie de l'esprit s'appuie sur les recherches de la science pour éclaircir notre activité mentale.

Mondialisation
Dans le contexte de la contestation altermondialiste, le philosophe italien **Antonio Negri** réfléchit sur les pouvoirs et sur les conditions d'une lutte sociale au temps de la mondialisation.

Ubuntu
Ce terme bantou signifie : « Je suis ce que je suis grâce à ce que nous sommes tous. » Utilisé dans le cadre de la réconciliation en Afrique du Sud, il est repris dans un ensemble de réflexions sur l'idée problématique d'une justice sans tribunal et l'idée de pardon (avec **Barbara Cassin**, **Paul Ricœur**…).

Animal
Provoquant une profonde polémique par son radicalisme, le philosophe australien **Peter Singer** revendique une « libération de l'animal » au motif qu'il est capable de souffrance.

Thalès et les présocratiques

(VIe-Ve siècles av. J.-C.)

On appelle présocratiques les penseurs qui, avant Socrate (470-399 av. J.-C.), ont commencé à proposer une explication rationnelle de la réalité. Installés sur les pourtours de la Méditerranée, ils ont engagé l'homme à faire l'effort de comprendre l'ordre naturel du monde.

Les penseurs milésiens

Les premières théories d'explication du réel sont apparues dans les colonies grecques d'Asie Mineure (l'actuelle Turquie), d'abord à Milet, un grand port de commerce. À l'origine de ces théories, on trouve l'idée que toute chose est issue d'un même principe fondamental (*archè* en grec), qui détermine son existence et les modifications qu'elle subit. La référence à un principe permet de s'éloigner des descriptions mythologiques.

Le premier des penseurs milésiens est Thalès (v. 625-v. 550 av. J.-C). Mathématicien, physicien, astronome, il fait de l'eau le principe premier de toute réalité. Son élève, Anaximandre (v. 610-v. 540 av. J.-C), physicien et cartographe, propose un principe plus abstrait : tout procède de l'infini, de l'indéterminé (*apeïron* en grec).

Les écoles italiennes

L'Italie est le second berceau des penseurs présocratiques. Né à Samos, une île de la mer Égée, Pythagore (v. 570-v. 500 av. J.-C) s'installe à Crotone, une colonie grecque du sud de l'Italie. Il y fonde une école qui fonctionne comme une communauté religieuse aux règles rigoureuses. L'école pythagoricienne enseigne que le nombre est le principe de toute réalité. Les mathématiques sont alors le moyen de saisir l'ordre et l'harmonie du monde.

Parménide (v. 540-v. 470 av. J.-C) est le principal représentant de l'école des Éléates (fondée à Élée, une cité grecque du sud de l'Italie). Pour lui, ce qui existe réellement est un, immuable. Cette existence se situe au-delà des choses sensibles et échappe à tout devenir. L'expérience du changement est donc trompeuse. Son influence sur la tradition philosophique est considérable.

En Sicile, Empédocle (v. 500-430 av. J.-C.) explique que le monde existe et se maintient grâce à l'action de deux principes contraires, l'amour et la haine.

Héraclite et les matérialistes

Né à Éphèse, Héraclite (v. 550-v. 480 av. J.-C.) affirme que « tout passe et rien ne demeure ». Ce qui existe est soumis au changement et procède de son contraire (le chaud devient froid…). Cette conception s'oppose à celle de Parménide et engage un débat qui traverse toute l'histoire de la philosophie. On peut ainsi distinguer des philosophies de la permanence de l'être, d'inspiration parménidienne, et d'autres animées par l'idée héraclitéenne du changement et du devenir.

Leucippe (v. 460-v. 370 av. J.-C.) est le fondateur de l'atomisme, théorie selon laquelle toute réalité est composée de particules élémentaires (les atomes). Il influence Démocrite (v. 460-v. 370 av. J.-C.), qui énonce l'une des premières doctrines matérialistes (toute réalité est uniquement faite de matière), et plus tard Épicure (341-270 av. J.-C.).

LES PREMIÈRES ÉCOLES PHILOSOPHIQUES

Le berceau de la philosophie se situe en Méditerranée, dans les colonies grecques d'Asie Mineure et d'Italie du Sud. Les penseurs présocratiques, connus à partir de rares fragments, apportent une nouvelle façon d'expliquer le monde, en faisant abstraction des mythes.

Les présocratiques dans la Méditerranée grecque

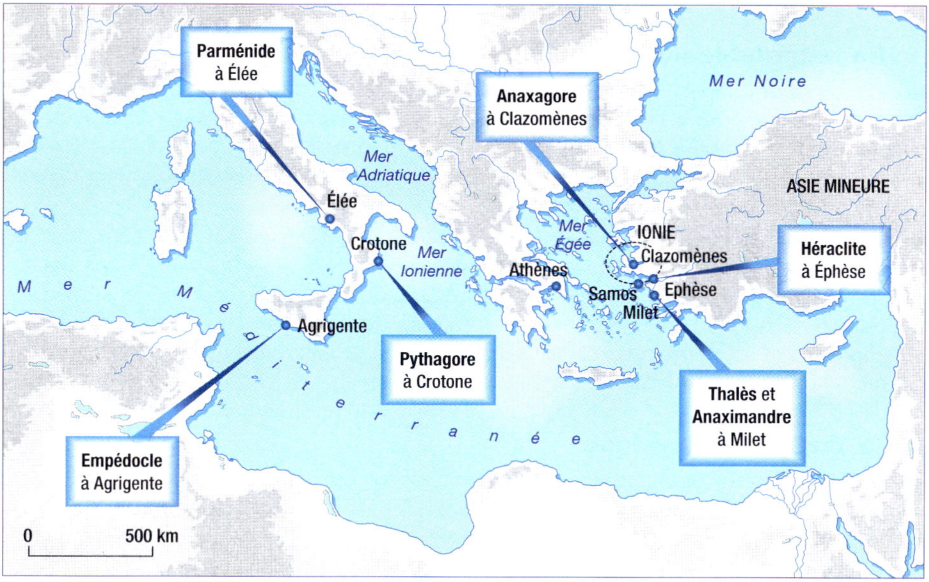

Thalès de Milet (v. 625-v. 550 av. J.-C.)

Le premier des grands penseurs présocratiques. Dans la mesure où Thalès cherche à expliquer la nature (*phusis* en grec), il est un des premiers « physiciens ». Mathématicien, il énonce certains théorèmes de base de la géométrie et parvient à calculer la hauteur d'une pyramide grâce à son ombre et à un bâton. Astronome, il prévoit une éclipse du Soleil en 585 av. J.-C. Son savoir est tel qu'il est reconnu comme l'un des Sept Sages de l'Antiquité.

Socrate (470-399 av. J.-C.)

Socrate n'a laissé aucun écrit et on doit à son disciple Platon d'avoir rapporté la pensée d'un maître qui fut un incessant contradicteur face aux préjugés de ses contemporains. Injustement condamné à mort, Socrate fut, selon ses amis, « le meilleur, le plus sensé aussi et le plus juste » de tous les hommes qu'ils aient connus (Platon, *Phédon*).

Un redoutable interlocuteur

Fils de Sophronisque et de Phénarète, un sculpteur et une sage-femme, Socrate ne quitte Athènes que pour accomplir courageusement ses obligations militaires de citoyen lors de la guerre du Péloponnèse. Sa formation est peu connue mais il a rencontré des penseurs de son époque, notamment des sophistes qu'il ne cessera de critiquer. Il fréquente également le cercle de Périclès.

L'oracle de Delphes le désigne comme le plus sage et le plus savant d'entre tous les hommes, alors que lui-même affirme qu'il sait seulement qu'il ne sait rien. Allant par les rues, les places et les gymnases, il ne défend aucune doctrine mais, conduit par cette force intérieure qu'il nomme son « démon », il ne cesse de démonter les affirmations de ses contemporains et de mettre ceux-ci face à leur ignorance. Son ironie et son courage agacent. À la suite d'un procès arbitraire, il est condamné à mort.

La méthode socratique

Socrate ne vient pas voir ses interlocuteurs avec un discours déjà déterminé. Il ne cherche pas, tels ceux qu'on appelle les sophistes, à séduire son auditoire par la puissance de la rhétorique. La démarche socratique consiste, par un questionnement précis, à obliger celui qui affirme savoir à reconsidérer ce qu'il vient de dire, en soulignant les contradictions qu'il ne percevait pas. La conversion à la philosophie commence par le constat de son ignorance. L'échange et le dialogue remplacent la force du discours. La recherche de la vérité est préférée à celle du pouvoir.

L'art de Socrate est la « maïeutique », c'est-à-dire l'art de faire accoucher, non pas d'un enfant comme le faisait sa mère, Phénarète, mais du savoir, que chacun peut viser s'il utilise sa raison. Dans un passage célèbre du dialogue *Ménon* de Platon, Socrate montre comment un homme qui ignore la géométrie peut cependant découvrir, en étant guidé par des questions, que le doublement de la surface d'un carré passe par la diagonale.

La morale socratique

Socrate exige que tout savoir soit établi sur un travail de la raison. Or, la plupart des hommes font confiance à leurs sens et sont prisonniers des apparences. Ils ne se rendent pas compte qu'ils se méprennent sur la valeur des biens qu'ils recherchent. Ainsi, « nul ne fait le mal volontairement », c'est-à-dire en sachant ce qu'il fait réellement.

La vertu est la recherche d'un bien propre à l'âme, qui est la partie raisonnable et supérieure de l'homme. L'accès à la connaissance permet une vie gouvernée par la raison, qui est la condition du bonheur (« l'eudémonie »).

LA MORT TRAGIQUE DE SOCRATE

La Mort de Socrate*, tableau peint par Jacques-Louis David en 1787.*

Le procès d'un sage

En 399 av. J.-C., trois personnes accusent Socrate d'être impie, de rendre un culte à de nouvelles divinités et de corrompre la jeunesse. Socrate se défend avec conviction, démonte son accusation, mais le tribunal athénien, agacé par son assurance, le condamne à mort. Il doit boire la ciguë, un poison mortel.

Les derniers jours du condamné

Comme aucune exécution ne peut avoir lieu avant le retour du vaisseau sacré qui se rend chaque année au sanctuaire d'Apollon à Délos, Socrate demeure un mois en prison. Ses amis lui rendent visite chaque jour, lui proposent de fuir, mais le philosophe rappelle qu'un citoyen ne peut se soustraire à la loi.

La naissance tragique de la philosophie

Comme le montre le tableau de David, Socrate boit la ciguë avec courage, démontrant sa détermination et sa confiance dans les ressources de l'âme, face à des disciples à qui il vient de délivrer une dernière leçon de sagesse. Cette fin tragique du premier philosophe témoigne de la difficulté que rencontre toute pensée libre. Sa seule force est celle de la raison pour affronter la cruauté du monde.

Platon (v. 427-v. 347 av. J.-C.)

Platon est le premier philosophe à nous avoir transmis une œuvre. En effet, si son enseignement oral n'est connu que par des sources postérieures et lacunaires, ses écrits nous sont parvenus en totalité. La richesse de ses textes n'a cessé de nourrir les réflexions des penseurs et des artistes jusqu'à nos jours.

L'établissement de la philosophie

Platon est issu d'une famille aristocratique, dont les ancêtres remonteraient par son père au dernier roi légendaire d'Athènes, Codros, et par sa mère au grand législateur Solon. Son éducation est celle d'un fils de grande famille : elle allie les lettres et le sport. Alors qu'il a vingt ans, Platon rencontre Socrate et abandonne tout autre projet que celui de se destiner à la philosophie. Pour élaborer celle-ci, il écrira de nombreux dialogues mettant en scène son maître.

À la mort de Socrate, Platon, âgé de 28 ans, quitte Athènes, passe en Égypte, puis en Italie où il accède à l'enseignement des Éléates et des Pythagoriciens (voir p. 24). Il fréquente la cour de Denys Ier, qui gouverne Syracuse, espérant apporter une dimension philosophique à l'action politique. Mais c'est un échec (qui se renouvelle lors de deux autres séjours). De retour à Athènes, Platon fonde l'Académie (en 387 av. J.-C.), une université au rayonnement considérable, qu'il dirigera jusqu'à sa mort.

La théorie des Idées

Platon explique que la connaissance n'est possible que si on cherche ce qui demeure derrière la variation incessante des sensations. Il oppose ainsi le monde sensible, dans lequel nous vivons, au monde intelligible (ou monde des Idées), qui est celui des essences immuables. Ce monde des Idées ne dépend pas de notre sensation, mais constitue des réalités objectives qui ne sont accessibles qu'à l'esprit. Il y a donc plus de réalité dans l'Idée que dans la chose perçue par nos sens.

Accéder à la vérité, c'est sortir de l'illusion sensible : les images, les choses matérielles ne sont que le pâle reflet du monde des Idées. Il faut s'élever à la science (celle des mathématiques dont la rigueur exclut tout flou), puis à la contemplation directe des Idées, dont le sommet est l'Idée de Bien. La dialectique permet de réaliser cette évolution vers le savoir.

Le problème de l'État juste

La démocratie athénienne a condamné injustement le sage Socrate. Pour Platon, cela démontre que les décisions politiques sont dominées par l'opinion (en grec *doxa*), qui est un préjugé sans fondement. Les discours manipulateurs des sophistes règnent sur la cité (l'« État » au sens grec).

Platon, dans *La République*, décrit la cité idéale et juste. Elle suppose une harmonie entre les trois catégories de personnes qui la composent (les dirigeants, les gardiens, les producteurs), analogues aux trois parties de l'âme (la raison, le courage, le désir). À la raison correspond l'ordre dirigeant de la cité ; au courage, l'ordre des gardiens ; et au désir, l'ordre des producteurs. La justice ne peut régner, aussi bien dans l'âme que dans l'État, que si la raison commande au courage et au désir.

L'ALLÉGORIE DE LA CAVERNE

Une allégorie est la représentation d'une idée sous la forme d'une figure, d'un récit ou d'un dessin. L'allégorie de la caverne, évoquée au livre VII de *La République*, est un des passages les plus célèbres de l'histoire de la philosophie. Elle décrit l'ascension progressive de l'individu vers la connaissance.

Cette gravure du XIXe siècle illustre l'allégorie de la caverne et nous invite à chercher la vérité en dehors du témoignage trompeur de nos sens.
En bas, les hommes regardent les ombres en pensant qu'il s'agit de la réalité.
En haut, l'homme découvre le Soleil et accède au monde des Idées.
Entre les deux, l'homme réalise que l'ombre qu'il prenait pour la réalité n'en est qu'une pâle image.

Platon rapporte une comparaison faite par Socrate. Les hommes sont tels des prisonniers dans une caverne. Habitués à voir les ombres projetées de marionnettes sur le fond de la caverne, ils imaginent que ces images sont la réalité. Si on délivre un prisonnier et si on le force à se retourner (c'est le rôle de l'éducateur), il aperçoit d'abord les objets dont il ne voyait que les ombres. Puis, il comprend qu'à l'origine de ces ombres est le feu, ce qui est un début de science. Enfin, après un long effort, il parvient à sortir de la caverne. Il peut alors contempler le Soleil, qui est le principe de toute chose et symbolise le sommet de la connaissance, l'Idée de Bien. La montée hors de la caverne, ce passage de l'obscurité à la lumière, représente le chemin vers la connaissance et la sagesse.

Aristote (v. 384-v. 322 av. J.-C.)

Aristote est, avec Platon, l'un des premiers grands philosophes de l'histoire. Son œuvre, qui nous est parvenue partiellement, parcourt tous les domaines du savoir. Son influence a été considérable sur la pensée occidentale et arabe, au moins jusqu'au XVIIᵉ siècle.

Un esprit encyclopédique et systématique

Né à Stagire en Macédoine, d'un père médecin, il fait ses études à Athènes et devient l'un des étudiants les plus brillants de l'Académie de Platon. À la mort de ce dernier, il quitte Athènes, puis devient le précepteur du fils de Philipe de Macédoine, le futur Alexandre le Grand. De retour à Athènes, il fonde une école concurrente de l'Académie, le Lycée.

L'activité intellectuelle d'Aristote touche à tous les domaines de la connaissance. Si les œuvres publiques ont été perdues, nous possédons en revanche des notes de cours destinées à l'enseignement au Lycée et qui ont été classées au Iᵉʳ siècle av. J.-C. par Andronicos de Rhodes. Il s'agit de textes de logique, de physique et de biologie, de métaphysique, d'éthique, de politique et de poétique (c'est-à-dire la création littéraire). Ces textes et leurs commentaires ont servi de fondement aux cultures européenne et arabe jusqu'au XVIIᵉ siècle.

La science aristotélicienne

Aristote est le premier penseur à avoir établi les règles formelles de tout raisonnement, de ce que l'on appelle la logique. Il décrit ainsi la forme que doit prendre un syllogisme, raisonnement en trois parties, pour être valide. Par exemple, si tout homme est mortel et si les Athéniens sont des hommes, alors les Athéniens sont nécessairement mortels.

L'étude de la nature (*phusis* en grec), c'est-à-dire de la physique, conduit Aristote à abandonner la théorie platonicienne des Idées, car celles-ci sont des réalités extérieures et supérieures (transcendantes) au monde des objets et elles semblent alors incapables de décrire la réalité dans laquelle nous vivons, sensible et mouvante. Pour Aristote, chaque chose du monde est composée d'une matière permanente, organisée par ce qu'il appelle une forme. Celle-ci, à la différence de l'Idée platonicienne, n'est pas extérieure à la chose et préside aux modifications de la chose (la croissance d'un être vivant, par exemple).

L'éthique et la politique

L'éthique d'Aristote est concrète : c'est l'expérience et l'habitude qui permettent d'atteindre avec prudence la vertu de justice au sein de la communauté. La perfection morale aboutit alors au bonheur (*eudémonie*) auquel aspire chaque homme. Ainsi, Aristote fait du bonheur la finalité de l'action humaine ; c'est un *eudémonisme*.

L'homme vit naturellement en société et possède la faculté distinctive de la parole qui lui permet de désigner ce qui est juste et injuste. La délibération politique fait donc partie intégrante de la nature de l'homme, qui est pour Aristote un « animal politique ». Dans ce cadre, l'amitié est une vertu nécessaire à la vie commune.

LES QUATRE CAUSES EXPLIQUÉES PAR ARISTOTE

Aristote explique que les êtres, naturels ou artificiels, sont produits selon quatre causes. La cause finale est la plus importante.

Buste d'Aristote. Marbre, Ier-IIe siècle, copie d'un original en bronze de Lysippe exécuté à la demande d'Alexandre le Grand.

Une réalité, par exemple une sculpture, dépend de quatre causes pour exister :
– une cause matérielle : la matière (le marbre) dont est faite l'œuvre ;
– une cause formelle : la forme, c'est-à-dire le modèle, à partir duquel la matière brute a pu être sculptée ;
– une cause efficiente ou motrice : l'action du sculpteur travaillant la pierre ;
– une cause finale : la fin, c'est-à-dire le but dans lequel l'œuvre a été réalisée (par exemple, rendre hommage au philosophe).

Finalisme et déterminisme

Pour Aristote, la cause la plus importante est la cause finale. Chaque être n'existe qu'en fonction d'une fin, y compris les réalités naturelles : le développement de l'embryon s'explique par la présence d'une fin qui est l'homme adulte. La pensée aristotélicienne est un *finalisme*. À l'opposé, à partir du XVIIe siècle, le déterminisme s'opposera à la pensée d'Aristote en mettant en avant la cause motrice à l'origine d'une réalité ; le corps adulte est l'effet mécanique de causes qui s'enchaînent depuis l'embryon (facteur génétique, nutrition...).

L'homme, animal politique

Dans *Politique*, Aristote définit l'homme comme un « animal politique », c'est-à-dire que sa finalité naturelle est de participer à la vie de la cité (être citoyen). C'est dans ce but que la nature, qui ne fait rien en vain, lui a donné la parole.

« Que l'homme soit un animal politique à un plus haut degré qu'une abeille quelconque ou tout autre animal vivant à l'état grégaire, cela est évident. La nature, en effet, selon nous, ne fait rien en vain ; et l'homme, seul de tous les animaux, possède la parole. Or, tandis que la voix ne sert qu'à indiquer la joie et la peine, et appartient pour ce motif aux autres animaux également (car leur nature va jusqu'à éprouver les sensations de plaisir et de douleur, et à se les signifier les uns aux autres), le discours sert à exprimer l'utile et le nuisible, et, par suite aussi, le juste et l'injuste : car c'est le caractère propre de l'homme par rapport aux autres animaux d'être le seul à avoir le sentiment du bien et du mal, du juste et de l'injuste, et des autres notions morales, et c'est la communauté de ces sentiments qui engendre famille et cité. »

Aristote, *Politique*, I, 2,
Trad. J. Tricot, © Librairie philosophique J. Vrin, Paris, 1962, 1995 (www.vrin.fr).

Saint Augustin (354-430)

Saint Augustin est un des Pères de l'Église chrétienne. Évêque d'Hippone (près de l'actuelle Annaba, en Afrique du Nord), il a écrit une œuvre théologique considérable. Par son approche tout intériorisée de la foi chrétienne, il inaugure non seulement une nouvelle réflexion religieuse, mais pose aussi des problèmes philosophiques qui sont toujours d'actualité.

La portée d'une conversion

Aurelius Augustinus est un Romain d'Afrique du Nord, issu d'une famille assez modeste de Thagaste (actuellement en Algérie). Sa mère, Monique, est chrétienne. Il suit des études classiques à Carthage et devient professeur de rhétorique avant de partir pour Rome, puis Milan, où il découvre l'œuvre du philosophe Plotin. Alors qu'une carrière plus officielle au service de l'Empereur romain d'Occident semble s'offrir à lui, il se convertit au christianisme. Il a alors trente-deux ans.

De retour chez lui, il accomplit une retraite monastique avec quelques fidèles pendant trois ans. En 396, il devient évêque d'Hippone, l'une des cités les plus importantes de l'Afrique romaine. Tout en écrivant de nombreux textes, il accomplit un travail considérable pour organiser la communauté chrétienne déchirée par des questions de doctrine. Il meurt alors que la cité est assiégée par les Vandales et que l'Empire romain d'Occident tend à disparaître.

Un penseur de l'intériorité

En rédigeant les *Confessions* (397-401), saint Augustin propose un texte autobiographique et de louange à Dieu. Il raconte ses doutes et ses inquiétudes. Il évoque ses anciennes croyances, sa séduction initiale pour la doctrine manichéenne qui reconnaît deux principes opposés, le bien et le mal. Il explique comment il a découvert la lumière divine et s'est converti au christianisme.

Saint Augustin fait une analyse approfondie des facultés de l'esprit humain. Par exemple, au livre X des *Confessions*, il évoque les « vastes palais de la mémoire » qui conservent tous nos souvenirs, les perceptions sensibles comme les pensées. Le « moi », c'est alors ce que je rencontre dans ma mémoire, lorsque « je me ressouviens de moi, de tel acte, du moment, du lieu, des impressions alors ressenties ». Je suis ainsi le récit de moi-même, que je tire de ma mémoire.

La lumière divine

La recherche de la vérité est un mouvement tout intérieur, qui s'appuie sur la certitude de soi. Anticipant la démarche de Descartes (« je pense, donc je suis »), saint Augustin souligne que même l'erreur ne permet pas de douter de soi : *si enim fallor, sum* (« car si je me trompe, je suis »), affirme-t-il dans *La Cité de Dieu*. La seule manière de sortir de l'erreur et de connaître la vérité est de s'éloigner des séductions illusoires du sensible pour se fier à « l'homme intérieur », éclairé dans sa recherche par la foi en Dieu.

Réfléchissant sur l'histoire des sociétés dans une époque de trouble pour l'Empire romain, saint Augustin montre la lutte entre la cité terrestre, repliée sur l'amour de soi, et la cité céleste, lieu de l'amour de Dieu, qui ne peut vraiment exister qu'à la fin des temps.

À LA RECHERCHE DU TEMPS

Au livre XI des *Confessions*, saint Augustin apparaît comme un des premiers penseurs à interroger l'idée de conscience du temps. En cela, il anticipe nombre de réflexions contemporaines.

Saint Augustin. *Détail d'une fresque de Botticelli (1480). Entouré de livres, Augustin semble rechercher une vérité à la fois toute intérieure (la main) et éclairée par une lumière divine (le regard).*

Les apories sur le temps

Pour saint Augustin, définir le temps semble d'abord impossible et débouche sur des réflexions sans issue (apories).

« Qu'est-ce donc que le temps ? Qui en saurait donner facilement une brève explication ? Qui pourrait le saisir, ne serait-ce qu'en pensée, pour en dire un mot ? Et pourtant quelle évocation plus familière et plus classique dans la conversation que celle du temps ? Nous le comprenons bien quand nous en parlons ; nous le comprenons aussi, en entendant autrui en parler. Qu'est-ce donc que le temps ? Si personne ne me le demande, je le sais. Si quelqu'un pose la question et que je veuille l'expliquer, je ne sais plus.
Toutefois, j'affirme avec force ceci : si rien ne passait, il n'y aurait pas de passé ; si rien n'advenait, il n'y aurait pas de futur ; si rien n'était, il n'y aurait pas de présent. Mais ces deux temps – le passé et le futur –, comment peut-on dire qu'ils "sont", puisque le passé n'est plus, et que le futur n'est pas encore ? Quant au présent, s'il restait toujours présent sans se transformer en passé, il cesserait d'être "temps" pour être "éternité". Si donc le présent, pour être "temps", doit se transformer en passé, comment pouvons-nous dire qu'il "est", puisque son unique raison d'être, c'est de ne plus être – si bien que, en fait, nous ne pouvons parler de l'être du temps que parce qu'il s'achemine vers le non-être ? »

Saint Augustin, *Les Confessions – Dialogues philosophiques*, Livre XI, Bibliothèque de la Pléiade, © Éd. Gallimard, Trad. P. Cambronne.

Le temps est une modalité de l'âme

Saint Augustin en arrive alors à l'idée que le temps est une tension interne de l'esprit entre mémoire, vision directe et attente.

« Ce qui m'apparaît comme une évidence claire, c'est que ni le futur ni le passé ne sont. C'est donc une impropriété de dire : "Il y a trois temps : le passé, le présent et le futur". Il serait sans doute plus correct de dire : "Il y a trois temps : le présent du passé, le présent du présent, le présent du futur." En effet, il y a bien dans l'âme ces trois modalités du temps, et je ne les trouve pas ailleurs. Le présent du passé, c'est la mémoire ; le présent du présent, c'est la vision directe ; le présent du futur, c'est l'attente. »

Ibid.

Montaigne (1533-1592)

Michel Eyquem de Montaigne est l'auteur d'une œuvre unique, les *Essais*, écrite et corrigée pendant vingt ans. En se prenant lui-même comme objet d'étude, Montaigne décrit, par touches et détours successifs, l'universalité de la condition humaine et en tire une sagesse de la lucidité et de la maîtrise de soi.

La double vie d'un magistrat bordelais

Michel Eyquem est le fils d'une famille de noblesse récente, qui possède le château de Montaigne, dans le Périgord. Après une éducation très complète à Bordeaux, puis des études de droit, il entre au parlement de Bordeaux, dont il démissionne en 1571. En 1580, il effectue un long voyage en Europe. Choisi à son retour comme premier magistrat de Bordeaux, il joue, en ces temps de conflit religieux, un rôle de médiateur entre Henri III et le futur Henri IV.

Parrallèlement à cette vie publique, Montaigne, à partir de 1571, se retire très souvent dans sa « librairie » (bibliothèque) du château familial pour rédiger les *Essais*. Publié en 1580, l'ouvrage est considérablement augmenté, notamment par un troisième livre, pour une seconde édition en 1588. Jusqu'à sa mort, Montaigne continue d'enrichir son texte.

L'humaniste

Conseiller au parlement de Bordeaux, Montaigne se lie d'une amitié indéfectible pour un confrère, Étienne de La Boétie (1530-1563). Celui-ci a rédigé le *Discours sur la servitude volontaire*, où il montre que les tyrans profitent de l'absence de volonté de ceux qu'ils asservissent (« Soyez résolus à ne plus servir, et vous voilà libres. »).

Formés aux lettres classiques, les deux hommes appartiennent au groupe des humanistes qui soutient les tentatives d'apaisement entre catholiques et protestants, accomplies sans succès par le chancelier Michel de L'Hospital. C'est dans une époque d'affrontements (début des guerres de Religion en 1562, la Saint-Barthélemy en 1572) que Montaigne réfléchit sur les impasses des passions humaines.

La quête de soi d'un sceptique modéré

Le projet de Montaigne vise à se décrire lui-même, non dans une sorte de volonté autobiographique, mais dans l'idée que la compréhension de soi est aussi celle de l'humanité tout entière : « chaque homme porte la forme entière de l'humaine condition » (*Essais*, III, 2).

Le constat de Montaigne est celui d'un homme qui refuse tout dogmatisme. Le regard que l'on peut porter sur soi et le spectacle des intérêts contradictoires du monde indiquent qu'aucune certitude absolue ne peut nous guider. Il convient alors d'adopter une morale : il faut « vivre à propos ». Cela signifie se débarrasser de toutes les passions qui nous entraînent et nous perdent. Humblement, notre liberté ne peut être qu'intérieure.

LES *ESSAIS*

Commencés en 1571, les *Essais* sont une œuvre où chaque chapitre est un regroupement de références et de réflexions autour d'un thème, qui sert de prétexte à un jugement de l'auteur. La longueur des chapitres est variable. Pour l'auteur, il s'agit bien de « s'essayer » à porter une appréciation sur les conduites humaines.

Michel Eyquem de Montaigne, peinture de l'École française du XVIe siècle.

Un essai pour se peindre

« Je ne peins pas l'être. Je peins le passage : non un passage d'âge en autre, ou, comme dit le peuple, de sept ans en sept ans, mais de jour en jour, de minute en minute. Il faut accommoder mon histoire à l'heure. Je pourrai tantôt changer, non de fortune seulement, mais aussi d'intention. C'est un contrôle de divers et muables accidents[1] et d'imaginations irrésolues et, quand il échoit, contraires ; soit que je sois autre moi-même, soit que je saisisse les sujets par autres circonstances et considérations. Tant y a que je me contredis bien à l'aventure, mais la vérité, comme disait Demade[2], je ne la contredis point. Si mon âme pouvait prendre pied, je ne m'essaierais pas, je me résoudrais ; elle est toujours en apprentissage et en épreuve.

Je propose une vie basse et sans lustre, c'est tout un. On attache aussi bien toute la philosophe morale à une vie populaire et privée qu'à une vie de plus riche étoffe[3] ; chaque homme porte la forme entière de l'humaine condition. »

Montaigne, *Essais*,
Livre III, Chapitre 2, DR.

1. Accidents : événements.
2. Demade : orateur athénien.
3. De plus riche étoffe : officielle.

Une œuvre infinie

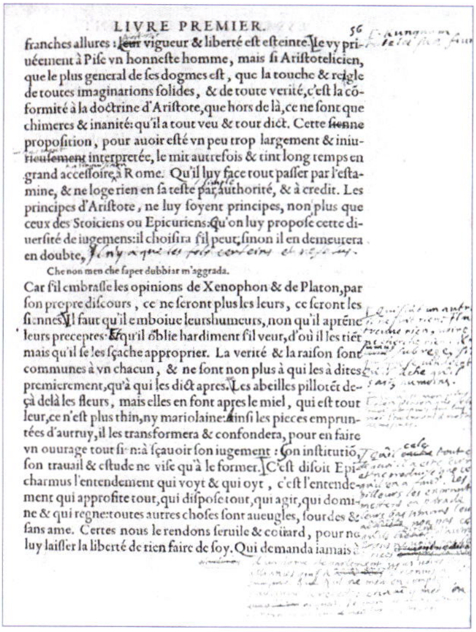

LIVRE PREMIER. 56

franches allures : leur vigueur & liberté eſt eſteinte. Ie vy priuéement à Piſe vn honneſte homme, mais ſi Ariſtotelicien, que le plus general de ſes dogmes eſt, que la touche & reigle de toutes imaginations ſolides, & de toute verité, c'eſt la cõformité à la doctrine d'Ariſtote, que hors de là, ce ne ſont que chimeres & inanité: qu'il a tout veu & tout dict. Cette ſienne propoſition, pour auoir eſté vn peu trop largement & iniurieuſement interpretée, le mit autrefois & tint long temps en grand acceſſoire à Rome. Qu'il luy face tout paſſer par l'eſtamine, & ne loge rien en ſa teſte par authorité, & à credit. Les principes d'Ariſtote, ne luy ſoyent principes, non plus que ceux des Stoiciens ou Epicuriens: Qu'on luy propoſe cette diuerſité de iugemens: il choiſira ſ'il peut, ſinon il en demeurera en doubte,

Che non men che ſaper dubbiar m'aggrada.

Car ſ'il embraſſe les opinions de Xenophon & de Platon, par ſon propre diſcours, ce ne ſeront plus les leurs, ce ſeront les ſiennes. Il faut qu'il emboiue leurs humeurs, non qu'il aprẽne leurs preceptes: Et qu'il oblie hardiment ſ'il veut, d'où il les tiẽt mais qu'il ſe les ſçache approprier. La verité & la raiſon ſont communes à vn chacun, & ne ſont non plus à qui les à dites premierement, qu'à qui les dict apres. Les abeilles pillotẽt deçà delà les fleurs, mais elles en font apres le miel, qui eſt tout leur, ce n'eſt plus thin, ny mariolaine: Ainſi les pieces empruntées d'autruy, il les transformera & confondera, pour en faire vn ouurage tout ſien: à ſçauoir ſon iugement : Son inſtitutiõ, ſon trauail & eſtude ne viſe qu'à le former. C'eſt diſoit Epicharmus l'entendement qui voyt & qui oyt, c'eſt l'entendement qui approfite tout, qui diſpoſe tout, qui agit, qui domine & qui regne: toutes autres choſes ſont aueugles, ſourdes & ſans ame. Certes nous le rendons ſeruile & coüard, pour ne luy laiſſer la liberté de rien faire de ſoy. Qui demanda iamais

L'édition des *Essais* que Montaigne possède à sa mort est emplie de corrections et ajouts. Comme cette page 56 du Livre premier, l'œuvre est sans cesse complétée par l'auteur.

Descartes (1596-1650)

René Descartes est le fondateur de la philosophie moderne, c'est-à-dire d'une conception qui place le sujet (le « je ») au fondement du savoir et de la liberté. Si l'homme procède avec méthode, il n'est nul secret de la nature qu'il ne puisse découvrir ; s'il utilise l'infinie puissance de sa volonté, il n'existe aucune contrainte à laquelle il ne puisse résister.

Un scientifique et philosophe discuté

Après des études au collège de La Flèche, puis à Poitiers, Descartes s'engage comme soldat en Hollande, puis en Allemagne. Ayant découvert sa vocation intellectuelle, il abandonne les armes, voyage, puis revient en France. Il y fréquente les grands savants de l'époque avant de s'installer définitivement en Hollande en 1629.

Travaillant de nombreux problèmes scientifiques, il prévoit de publier un *Traité du monde*, qui affirme que la Terre est en mouvement. Mais la condamnation des thèses de Galilée en 1633 le conduit à y renoncer. Il modifie son projet et fait paraître le *Discours de la méthode* (1637), suivi de trois textes scientifiques. Pour répondre à ses détracteurs, il publie les *Méditations métaphysiques* (1641) et les *Principes de la philosophie* (1644). Quelques années plus tard, arrivé à Stockholm à la demande de la reine Christine de Suède, Descartes prend froid et décède d'une pneumonie.

Le *cogito*

La philosophie de Descartes inaugure une pensée du sujet, c'est-à-dire que la première certitude est celle du moi pensant. Je peux douter de la vérité de toutes les pensées qui sont présentes à mon esprit, mais je ne peux pas douter que je suis en train de douter. Le fait de penser est indubitable et je suis absolument certain d'exister au moment même où je pense.

« Je pense (*cogito* en latin) donc je suis » est la première vérité à partir de laquelle je peux chercher à connaître. Descartes énonce une méthode en quatre règles. Règle 1 : n'accepter comme vrai que ce qui, comme le *cogito*, exprime une certitude indubitable (évidence). Règle 2 : diviser le problème en autant de parties qu'il est nécessaire (analyse). Règle 3 : avancer par étapes du plus simple au plus compliqué (synthèse). Règle 4 : veiller à ne rien omettre des éléments du problème (dénombrement).

Le projet de connaissance de la nature

Descartes trouve son modèle dans les mathématiques, dont la certitude ne repose que sur les ressources de la raison. C'est une même démarche rationnelle qu'il faut appliquer à tout objet que l'on cherche à connaître. Descartes est un philosophe rationaliste. La raison doit étudier la nature, notamment les êtres vivants, comme un mécanisme dont les mouvements peuvent être connus à partir de lois. Abandonnant toute conception finaliste, dans laquelle le mouvement des êtres est expliqué à partir d'un but, il défend le déterminisme de la science moderne en train de naître.

L'organisme vivant est ainsi comme une machine dont on peut expliquer le fonctionnement. La science doit déboucher sur une capacité technique qui permette à l'homme d'être « comme maître et possesseur de la nature ». Cela ne signifie pas que l'homme est tel un dieu qui organiserait la nature et ses lois, mais qu'il peut utiliser les lois physiques à son profit, au premier rang duquel Descartes place la santé.

LA LIBERTÉ DE L'HOMME

Si, pour Descartes, les phénomènes naturels sont accessibles à la science humaine, si les organismes vivants ne sont que des mécanismes sophistiqués, il n'en va pas de même de l'homme. Celui-ci n'est pas seulement un corps, il est d'abord une âme qui, en tant que telle, possède une absolue liberté.

René Descartes peint, au XVIIe siècle, par le portraitiste hollandais Frans Hals.

Le *cogito* comme commencement

Après avoir fait passer toute pensée à l'épreuve du doute, Descartes en vient à une vérité indubitable : « je pense donc je suis ». Celle-ci n'est pas démontrée, mais éprouvée par la conscience même. Quelle que soit l'idée qui occupe mon esprit, elle suppose que je suis en train de la penser, donc que j'existe. La pensée et l'existence sont des commencements absolus. Il en est de même de la liberté : « la liberté de notre volonté se connaît sans preuves, par la seule expérience que nous en avons ». Ainsi, le fait de douter pour découvrir le vrai (doute méthodique) suppose déjà une volonté libre.

Le libre arbitre

Pour Descartes, l'homme possède le libre arbitre, c'est-à-dire la faculté de se décider par la seule action de sa volonté, indépendamment des pressions qu'on peut exercer sur lui.
Dans une lettre de janvier 1646 à la princesse Élisabeth de Bohême, une de ses admiratrices et correspondantes, Descartes montre que des hommes poussés à accomplir une action peuvent toujours y renoncer. Cette capacité à renoncer est la preuve de leur liberté. Descartes prend le cas imaginaire d'un roi qui a interdit les duels. Ce roi connaît deux gentilshommes qui sont dans un tel état de haine qu'ils ne peuvent éviter de se battre en duel s'ils se croisent. Le roi provoque la rencontre des deux hommes à leur insu. Pour Descartes, même dans une telle situation, les deux hommes demeurent libres de se battre ou de ne pas se battre. S'ils se battent, le roi peut donc les punir. Le roi a provoqué la rencontre, mais il ne les a pas contraint à se battre. Aucune circonstance ne peut abolir la liberté de la volonté et donc la responsabilité de la personne.

Une morale de la générosité

En réponse à une question de la princesse Élisabeth sur les sentiments, Descartes écrit *Les Passions de l'âme* en 1649. Il explique qu'en tant qu'esprit, l'homme est libre ; mais lié au corps, il subit la pression des passions. Il fait de la générosité la première qualité de l'homme. La générosité repose sur la ferme résolution de se servir de sa liberté (la seule chose qui appartienne en propre à l'homme, ce pour quoi il peut être blâmé ou loué) dans l'unique but d'agir pour le bien.

Pascal (1623-1662)

Blaise Pascal est un savant qui contribue de manière décisive aux progrès scientifiques de son temps. Découvrant la foi chrétienne, il souligne les capacités mais aussi les limites de la raison face à l'infini mystère de l'Univers. Tout en ouvrant la pensée moderne à la dimension tragique de l'existence humaine, il tente de la sauver en promouvant le salut par la foi en Dieu.

Un esprit brillant

Grâce à son père, grand érudit, spécialiste des sciences, qui lui donne une instruction très complète, Pascal peut développer ses aptitudes. À l'âge de douze ans, il démontre une proposition du mathématicien de l'Antiquité grecque Euclide. Il participe, avec son père, aux réunions organisées par le savant Mersenne, qui correspond avec les grands penseurs de l'époque comme Descartes et Galilée.

Entre 1640 et 1647, Pascal est à Rouen et poursuit des travaux scientifiques. Il découvre alors le jansénisme, une doctrine chrétienne de la grâce divine (aide surnaturelle accordée par Dieu), qui provoque de fortes tensions dans l'Église. À Paris, sa sœur Jacqueline entre au couvent de Port-Royal, proche des jansénistes. Le 23 novembre 1654, une extase mystique le convertit à une ardente piété religieuse. Pour défendre Port-Royal, il publie les *Provinciales* (1656-57) qui sont condamnées et interdites. Pascal prépare alors des notes pour une *Apologie de la religion chrétienne*. Les fragments de ce projet découverts après sa mort sont devenus un ouvrage, les *Pensées*.

L'homme de science

Le génie scientifique de Pascal se déploie dans le domaine mathématique et physique. Très jeune, il découvre des principes géométriques et, à seize ans, il publie un essai de géométrie sur les coniques. Il participe également au progrès du calcul infinitésimal (intégration) et fonde le calcul des probabilités. Il met au point une machine à calculer qui, selon les modèles, peut additionner, soustraire ou convertir des monnaies.

En physique, Pascal contribue de manière décisive à l'abandon d'un principe défendu depuis l'Antiquité selon lequel le vide n'existe pas : « la nature a horreur du vide ». Reprenant les découvertes de Torricelli (1608-1647), il montre, lors d'une expérience effectuée en haut du puy de Dôme, qu'une colonne de mercure s'abaisse à mesure que l'altitude augmente : cela démontre la pesanteur de l'air et que la partie libérée au-dessus du mercure est vide.

L'homme de foi

Pascal explique que « l'homme n'est qu'un roseau, le plus faible de la nature, mais c'est un roseau pensant ». L'homme a donc la conscience de lui-même et du monde ; il découvre dans le même temps qu'il est mortel et fini. Même s'il peut tenter de se divertir pour ne pas penser à la mort, il ne peut supprimer cette dimension tragique de l'existence.

Le caractère fini de l'existence humaine peut cependant être dépassé dans l'espérance de la grâce divine. Pascal se rapproche des thèses jansénistes selon lesquelles la grâce, qui peut sauver l'homme de la perdition, est de la seule initiative de Dieu et ne peut être liée aux mérites de l'homme. L'homme de foi espère être sauvé.

L'HOMME ET L'INFINI

La réflexion sur l'infini est l'un des éléments importants de la pensée de Pascal. Aucune science humaine n'est capable de parvenir à une explication de la totalité de l'Univers, mais le cœur peut nous faire sentir l'infini qui échappe à la raison.

Blaise Pascal. Portrait peint par François Quesnel.

L'homme face à l'infini

Alors que l'Antiquité et le Moyen Âge considèrent que l'Univers est clos, la science du XVIIe siècle ouvre la pensée à la dimension de l'infini. Pascal insiste sur la situation originale de l'homme dans l'Univers. L'homme se trouve face à un double infini, l'infiniment grand et l'infiniment petit qui va jusqu'au néant.

> « Qu'est-ce qu'un homme dans la nature ? Un néant à l'égard de l'infini, un tout à l'égard du néant, un milieu entre rien et tout, infiniment éloigné de comprendre les extrêmes. »
>
> Blaise Pascal, *Pensées*, n° 185,
> Éd. Gallimard, M. Le Guern.

Les vérités du cœur

Pour Pascal, l'Univers est infini, mais la science qu'il appelle « l'esprit de géométrie » ne peut en démontrer ni les fondements, ni les fins dernières. La raison ne peut atteindre la vérité d'un infini qui la dépasse. Le cœur de l'homme, « l'esprit de finesse », peut cependant saisir les premiers principes dans une intuition. C'est donc aussi par le cœur que nous pouvons sentir Dieu.

> « Nous connaissons la vérité non seulement par la raison mais encore par le cœur. C'est de cette dernière sorte que nous connaissons les premiers principes [...]. C'est le cœur qui sent Dieu et non la raison. Voilà ce que c'est que la foi. Dieu sensible au cœur, non à la raison. Le cœur a ses raisons que la raison ne connaît point. »
>
> *Ibid*, nos 101 et 397.

Le pari de Pascal

La raison est impuissante à démontrer l'existence de Dieu. Faut-il alors renoncer à croire et ne jouir que de la vie présente ? Même si les preuves de l'existence de Dieu ne sont jamais satisfaisantes, il est, selon Pascal, de notre intérêt de faire le pari que Dieu existe et d'organiser notre existence en conséquence. Le pari de Pascal peut être résumé ainsi :

	Je fais le pari que Dieu existe	**Je fais le pari que Dieu n'existe pas**
Si Dieu existe réellement	Je perds une vie sur terre de plaisir. Je gagne une vie infinie de béatitude (paradis).	Je gagne une vie sur terre de plaisir. Je perds une vie infinie de béatitude (paradis).
Si Dieu n'existe pas	Je perds une vie finie de plaisir.	Je gagne une vie finie de plaisir.
Bilan	Je peux gagner le paradis et ne perdre qu'une vie de plaisir.	Je peux gagner une vie de plaisir et risquer de perdre le paradis.
	Choix préférable, pour Pascal.	Choix à rejeter, pour Pascal.

Spinoza (1632-1677)

Baruch Spinoza est, comme Descartes, un penseur rationaliste. Mais, à la différence de celui-ci, il refuse de penser l'homme sous l'angle du dualisme : il n'oppose pas le corps, que l'on connaît par la science, et l'âme, qui serait libre et extérieure à tout déterminisme. L'âme n'est, pour lui, que l'idée du corps. Penseur solitaire et rejeté à son époque, il marque profondément la pensée contemporaine.

Un philosophe solitaire

Spinoza est né dans une famille juive d'Amsterdam. Toutefois, n'acceptant pas d'autre autorité que celle de la raison, il est chassé de la communauté israélite. Lecteur de Descartes, intéressé par la science moderne, il mène une vie simple ; il gagne sa vie en polissant des lentilles de verre pour des instruments d'optique tout en travaillant son œuvre.

En 1670, il publie anonymement le *Traité théologico-politique*, où il défend la liberté de philosopher. L'ouvrage, objet de fortes critiques, est condamné en 1674. Par prudence, Spinoza décide alors de ne plus rien publier. Ses autres textes, parmi lesquels l'*Éthique*, ne seront édités qu'après sa mort, en 1677. Mais ils seront interdits dès 1678.

Le désir en l'homme

Rationaliste, Spinoza écrit l'*Éthique* sous la forme de démonstrations semblables à celles des mathématiques. Il part de définitions et d'axiomes pour établir des propositions nécessaires. Selon Spinoza, il n'y a pas d'autre réalité que Dieu. Le monde spirituel et le monde physique sont deux modalités de cette réalité. La nature, c'est-à-dire l'ensemble des êtres, n'est donc pas extérieure à Dieu.

Tout homme cherche nécessairement à persévérer dans son être, c'est-à-dire à exister davantage. Ainsi, la nature de l'homme est le désir et tout est ramené à ce désir : ce n'est pas parce qu'une chose est bonne qu'on la désire, mais c'est parce qu'on la désire, qu'on affirme qu'elle est bonne. La manière dont l'homme est affecté par son environnement comble ou non ce désir, lui permet ou non de persévérer dans son être. Seule la connaissance vraie de la nature permet de combler le désir.

La liberté et le bonheur par la connaissance

Si l'homme est par nature un être de désir, il n'existe pas de volonté supérieure au désir. Lorsque l'homme agit, il ne fait qu'accomplir son désir, même si cela est inconscient. Cela signifie que l'idée du libre arbitre défendue par Descartes est refusée par Spinoza : l'homme pense agir librement, mais il est en fait inconscient des causes qui déterminent son action. C'est ainsi que l'homme ivre pense agir volontairement, alors qu'il est sous l'emprise de l'alcool.

La liberté ne repose donc pas sur une volonté toute-puissante ; elle s'appuie sur la connaissance par l'homme de ce qui lui permet de persévérer dans son être, c'est-à-dire sur ce qui le détermine à être heureux. Contrairement à l'ignorant qui se méprend sur la vraie nature de son désir et poursuit des objets qui lui sont nuisibles, le sage possède la connaissance de sa vraie nature, de ce qui la fortifie et le conduit au bonheur.

LA PENSÉE DE SPINOZA AUJOURD'HUI

Spinoza a été longtemps un auteur proscrit. Comme il ne place pas Dieu au-dessus de la nature, on l'accuse au XVIIe siècle de panthéisme, voire d'athéisme. Mais l'idée nouvelle que la volonté n'est pas toute-puissante, que l'esprit comme le corps n'échappent pas aux lois de la nature, se retrouve au cœur de plusieurs recherches contemporaines.

Baruch Spinoza.

Les neurosciences

Spinoza apparaît comme une référence philosophique pour de nombreux scientifiques qui étudient le fonctionnement du cerveau (neurosciences). En effet, il affirme que « l'ordre et la connexion des idées sont les mêmes que l'ordre et la connexion des choses », soit que la pensée et le corps sont les deux faces d'une même réalité.

Les techniques d'exploration du corps humain (Imagerie par Résonance Magnétique fonctionnelle) permettent d'observer une activité neuronale en direct et de relier la pensée ou l'action d'un individu à celle-ci. On peut même stimuler une activité neuronale électriquement.

Les sciences sociales

Spinoza explique que chaque chose s'efforce de persévérer dans son être. Cet effort, il le nomme « conatus ». Chez l'homme, le conatus peut être plus ou moins conscient. Des économistes, des anthropologues utilisent aujourd'hui cette notion de conatus pour rendre compte de la dynamique qui régit les actions des hommes. Plus large que la simple notion d'intérêt économique, qui semble se réduire à un calcul utilitaire, le conatus permet de rendre compte également de la forme d'intérêt (lié à la reconnaissance de soi) qui apparaît dans le phénomène du don.

Les passions politiques

Dans le *Traité théologico-politique*, Spinoza souligne que l'État doit garantir la liberté de penser et de transmettre ses pensées. En effet, contredire un tel droit ne peut conduire qu'à amoindrir la puissance de l'État, voire qu'à mener à la révolte. La liberté dans l'État n'est donc pas tant un idéal de la volonté que la condition nécessaire de sa survie. Cette perception de l'univers politique comme rapport de force, où les hommes sont aussi des êtres de passions, est un élément central de la réflexion moderne sur l'État.

Leibniz (1646-1716)

Gottfried Wilhelm Leibniz est un des esprits les plus inventifs de son époque, aussi bien en logique, en droit, en mathématiques qu'en philosophie. Penseur rationaliste, il défend l'idée que l'Univers est parfaitement ordonné malgré l'apparente diversité des phénomènes.

Un esprit universel

Né à Leipzig en Allemagne, le jeune Leibniz poursuit des études brillantes en philosophie, en droit et en mathématiques. Polyglotte, il devient conseiller à la cour de Mayence en 1667 et se voit confier des missions diplomatiques. Lors de ses voyages, il rencontre les plus grands penseurs de son époque : le cartésien Malebranche et le physicien Huygens à Paris, Newton à Londres, Spinoza aux Pays-Bas.

Leibniz perfectionne la logique et met au point le calcul infinitésimal en même temps que Newton. Nommé bibliothécaire et conseiller auprès du duc de Hanovre, il est à la fois historien, juriste et poursuit dans le même temps ses recherches scientifiques et métaphysiques. Sa correspondance (environ 20 000 lettres) et ses ouvrages manifestent, par leur contenu, un constant souci de rationalité.

Le système des monades

Leibniz part de l'idée que rien n'échappe en droit à l'explication rationnelle. S'il est vrai que le visage du monde est celui de la complexité et de la confusion, il faut cependant comprendre que chaque chose possède sa raison d'être. Il ne s'agit pas de renoncer à la variété du réel en évoquant une unité purement formelle, mais de reconnaître la nécessité de cette variété infinie.

L'Univers est ainsi formé d'une infinité de substances individuelles que Leibniz nomme « monades ». Chacune d'entre elles développe son propre dynamisme selon une raison purement interne, qui lui est propre, indépendante de toute influence extérieure. Même si elles paraissent semblables, il n'y a pas deux monades identiques. Parmi ces monades, seuls les hommes possèdent la conscience (*La Monadologie*).

L'harmonie de l'Univers

Si l'Univers est formé d'une infinité de monades indépendantes les unes des autres (ce qui rend compte de la variété du réel), on peut se demander comment elles peuvent coexister, être reliées les unes aux autres. Comment se fait-il que le monde ne soit pas un pur chaos ?

Pour Leibniz, l'unité du monde provient d'une harmonie établie par Dieu. Si les monades n'entretiennent aucune relation réelle entre elles, elles se trouvent cependant dans une certaine correspondance dans la mesure où chaque monade est le miroir de l'Univers entier, c'est-à-dire qu'elle en exprime un point de vue. Le monde des monades est réglé par Dieu, dont elles expriment la perfection. Tout événement qui semble incompréhensible s'inscrit dans cet ordre. Le mal peut être ainsi rationalisé (accepté par la raison), s'il est rapporté à l'ensemble de l'ordre voulu par Dieu (*Essais de théodicée*).

LE MEILLEUR DES MONDES POSSIBLES

Dans *Candide*, Voltaire se moque de l'optimisme de Pangloss selon lequel tout est bien dans « le meilleur des mondes possibles ». Cette critique de l'optimisme vise les partisans de Leibniz, mais risque d'occulter une tentative philosophique pour penser un ordre au sein de la totalité infinie des phénomènes.

Gottfried Wilhelm Leibniz, portrait du XVIIIe siècle.

Le principe de raison suffisante

L'une des thèses centrales de la pensée de Leibniz se trouve dans le principe de raison suffisante : tout ce qui existe a sa raison d'être. La raison ne doit pas seulement indiquer qu'une cause produit un effet, mais doit montrer que les phénomènes que nous observons ne sauraient être autrement que ce qu'ils sont. Ainsi, si nous étions capables de remonter la série des causes jusqu'à leur origine première, nous découvririons le choix de Dieu, ultime raison suffisante.

Le principe du meilleur

Du point de vue de Dieu, de multiples mondes sont possibles, mais le monde créé est le seul en vertu du principe du meilleur. En effet, la perfection divine suppose que Dieu ait créé le monde qui possède le plus grand degré de cohérence interne, c'est-à-dire qui permette le plus de perfection possible dans la diversité infinie des phénomènes. Il faut donc poser que le monde qui existe est le meilleur des mondes possibles.

Le problème du mal

Si le monde est le meilleur possible, comment comprendre la présence du mal ? Leibniz répond en distinguant trois formes du mal :
– le mal métaphysique renvoie à l'idée que tout être créé est nécessairement imparfait, car, dans le cas contraire, il serait lui-même créateur et donc divin ;
– le mal physique (la douleur) possède une utilité en donnant à l'individu le moyen sensible pour se conserver ;
– le mal moral est indissociable de la liberté humaine. Dieu n'a pas voulu ce mal mais l'a permis.

Fondamentalement, lorsque nous constatons la présence du mal, il ne faut pas oublier que, par rapport à la totalité des phénomènes, ce mal est largement surpassé par le bien.

L'idée d'un progrès infini

« Tout l'Univers, il faut le reconnaître, progresse perpétuellement et avec une liberté entière, de sorte qu'il s'avance toujours vers une civilisation supérieure. De même, de nos jours, une grande partie de notre terre est cultivée, et cette partie deviendra de plus en plus étendue. Et bien qu'on ne puisse nier que de temps en temps certaines parties redeviennent sauvages et sont détruites ou ravagées […], la destruction et le ravage mêmes favorisent la conquête future d'un plus grand bien, de façon que nous profitons en quelque manière du préjudice ». Mais comme l'Univers est infini, et malgré les perfections atteintes, « le progrès ne sera jamais achevé. »

Leibniz, *Opuscules philosophiques*, 1697.

Hume (1711-1776)

David Hume est un philosophe empiriste qui fait de l'expérience (*empeiria* en grec) le fondement de toutes nos connaissances. Il est un des principaux représentants de ce courant anglais qui s'oppose au rationalisme de Descartes.

Un philosophe critique

Né à Édimbourg, Hume se détourne d'une carrière juridique pour prolonger une réflexion philosophique et littéraire entamée lors de ses études. Âgé de vingt-trois ans, il commence à rédiger un *Traité de la nature humaine* qui sera publié à partir de 1737, sans véritable succès. Il rédige alors des essais plus courts qui rencontrent une plus large audience mais, accusé de scepticisme, voire d'athéisme, il ne peut accéder à une chaire universitaire.

Devenu secrétaire de l'ambassadeur de Grande-Bretagne en France en 1763, il fréquente les Encyclopédistes et obtient alors un vif succès dans les salons littéraires de la marquise Du Deffand et de Mme Geoffrin. On vante son esprit critique et tolérant. En 1766, il accueille son ami Rousseau à Londres, mais les deux hommes se brouillent rapidement. De retour à Édimbourg en 1769, il y reprend une vie studieuse.

L'origine des idées et la causalité

Hume se place dans la continuité du philosophe anglais John Locke. Ce dernier refuse les abstractions métaphysiques. Il rejette la thèse de Descartes selon laquelle la découverte d'une vérité suppose l'existence dans l'esprit d'idées innées. Pour Hume, tout ce qui se trouve dans l'esprit tire son origine de l'expérience, c'est-à-dire de l'impression que le réel fait sur nos sens. Une idée est la copie d'une impression vécue et possède moins de force que celle-ci.

La combinaison d'idées simples forme des idées complexes. Ces associations d'idées se renforcent par l'expérience. Ainsi l'habitude de voir deux événements se succéder (le nuage précédant la pluie) nous conduit à penser que le premier est la cause du second, mais cette habitude n'implique pas une connexion nécessaire entre les deux événements. Nous ne pouvons affirmer que la causalité est dans la chose même. La causalité n'est qu'un autre nom pour l'habitude d'une association.

Le scepticisme

La connaissance scientifique n'a pas de valeur absolue puisqu'elle n'est que le résultat d'associations habituelles. L'empirisme de Hume débouche ainsi sur un scepticisme modéré. S'il existe des certitudes logiques (on ne peut affirmer que *a* est différent de *a* car cela est contradictoire), on ne peut atteindre une telle certitude à propos des faits d'expérience puisque toute association est simplement constatée et non déduite d'un principe nécessaire.

Mais l'empirisme ne vaut pas seulement pour la science. Hume applique la méthode empirique à l'ensemble de la connaissance de l'homme. La morale et les croyances sont également affaire d'expérience. Elles n'ont pas de valeur absolue.

L'EMPIRISME AVANT HUME

La pensée de Hume appartient à ce que l'on appelle l'empirisme. À l'origine de cette démarche, on trouve des philosophes, essentiellement anglais, qui rejettent aussi bien les constructions métaphysiques médiévales que l'abstraction des systèmes rationalistes modernes.

David Hume, peint au XVIIIe siècle par Allan Ramsay.

Francis Bacon : le retour à l'expérience

Le philosophe Francis Bacon (1561-1626) critique la science médiévale, abstraite et éloignée de la réalité. Il apparaît ainsi comme l'un des premiers défenseurs d'une méthode expérimentale en science.

Il veut instituer une nouvelle « logique » fondée sur l'induction (raisonnement allant du particulier vers le général). Au lieu de partir d'idées générales et de construire de belles mais illusoires déductions, il faut asseoir tout raisonnement sur une étude ordonnée des phénomènes perçus dans l'expérience. Pour lui, la connaissance scientifique est ce qui doit nous permettre de dominer la nature.

John Locke : la « table rase »

John Locke (1632-1704) apparaît comme le premier grand théoricien de la doctrine empiriste. Dans son *Essai sur l'entendement humain*, il s'oppose au rationalisme de Descartes. Il rejette ainsi la thèse selon laquelle l'homme possède en lui des idées innées qui fondent la certitude de la science face à la variété des perceptions. Au départ, l'âme est une « table rase » (*tabula rasa*) ou une « feuille vierge » (*white paper*). Toute connaissance trouve son origine et son fondement dans l'expérience. Les idées simples issues des sensations sont ensuite combinées en des idées complexes par comparaison, séparation, liaison et abstraction. Notre connaissance est ainsi limitée aux idées et à leurs combinaisons, et ne peut atteindre une absolue certitude.

George Berkeley : l'immatérialisme

La pensée de George Berkeley (1685-1753) part de la thèse empiriste selon laquelle ce qui est connu dépend de ce qui est perçu, soit des impressions sensibles. Mais Berkeley refuse de rapporter cette perception à une réalité matérielle. Pour un objet, *être*, c'est *être perçu par un sujet*. Il est inutile et faux de penser qu'une matière se trouve derrière l'idée. Si l'objet continue à être en dehors de ma perception, c'est en tant qu'il est perçu par Dieu. La thèse de Berkeley est un empirisme et un immatérialisme.

Rousseau (1712-1778)

Jean-Jacques Rousseau est un penseur original du siècle des Lumières. Il ne partage pas la croyance de ses contemporains selon laquelle l'histoire des hommes est un progrès, permis par le développement des sciences et des techniques.

Un penseur à part

Né à Genève, Rousseau vient à Paris en pensant y faire une carrière de musicien. Il fait la connaissance des Encyclopédistes à qui il fournit des articles sur la musique. En 1749, après une sorte d'illumination, il rédige une réponse à un concours proposé par l'Académie de Dijon : à la question de savoir si le progrès des sciences et des techniques contribue à moraliser l'homme, il répond négativement. Selon Rousseau, la société pervertit l'homme.

Du jour au lendemain, Rousseau devient célèbre et doit défendre sa thèse. Il écrit un second discours où il soutient que l'inégalité parmi les hommes n'est pas naturelle, mais sociale. Ses écrits s'enchaînent alors : *Julie ou la Nouvelle Héloïse* (1761) est un succès, mais les publications *d'Émile ou De l'éducation* et *Du contrat social* (1762) sont condamnées et obligent Rousseau à fuir. Proscrit, se déplaçant souvent, il se sent persécuté. Ses *Confessions* seront publiées après sa mort.

L'homme naturel et la société

Dans ses premiers écrits, Rousseau caractérise l'homme à l'état de nature. Cela ne correspond pas à une réalité historique, mais à une hypothèse, une fiction théorique qui consiste à se demander ce que serait l'homme débarrassé de ce qu'il a acquis dans l'histoire. Rousseau avance alors que l'homme possède deux sentiments naturels spontanés : l'amour de soi, qui permet de se conserver ; la pitié, qui conduit à préserver l'espèce. Contrairement au philosophe Hobbes (1588-1679), il refuse de penser la relation naturelle des hommes sous l'angle des passions et des conflits.

Par rapport aux autres êtres, l'homme possède une faculté distinctive, la « perfectibilité », qui lui permet, en fonction des circonstances, de développer ses aptitudes. Alors qu'il est au départ un animal isolé, incapable de penser le mal comme le bien, l'homme s'ouvre à la culture et à la société. Face à autrui, il développe son amour-propre et pervertit ses sentiments naturels. Mais la nature de l'homme, qui n'est pas en soi mauvaise, peut connaître un développement plus vertueux.

Politique et éducation

En écrivant le *Contrat social*, Rousseau tente de déterminer les fondements d'un État juste, qui préserverait la liberté et l'égalité perdues dans la vie sociale. En s'associant par un contrat, les hommes acceptent d'obéir à une loi commune, égale pour tous, qui ne nie par leur liberté puisqu'ils sont eux-mêmes à l'origine de la loi. Le peuple est le souverain.

Parallèlement, dans *Émile ou De l'éducation*, Rousseau développe une théorie de l'éducation, respectueuse des aptitudes naturelles de l'enfant, évitant ainsi de le pervertir. Émile, l'élève imaginaire créé par l'auteur, est éduqué à la campagne, loin de l'influence néfaste de la civilisation. C'est sur le désir d'apprendre que s'appuie son précepteur.

LE CONTRAT SOCIAL

La réflexion politique de Rousseau a fortement marqué la pensée moderne. S'il emprunte l'idée de contrat social à ses prédécesseurs, il lui donne une signification particulière en introduisant l'idée de « volonté générale ».

Jean-Jacques Rousseau, peint au XVIIIe siècle par Quentin de La Tour.

L'idée moderne de l'État

Pour Aristote, l'État (la cité grecque) est une réalité naturelle et « l'homme est un animal politique ». Autrement dit, l'homme est un citoyen avant d'être un individu. Pour les théoriciens du droit naturel moderne comme Grotius (1583-1645), auquel se réfère Rousseau de manière critique, c'est l'inverse. La nature de l'homme, c'est l'indépendance, et l'obéissance à la loi suppose un acte volontaire. C'est pourquoi le *Contrat social* débute par ses mots : « L'homme est né libre et partout il est dans les fers. » Le problème n'est pas ici de rejeter l'obéissance des hommes, mais de se demander ce qui peut rendre légitime une telle obéissance. Qu'est-ce qui peut conduire un homme à accepter la loi ?

Le conflit de la liberté et de la sécurité

De nombreux auteurs modernes proposent une théorie du contrat : des hommes indépendants décident de s'associer en se mettant sous l'autorité d'une loi commune. La raison de ce pacte social est l'insécurité. Pour Rousseau, celle-ci est apparue avec les premières sociétés. Mais il critique les penseurs qui semblent sacrifier la liberté à la sécurité. Telle est par exemple la théorie politique de Hobbes : en donnant l'autorité au despote, les hommes mettent fin à la violence, mais perdent leur liberté. Rousseau souligne l'absurdité d'un tel sacrifice. Il s'agit pour lui de « trouver une forme d'association qui défende et protège de toute la force commune la personne et les biens de chaque associé, et par laquelle chacun s'unissant à tous n'obéisse pourtant qu'à lui-même et reste aussi libre qu'auparavant » (*Du contrat social*, I, 6).

La volonté générale

En entrant dans le contrat, les hommes doivent nécessairement renoncer à leur indépendance naturelle. Dans le cas contraire, l'État serait impuissant car chacun agirait comme il lui plairait. Mais, en contrepartie de ce renoncement, les individus participent par leur vote à l'élaboration de la loi commune. Le peuple est le souverain. Lorsqu'il obéit à la loi, c'est à lui-même comme législateur qu'il obéit. « L'obéissance à la loi qu'on s'est prescrite est liberté » rappelle Rousseau. On peut naturellement, comme individu, être en désaccord avec une loi, mais, à partir du moment où on peut voter, on accepte que la loi commune soit celle de la majorité. La loi est issue de la volonté générale, qui n'est pas une simple somme de volontés particulières (comment mettre ensemble des avis divergents ?), mais ce qui émane de la délibération politique. En affirmant que la volonté générale ne peut errer, Rousseau souligne qu'un peuple est toujours maître de son avenir.

Kant (1724-1804)

Emmanuel Kant modifie profondément la manière de philosopher. Rejetant tout autant le scepticisme des empiristes que le rationalisme dogmatique, il inaugure une approche critique où la raison s'interroge sur ses capacités et ses limites. Il est une référence incontournable pour tous les penseurs qui le suivront.

Le philosophe de Königsberg

Né à Königsberg en Prusse (l'actuelle ville russe de Kaliningrad), Kant y poursuit ses études avant de devenir précepteur puis professeur à l'université. S'il ne quitte quasiment jamais sa ville natale, il est, par ses nombreuses lectures, informé de ce qui se passe dans le monde. Organisant son existence de manière très précise, il partage chacune de ses journées entre les cours, l'étude, un repas avec des amis et une promenade.

Son œuvre est considérable. Ses textes les plus importants sont le fruit d'un très long travail et ne paraissent qu'à partir de 1781 avec la *Critique de la raison pure*, qui porte sur la faculté de connaître. S'ensuivent la *Critique de la raison pratique* (1788), qui détermine la forme de tout jugement moral, puis la *Critique de la faculté de juger* (1790), qui caractérise le jugement esthétique et la nature.

La révolution copernicienne de la connaissance

En prenant comme image la révolution de Copernic (et sa théorie de l'héliocentrisme), qui modifie la conception que l'homme se fait de l'Univers, Kant propose de changer notre manière de penser la connaissance. Nous devons renoncer à l'idée que l'esprit se règle sur l'objet, comme s'il accédait à la chose même, et envisager l'idée que c'est l'esprit qui détermine l'objet. La connaissance est une construction du sujet humain.

Nous ne pouvons pas accéder à la chose en soi puisque toute connaissance est relative aux formes de la raison. La science est uniquement humaine. Aucune connaissance n'est alors possible s'il n'y a pas au départ une expérience sensible. Ce qui est au-delà de l'expérience est inconnaissable. Mais Kant ajoute que cela n'empêche pas qu'il soit pensable. Je ne peux connaître Dieu (il échappe à l'expérience), mais je peux le penser et y croire.

La morale du devoir

La réflexion morale de Kant vise à caractériser la forme que doit prendre tout jugement moral. Il ne dresse pas un catalogue des vertus, mais indique qu'une action est morale si elle peut être universalisable, c'est-à-dire valable pour tout être raisonnable. Par exemple, le mensonge ne peut pas être un bien car on ne peut accepter son universalisation.

Cela signifie également que la valeur morale n'est pas un choix subjectif, mais une obligation qui s'impose à la raison de tout homme. L'action morale ne s'accomplit pas selon un calcul d'intérêts, elle n'a pas pour finalité le bonheur, mais se présente comme un devoir inconditionnel : je dois parce que je dois.

LA LOI MORALE

Pour Kant, la loi morale est l'obligation qui s'impose à tout homme. Elle possède une dimension universelle et témoigne de la possibilité de l'homme d'agir de manière parfaitement libre.

Emmanuel Kant. Portrait réalisé par Von Hans Kurth.

L'universalité de la conscience morale

« Tout homme a une conscience et se trouve observé, menacé et surtout tenu en respect (respect lié à la crainte) par un juge intérieur, et cette puissance qui veille en lui sur les lois n'est pas quelque chose qu'il *se forge* à lui-même arbitrairement, mais elle est inhérente à son être. Sa conscience le suit comme son ombre lorsqu'il pense lui échapper. Il peut bien s'étourdir ou s'endormir par des plaisirs ou des distractions, mais il ne saurait éviter de revenir à lui ou de se réveiller de temps en temps dès lors qu'il en perçoit la voix terrible.

Emmanuel Kant,
Métaphysique des mœurs.

La loi morale et la liberté

Nous pensons généralement que l'obligation morale s'oppose à notre liberté. Or, comme le montre Kant dans cet exemple, le respect de la loi morale (sauver un innocent) nous permet d'agir indépendamment de toute contrainte extérieure (la menace du prince) et de toute pression intérieure (le désir de vivre).

« Demandez [à un homme] si, dans le cas où son prince lui ordonnerait, en le menaçant d'une mort immédiate, de porter un faux témoignage contre un honnête homme qu'il voudrait perdre sous un prétexte plausible, il tiendrait comme possible de vaincre son amour pour la vie, si grand qu'il puisse être. Il n'osera peut-être assurer qu'il le ferait ou qu'il ne le ferait pas, mais il accordera sans hésiter que cela lui est possible. Il juge donc qu'il peut faire une chose, parce qu'il a conscience qu'il doit la faire et reconnaît ainsi en lui la liberté qui, sans la loi morale, lui serait restée inconnue. »

Emmanuel Kant,
Critique de la raison pratique.

Une morale de l'intention

Kant indique que l'action n'est véritablement morale que si l'intention est elle-même morale. Notre action peut apparaître morale, mais être motivée par autre chose que le simple respect du devoir.

Agir par devoir	Agir conformément au devoir
L'action est accomplie.	L'action est accomplie.
L'action est réalisée uniquement par obligation morale.	L'action est intéressée (peur d'une punition, souhait de plaire, espoir d'une rétribution, affection pour la personne, amour-propre…).
L'intention est purement morale.	L'intention n'est pas purement morale.

Hegel (1770-1831)

Georg Wilhelm Friedrich Hegel est le philosophe le plus célèbre de la première moitié du XIXe siècle. Sa pensée est une tentative pour construire un système philosophique dans lequel les contradictions de la réalité et de l'histoire participent au mouvement même par lequel l'esprit parvient à l'Absolu.

Un professeur reconnu

Né à Stuttgart, Hegel renonce à être pasteur, pour devenir précepteur, puis s'installe à Iéna comme professeur libre de philosophie. Il y rédige la *Phénoménologie de l'esprit* (1807), qui constitue le premier exposé de son système philosophique. Directeur du lycée de Nuremberg en 1808, puis professeur à l'université de Heidelberg en 1816, il publie la *Science de la logique* et l'*Encyclopédie des sciences philosophiques* en 1817.

Nommé professeur à l'université de Berlin en 1818, où il succède au philosophe Fichte, il devient l'un des penseurs les plus célèbres de son époque. Ses cours concernent notamment la philosophie de l'histoire, de la religion et de l'art. Ils seront publiés après sa mort, survenue brutalement pendant l'épidémie de choléra en 1831.

La construction d'un système

L'effort de Hegel vise à répondre au désir d'unité de la raison face à une réalité qui semble n'être que variété et chaos. La philosophie doit « concevoir ce qui est », c'est-à-dire saisir la rationalité qui est à l'œuvre dans le réel. Il ne s'agit pas de nier les contradictions, mais de comprendre que celles-ci sont les moments d'un processus rationnel continu. Le réel est nécessairement rationnel. La philosophie est un système qui éclaire et accomplit ce mouvement. Ce qui est rationnel est la réalité même.

La *dialectique* caractérise ce processus rationnel. Elle est à la fois une propriété de la pensée et des choses. Ce qui est (affirmation ou thèse) est nié par ce qu'il n'est pas (négation ou antithèse) ; cette opposition est dépassée par un troisième moment (négation de la négation ou synthèse), qui concilie dans une unité supérieure ce qui apparaissait contradictoire au départ. Par exemple, l'enfant acquiert d'abord les principes de son éducation (thèse), puis s'oppose à cette éducation (antithèse) pour enfin revenir à une relation pacifiée qui intègre certains aspects des deux premiers moments (synthèse).

La rationalité de l'histoire

Puisque le réel est rationnel, le système philosophique de Hegel indique que les événements de l'histoire ne sont pas de simples hasards, que chaque période de l'histoire des hommes s'inscrit dans un développement nécessaire. La raison domine l'histoire universelle.

Cependant, les hommes ne connaissent pas la portée réelle des événements qu'ils vivent. Ils sont entraînés par leurs passions. C'est pourquoi Hegel indique qu'il y a dans l'histoire une « ruse de la raison ». En poursuivant leurs intérêts particuliers, les hommes accomplissent le processus rationnel de l'histoire.

L'ART, CRÉATION DE L'ESPRIT

Pour Hegel, l'art est une dimension fondamentale de l'activité des hommes. Il est une des manifestations spirituelles les plus hautes de l'esprit avec la philosophie et la religion.

Georg Wilhelm Friedrich Hegel. Portrait peint, au XIXe siècle, par Johann Jacob Schlesinger.

L'art, extériorisation de la conscience

L'activité artistique n'est pas accessoire. Elle est le moyen universel par lequel la conscience se contemple et s'extériorise.

« L'universalité du besoin d'art ne tient pas à autre chose qu'au fait que l'homme est un être pensant et doué de conscience. En tant que doué de conscience, l'homme doit se placer en face de ce qu'il est, de ce qu'il est d'une façon générale, et en faire un objet pour soi. Les choses de la nature se contentent d'être, elles sont simples, ne sont qu'une fois, mais l'homme en tant que conscience se dédouble : il est une fois, mais il est pour lui-même. [...] Il se contemple, se représente lui-même. Il faut donc chercher le besoin général qui provoque une œuvre d'art dans la pensée de l'homme, puisque l'œuvre d'art est un moyen à l'aide duquel l'homme extériorise ce qu'il est [...]. On saisit déjà cette tendance dans les premières impulsions de l'enfant : il veut voir des choses dont il soit lui-même l'auteur, et s'il lance des pierres dans l'eau, c'est pour voir ces cercles qui se forment et qui sont son œuvre dans laquelle il retrouve comme un reflet de lui-même. »

Georg Wilhelm Friedrich Hegel, *Esthétique*, Trad. S. Jankélévitch.

L'art, expression de la plus haute spiritualité

Pour Hegel, « La plus haute destination de l'Art est celle qui lui est commune avec la Religion et la Philosophie. Comme celles-ci, il est un mode d'expression du divin, des besoins et exigences les plus élevés de l'esprit. » C'est pourquoi on ne peut pas, comme le pense Aristote, faire de l'art une imitation de la nature. Imiter suppose une aptitude technique, mais si l'art en reste là, il ne fait que reproduire un contenu qui est déjà présent. Or, « l'esprit montre mieux son habileté dans des productions surgissant de l'esprit qu'en imitant la nature ».
Dès lors, ce qui fait la beauté d'une œuvre d'art, c'est la manière dont l'artiste invente, se fait créateur. Ainsi, par exemple, on ne contemple pas *Les Tournesols* de Van Gogh pour connaître les caractéristiques des végétaux, mais pour la manière de les représenter.

Comte (1798-1857)

Auguste Comte bâtit un nouveau système philosophique : le *positivisme.* Faisant de la démarche scientifique le signe du progrès de l'esprit, il projette la création d'une physique de la réalité sociale, la *sociologie.* Il annonce également une nouvelle organisation de la société et fonde une religion de l'Humanité.

L'inventeur d'une nouvelle philosophie

Né à Montpellier, Comte est un élève brillant. Il entre à l'École polytechnique avant de devenir le secrétaire du philosophe progressiste Saint-Simon de 1817 à 1824. Marié en 1825, sans ressources, il n'obtient qu'un emploi de répétiteur. Parallèlement, il élabore son système en professant des *Cours de philosophie positive.*

Séparé de sa femme, il rencontre en 1844 Clotilde de Vaux, une jeune femme abandonnée par son mari. Éperdument amoureux, il entretient une relation platonique avec elle, avant de la voir mourir de tuberculose en 1846. Il transpose alors son amour dans un culte religieux, celui de l'Humanité. Dès 1844, l'aide matérielle de ses amis et disciples lui permet de poursuivre son travail philosophique.

Le positivisme

Comte a perdu la foi pendant ses études. Pour lui, l'apogée de l'activité de l'esprit se situe dans la démarche scientifique. Il énonce alors une loi du progrès de l'esprit humain qui passe par trois états : *l'état théologique*, dans lequel les hommes expliquent les phénomènes par l'intervention d'êtres surnaturels ; *l'état métaphysique*, où l'explication est réduite à des principes abstraits ; *l'état positif*, appuyé sur la découverte des lois scientifiques.

L'ensemble des domaines de connaissance (mathématiques, astronomie, physique, chimie, biologie) est, selon Comte, parvenu à l'état positif, à l'exception de l'étude des réalités sociales. Il faut donc achever ce processus en élaborant une approche scientifique des faits sociaux, qu'il nomme « physique sociale » ou « sociologie ».

La religion de l'Humanité

Comte est déterministe : « Tous les phénomènes quelconques, inorganiques ou organiques, physiques ou moraux, individuels ou sociaux, sont assujettis à des lois rigoureusement invariables. » La connaissance positive (ou scientifique) doit permettre de découvrir ces lois et donc d'intervenir de manière rationnelle et efficace sur la réalité. La vie des hommes peut être améliorée. Le sociologue apparaît comme un acteur central du progrès.

Le positivisme doit concourir à la régénération de la société. Pour cela, la connaissance scientifique s'accompagne d'un choix spirituel : la foi dans l'Humanité qui relie les hommes entre eux, les vivants mais aussi les morts. Un culte est rendu à ces derniers car, d'un point de vue historique, « l'humanité se compose de plus de morts que de vivants ». Le positivisme est ainsi une nouvelle religion (sans Dieu) qui possède « l'amour pour principe, l'ordre pour base, et le progrès pour but ».

LA LOI DES TROIS ÉTATS

À la base du système philosophique de Comte, on trouve la thèse d'un progrès de l'esprit humain à travers l'histoire. La *loi des trois états* est le principe qui dirige ce processus.

Auguste Comte et ses trois anges gardiens. La lithographie, du XIXe siècle, le montre en compagnie des trois femmes qui ont accompagné son œuvre : Rosalie Boyer (sa mère), Clotilde de Vaux (son amie) et Sophie Bliaux (sa servante, qu'il adopta).

L'état théologique

Dans un état primitif, l'esprit humain « se représente les phénomènes comme produits par l'action directe et continue d'agents surnaturels [...] dont l'intervention arbitraire explique toutes les anomalies apparentes de l'univers ». Historiquement, les hommes ont d'abord imaginé l'action de « nombreuses divinités » (fétichisme et polythéisme) puis celle « providentielle d'un être unique » (monothéisme).

L'état métaphysique

Dans le second état, transitoire, « qui n'est au fond qu'une simple modification générale du premier, les agents surnaturels sont remplacés par des forces abstraites ». Ainsi, une notion comme l'âme en psychologie est une abstraction qui, pour Comte, ne correspond à rien d'objectif. Même si l'explication métaphysique abandonne l'idée de l'intervention de divinités, elle croit encore à une connaissance absolue.

L'état positif

L'esprit humain atteint sa pleine maturité en accédant à l'état positif ou scientifique. « Reconnaissant l'impossibilité d'obtenir des notions absolues, [il] renonce à chercher l'origine et la destination de l'univers, et à connaître les causes intimes des phénomènes, pour s'attacher uniquement à découvrir, par l'usage bien combiné du raisonnement et de l'observation, leurs lois effectives ». La science décrit les phénomènes (le comment), elle ne dit pas pourquoi il en est ainsi (le pourquoi). Pour Comte, la découverte de lois de plus en plus générales, qui unifient les savoirs, constitue un progrès à l'intérieur de l'état positif.

Kierkegaard (1813-1855)

Søren Aabye Kierkegaard rejette les systèmes philosophiques car leur abstraction et leur visée universelle lui paraissent incapables d'expliquer la réalité particulière et subjective des individus. Avant toute généralisation, l'homme est d'abord une existence individuelle qui fait l'expérience d'une angoissante liberté.

Un homme mélancolique

Né à Copenhague, Kierkegaard est le benjamin d'une famille de sept enfants. Il reçoit une éducation chrétienne stricte et austère d'un père hanté par l'idée du péché. Excellent élève, il entreprend des études de théologie. Son enfance et sa vie de jeune homme sont profondément marquées par la mort prématurée de sa mère, de ses trois sœurs, de deux de ses frères, puis de son père en 1838.

Peu avant la mort de son père, Kierkegaard tombe amoureux de la jeune Régine Olsen. Il achève ses études de théologie, se fiance en 1838, mais un an plus tard, rompt brutalement, dans une sorte de paradoxe passionnel. Il renonce à être pasteur et se consacre à l'écriture pendant les douze dernières années de sa vie.

Un penseur de la subjectivité

Kierkegaard est insatisfait par les systèmes philosophiques. Par exemple, celui de Hegel, en raison de sa dimension totalisante, lui semble incapable de penser la particularité d'une existence personnelle. Il met en avant la subjectivité, c'est-à-dire le rapport vécu et singulier de chaque homme à sa propre existence. Il y a une vérité de la subjectivité qui est supérieure à celle du concept général et abstrait. Il n'y a pas de système de l'existence, car chacune est singulière.

Cette vérité de la subjectivité est aussi le constat d'une liberté, car se sentir exister, c'est prendre conscience d'un pouvoir. Dans le même temps, l'individu saisit la distance qui le sépare de l'infini et de l'éternité. L'existence est nécessairement angoissante (*Le Concept d'angoisse*). Kierkegaard distingue trois sphères pour répondre à cette angoisse. Comme Don Juan, l'homme peut se réfugier dans une vie faite de désirs, mais il n'y a là qu'une illusion tragique. Il peut aussi faire le choix d'une existence éthique, mais seule la foi peut l'ouvrir à une existence pleinement accomplie.

Un critique de la religion

Kierkegaard critique avec force l'Église de son temps. Il ne voit dans ceux qui la dirigent que des administrateurs qui répandent un christianisme superficiel. La foi véritable suppose de revenir à l'existence tragique du Christ. La foi n'est pas une question de doctrine, mais le rapport d'un individu à la réalité d'une existence. « L'objet de la foi est ainsi la réalité de Dieu dans l'existence : c'est-à-dire comme un individu : c'est-à-dire que Dieu a existé comme un homme individuel. »

En défendant l'idée d'un sujet concret, contre l'abstraction des systèmes philosophiques et des doctrines religieuses, Kierkegaard influence de nombreux penseurs de l'existentialisme au XXᵉ siècle, qu'ils soient chrétiens (Gabriel Marcel) ou athées (Jean-Paul Sartre).

LES TROIS SPHÈRES DE L'EXISTENCE

Pour Kierkegaard, l'existence individuelle de l'homme en fait un être unique et séparé, qui ne peut être compris par aucun système. L'homme cherche alors un « point où jeter l'ancre » et, dans cette quête, le philosophe distingue trois sphères.

Søren Aabye Kierkegaard. Dessin réalisé en 1840, alors que le philosophe danois a 27 ans.

La sphère esthétique

Quel genre de vie faut-il mener pour que mon existence ait un sens ? Pour Kierkegaard, une première réponse appartient à ce qu'il nomme la « sphère esthétique ». L'homme poursuit les plaisirs sensibles de l'instant dans une course perpétuelle au bonheur. Don Juan représente une figure centrale de ce comportement : le séducteur va de conquête en conquête sans jamais demeurer en un lieu. Mais cette quête sensuelle, toujours inachevée, ouvre sur l'ennui ou le désespoir. Don Juan peut se mentir ou ironiser ; il est à la recherche d'une perfection.

La sphère éthique

Au stade esthétique, l'homme se laissait conduire par ses désirs et refusait de choisir. Le stade éthique suppose au contraire le choix. À partir de l'expérience même du désespoir, l'homme choisit la responsabilité, c'est-à-dire qu'il reconnaît l'existence d'une différence entre le bien et le mal. À l'inverse du séducteur Don Juan, l'homme éthique se marie, ce qui suppose l'engagement et la fidélité. La sphère éthique est celle du devoir, où l'homme choisit ce qu'il veut être.

La sphère religieuse

Le stade éthique ne suffit pas au salut de l'individu. L'homme est une liberté qui doit choisir sa vie, mais il est aussi un être fini (limité et mortel) qui ne peut accéder à l'infini (illimité et immortel). L'angoisse est donc inévitable. Mais, pour Kierkegaard, l'angoisse « possède une valeur éducative absolue » car, au lieu de nous laisser dans l'illusion, elle dévoile l'insuffisance de nos choix. C'est pourquoi l'angoisse de la mort, sérieusement envisagée, « est une source d'énergie comme nulle autre ; elle rend vigilant comme rien d'autre ». Dans la sphère religieuse, l'homme de foi reconnaît alors que seul Dieu peut le sauver.

Marx (1818-1883)

Karl Marx a profondément marqué la pensée des XIXe et XXe siècles. Philosophe, économiste, homme politique, il propose une lecture neuve de l'histoire et dénonce les contradictions d'une société fondée sur l'exploitation des hommes.

Un théoricien et praticien du socialisme

Né à Trèves en Allemagne, Marx fait des études de droit, d'histoire et de philosophie. Après avoir soutenu une thèse sur les philosophes matérialistes grecs Démocrite et Épicure, il devient journaliste. Il se marie, milite dans des groupes socialistes et mène une vie d'errance, entre l'Allemagne, Paris et Bruxelles, au gré de ses expulsions et de ses combats politiques. Il s'installe définitivement à Londres en 1849.

Avec son ami Engels (1820-1895), Marx s'oppose à l'idéalisme du philosophe Hegel, qui lui paraît éloigné du mouvement réel de l'histoire. La rédaction du *Manifeste du parti communiste* en 1848 est à la fois une analyse théorique (l'histoire est déterminée par la lutte des classes) et un programme politique (« Prolétaires de tous les pays, unissez-vous »). En 1864, Marx est le principal fondateur de la *Ire Internationale*, qui tente d'unifier l'action des partis ouvriers dans le monde.

Une doctrine matérialiste

Contrairement à une longue tradition philosophique qui affirme que l'homme est avant tout conscience et esprit, c'est-à-dire une « substance pensante » (Descartes), Marx défend une thèse matérialiste. L'existence réelle d'une chose dépend de sa dimension matérielle et cela vaut aussi pour les hommes, dont les pensées sont déterminées par les conditions d'existence. La conscience est un produit social.

Marx affirme ainsi que « ce n'est pas la conscience des hommes qui détermine leur existence, c'est au contraire leur existence sociale qui détermine leur conscience ». On ne peut donc pas s'appuyer sur les expressions de l'esprit (l'art, le droit, les idées politiques…) pour comprendre une époque. Il faut au contraire étudier l'infrastructure matérielle, c'est-à-dire la technique, l'économie, les relations sociales.

La lutte des classes

L'histoire est une longue lutte entre des classes sociales : dans l'Antiquité, entre les hommes libres et les esclaves, à l'époque féodale, entre les seigneurs et les serfs. À l'époque moderne, la confrontation oppose deux classes : la bourgeoisie et la classe ouvrière. Le passage d'une période historique à une autre est provoqué par des contradictions sociales liées elles-mêmes aux évolutions techniques et économiques.

Ainsi, l'essor de l'industrie, conforté par l'invention de la machine à vapeur, a fait de la bourgeoisie la classe dominante. Celle-ci exploite alors la classe ouvrière. Marx explique que l'opposition entre ces deux classes ne peut se résoudre que dans la prise du pouvoir par la classe ouvrière, dirigée par le parti communiste, afin d'atteindre une société sans classe.

LE CAPITAL

Parallèlement à son combat politique, Marx approfondit son analyse économique dans *Le Capital*, dont le livre I – le seul à être édité de son vivant – est publié en 1867. Engels publiera les livres II et III en 1885 et 1894 à partir des notes laissées par Marx.

Karl Marx.

L'analyse de la société capitaliste

Dans *Le Capital*, Marx veut « dévoiler la loi économique du mouvement de la société moderne », c'est-à-dire mettre à jour « le mode de production capitaliste et les rapports de production et d'échange qui lui correspondent ». Il s'agit de montrer que l'histoire des hommes est parvenue à un stade dans lequel la croissance sans précédent de la production de marchandises et ses effets sociaux sont dus à une nouvelle forme d'organisation économique. Celle-ci se traduit par l'apparition de deux classes sociales opposées : les possesseurs des moyens de production (qui concentrent le capital) et le prolétariat (qui vend sa force de travail contre un salaire).

L'aliénation du travailleur

Marx souligne que le travail est « une nécessité physique de la vie humaine ». Il permet de transformer la nature à l'avantage de l'homme. Mais la forme capitaliste de production des marchandises transforme le travail en une marchandise dont le coût doit être réduit au minimum. La division technique du travail où chaque ouvrier accomplit une partie de la production (travail à la chaîne) permet d'optimiser le rendement mais se traduit par une aliénation.

> « [Le travailleur] travaille pour vivre. Il ne compte point le travail en tant que tel comme faisant partie de sa vie ; c'est plutôt le sacrifice de cette vie. C'est une marchandise qu'il adjuge à un tiers. C'est pourquoi le produit de son activité n'est pas le but de son activité. Ce qu'il produit pour lui-même, ce n'est pas la soie qu'il tisse, l'or qu'il extrait de la mine, le palais qu'il élève. Ce qu'il produit pour lui-même, c'est le salaire ; et la soie, l'or, le palais se réduisent pour lui à une certaine quantité de moyens de subsistance, tels qu'une veste de coton, de la menue monnaie et le sous-sol qu'il habite. »
>
> *Le Capital*, Livre I.

Nietzsche (1844-1900)

Friedrich Nietzsche rompt avec les formes et le contenu traditionnels de la philosophie. Son œuvre se présente le plus souvent sous l'aspect de textes courts, d'aphorismes, parfois poétiques, qui renversent les valeurs de vérité, de bien ou de justice pensées depuis Platon.

Un penseur solitaire

Fils d'un pasteur allemand, Nietzsche reçoit une solide éducation et, en 1864, débute des études de philologie grecque à l'université de Bonn. Excellent étudiant, il est nommé professeur à l'université de Bâle dès 1869. Influencé par le pessimisme du philosophe Schopenhauer (1788-1860), il pense trouver dans la musique de Wagner un art total qui puisse redonner sens à l'existence.

Rompant avec Wagner qui le déçoit, de santé très fragile, il renonce à l'enseignement en 1879. Il mène alors une vie errante qui le conduit de la Suisse à l'Italie en passant par le sud de la France. Il écrit des textes qui sont une critique puissante de toutes les valeurs reconnues et un effort pour promouvoir une philosophie de la vie (*Par-delà bien et mal*, *Généalogie de la morale*, etc.). À partir de 1889, Nietzsche sombre dans la folie. Recueilli par sa mère, il meurt en 1900.

La vérité mise en question

La tradition philosophique a fait de la vérité une valeur fondamentale supérieure aux simples apparences sensibles. Pour Nietzsche, ce sont pourtant les apparences qui constituent la seule réalité. En effet, l'exigence de vérité nous conduit à imaginer une réalité supérieure derrière ce que nous vivons et percevons. Nous créons ce que Nietzsche appelle un « arrière-monde », un monde des « essences ». Or, il n'y a là qu'une croyance née avec la philosophie et Socrate.

En fait, le désir d'une vérité ultime, c'est-à-dire le désir d'une métaphysique, est une certaine manière d'exister où nous nous trompons sur le sens véritable de la vie. Pour Nietzsche, « en toute activité philosophique », il ne s'agit « pas de trouver la "vérité", mais de quelque chose de tout à fait autre, disons de santé, d'avenir, de croissance, de puissance, de vie » (*Le Gai Savoir*). Tous ces termes renouvellent la manière de penser l'acte philosophique.

La volonté de puissance

La pensée de Nietzsche consiste en une affirmation de la vie. Le mot ne désigne pas ici la dimension biologique de l'existence, mais l'ensemble des forces, le plus souvent inconscientes, qui s'affrontent en tout être vivant et expliquent son activité. Certaines forces sont créatrices et d'autres destructrices. Cette énergie de la vie est appelée « volonté de puissance » par Nietzsche.

La volonté de puissance est ambivalente. Elle peut s'exprimer sous une forme médiocre lorsque les hommes, pleins de ressentiment, incapables d'oublier, se réfugient dans des valeurs morales tournées vers les idées de culpabilité et de punition. Mais la volonté de puissance peut aussi servir une vie créatrice, joyeuse, orientée vers l'avenir, refusant le poids de l'histoire. Le maître nietzschéen devient alors créateur de nouvelles valeurs, dans un mouvement cyclique que Nietzsche nomme « l'Éternel Retour ».

LE RENVERSEMENT DES VALEURS MORALES

Nietzsche entreprend une critique radicale des valeurs morales et religieuses traditionnelles qu'il accuse de brimer l'esprit humain dans sa capacité créatrice.

Friedrich Nietzsche. Portrait du XIXe siècle.

La généalogie de la morale

En décrivant l'origine « des préjugés moraux », Nietzsche propose une généalogie de la morale. Pour lui, les valeurs défendues par le christianisme ont permis de faire triompher une morale du « ressentiment », celle des hommes faibles (ceux que Nietzsche nomme les « esclaves »), qui entretiennent un sentiment de culpabilité et insistent sur les notions de « faute », de « devoir », de « châtiment ». De même, l'idée d'une morale universelle, telle que la défend le philosophe Kant, est contradictoire avec l'aspect unique de tout acte humain.

Pour Nietzsche, les valeurs morales traditionnelles sont donc des mensonges qui nient la vie. Mais, comme tels, une fois reconnus, ils perdent toute force et provoquent le *nihilisme* (du latin *nihil*, « rien »), c'est-à-dire la volonté du néant que Nietzsche décèle chez ses contemporains.

La mort de Dieu

Chez Nietzsche, l'expression « la mort de Dieu » rend compte de l'état de la civilisation, même si cela n'est pas encore perçu par tous. La croyance en Dieu disparaît et ne peut plus éclairer les valeurs morales de sa présence sacrée. Cet événement nous précipite dans la perte du sens, dans l'absurde, idée qui marquera profondément tout le XXe siècle. Mais, pour Nietzsche, la « mort de Dieu » peut être le début d'une nouvelle vie.

« Le plus important des événements récents – "la mort de Dieu", le fait que la foi en le Dieu chrétien a été ébranlée – commence déjà à projeter sur l'Europe ses premières ombres […] ; un soleil semble s'être couché, une vieille et profonde confiance semble s'être changée en doute […]. Nous autres philosophes et "esprits libres", à la nouvelle que "le Dieu ancien est mort", nous nous sentons illuminés d'une aurore nouvelle ; notre cœur en déborde de reconnaissance, d'étonnement, d'appréhension et d'attente, – enfin l'horizon nous semble de nouveau libre, en admettant même qu'il ne soit pas clair, – enfin nos vaisseaux peuvent de nouveau mettre la voile, voguer au-devant du danger ; tous les coups du hasard de celui qui cherche la connaissance sont de nouveau permis ; la mer, *notre* pleine mer, s'ouvre de nouveau devant nous, et peut-être n'y eut-il jamais une mer aussi "pleine". »

Friedrich Nietzsche, *Le Gai Savoir*,
Trad. Henri Albert, 1882,
Éd. Mercure de France.

Husserl (1859-1938)

Edmund Husserl est le fondateur d'une méthode philosophique originale : la phénoménologie. La tâche de la philosophie est de dégager les fondements de la rationalité à l'œuvre dans toute connaissance. En cela, il s'agit de retouver le projet des philosophes de l'Antiquité grecque.

Le projet d'une refondation philosophique

Né à Prossnitz en Moravie, sous la domination autrichienne (actuellement en République tchèque), Husserl fait des études de sciences (essentiellement les mathématiques) et de philosophie. Après ses premiers travaux sur les fondements des mathématiques, il devient professeur à l'université de Halle, de Göttingen, puis de Fribourg. D'origine juive, il est rayé de la liste des professeurs en 1933, décision rapportée, puis définitive en 1936.

Pendant cinquante ans, Husserl ne cesse d'approfondir et de préciser son projet philosophique ; il dira peu avant sa mort : « Je sais qu'il me faut tout reprendre au commencement. » Recherchant la plus grande exactitude, il écrit énormément mais publie peu. L'édition posthume de ses œuvres complètes (les *Husserliana*), commencée en 1950, n'est pas achevée et correspond à plus de 50000 feuillets manuscrits.

La méthode phénoménologique

La phénoménologie se présente comme « un retour aux choses mêmes », c'est-à-dire un retour au contenu de la conscience, antérieur à toute réflexion et jugement. Avant d'être des objets que nous pouvons étudier, les phénomènes sont des vécus de la conscience. La phénoménologie est une description des phénomènes tels qu'ils apparaissent à la conscience. Elle est une démarche nécessaire pour saisir rigoureusement comment notre esprit accède à la réalité.

Les sciences proposent d'expliquer la nature ; elles présupposent donc l'existence d'objets naturels (un corps en chute libre ou l'oxygène, par exemple) dont elles vont énoncer les lois. Il y a donc un préjugé objectif dans les sciences. La méthode phénoménologique ne présuppose aucun objet, elle ne cherche pas à expliquer. Elle vise à décrire ce que les phénomènes signifient pour la conscience. Elle suppose de mettre entre parenthèses les conceptions objectives (déjà construites) que nous avons du monde.

Conscience et intersubjectivité

Nous concevons ordinairement la conscience dans une sorte de face-à-face avec le monde, c'est-à-dire dans une opposition entre un sujet (le « je ») et un objet (ce qui est pensé par le « je »). Cela conduit à imaginer que la conscience pourrait être vide avant de concevoir telle ou telle chose. Or, pour Husserl, il n'y a pas de conscience vide. À chaque instant, la conscience est conscience de quelque chose : ne penser à rien, c'est encore penser à quelque chose. Husserl explique cela en disant que la conscience est « intentionnelle ».

De plus, dans le contenu de la conscience, il est un vécu qui se distingue des autres : la présence d'autrui. Toute subjectivité évolue dans une relation intersubjective car la présence d'autrui n'est pas neutre. Par les difficultés qu'elle provoque, elle donne une épaisseur à ce qui est un monde commun.

PHILOSOPHIE ET HUMANITÉ

Le projet de Husserl est de retrouver la tâche originelle de la philosophie, qui consiste, avec les Grecs, à donner un fondement rationnel aux dé-marches de l'esprit. Commun à tous les hommes, un tel fondement est seul capable d'engendrer une communauté humaine unifiée.

Edmund Husserl.

La crise des sciences européennes

Dans les années 1935-1936, alors que l'Allemagne est aux mains des nazis, Husserl réfléchit sur l'évolution de la pensée en Europe. Celle-ci n'est pas ici une réalité géographique, mais l'origine d'une certaine manière de penser. Pour lui, le développement et le succès des sciences de la nature (la physique, la chimie…) depuis le XVIIe siècle ont conduit à renoncer à la démarche philosophique d'une recherche d'un fondement absolu de la connaissance. Même l'esprit est réduit à n'être qu'un objet identique aux choses de la nature.

Or, ce que les Grecs ont inventé, c'est une démarche, la philosophie, qui en son « sens originaire » est « la science universelle ». Que celle-ci se soit ensuite ramifiée « en de multiples sciences particulières » ne doit pas conduire à oublier le sens premier, universel et infini du questionnement humain. La crise des sciences consiste dans le fait qu'elles oublient ce qu'on appelle les questions métaphysiques ; elles oublient « le monde de la vie » (*Lebenswelt*).

La tâche de la philosophie

La science a une approche « positiviste » des phénomènes (elle ne s'intéresse qu'aux faits) et oublie que toute connaissance est fondée par la raison. Rechercher ce qui fonde les sciences, telle est la tâche de la philosophie. Il s'agit pour Husserl de dégager ce qu'il nomme les « essences », fondement de toutes les connaissances. Dans le même temps, la philosophie ouvre un espace commun entre les hommes réfléchissant aux fondements de leurs pensées et actions.

« Un nouvel esprit tirant son origine de la philosophie et des sciences particulières, un esprit de libre examen et produisant ses normes à l'aune des tâches infinies parcourt l'humanité, crée des idéaux nouveaux et infinis. Certains sont pour les hommes isolés dans leurs nations, d'autres pour les nations elles-mêmes. Mais ce sont aussi en définitive des idéaux infinis pour la synthèse des nations, en extension incessante, par laquelle chacune des nations, du fait qu'elle renonce à ses propres idéaux, aspire en esprit à l'infinité, offre ce qu'elle a de meilleur aux nations réunies. »

Edmund Husserl, *La Crise de l'humanité européenne et la philosophie*, coll. « Profil série textes philosophiques », Trad. N. Depraz, © Hatier, Paris, 1992.

Bergson (1859-1941)

Henri Bergson est un philosophe célèbre à son époque. Sa pensée peut être conçue comme un effort pour restituer toute l'infinie variation du réel. Il oppose l'intelligence présente dans la science, qui répond à des besoins pratiques, à l'intuition désintéressée, qui permet un accès véritable au réel, comme le montre l'art.

Le philosophe de l'intuition

Né à Paris, Bergson est un élève très brillant, aussi bien en sciences qu'en lettres. Agrégé et docteur en philosophie, il est nommé professeur au Collège de France en 1900. Ses cours et l'originalité de sa pensée y attirent un public toujours plus nombreux. En 1927, il obtient le prix Nobel de littérature. D'origine juive, il renonce à se convertir au catholicisme par solidarité avec ceux qui sont persécutés.

La pensée de Bergson fascine ses contemporains en ce qu'elle est un effort pour saisir le rapport immédiat de la conscience au réel (*Essai sur les données immédiates de la conscience*). Celui-ci est habituellement médiatisé par des théories (nous concevons un phénomène naturel à travers la généralité de la loi scientifique) ou par les nécessités de l'action (l'objet est perçu dans sa dimension utilitaire et peut donc être remplacé). Or, indépendamment de cette manière intelligente et pratique, il existe un accès immédiat au réel que Bergson nomme « intuition », c'est-à-dire la saisie de la chose dans ce qu'elle a d'unique, antérieure à toute théorie et à tout usage.

Les limites du langage

Les hommes utilisent le langage à la fois pour agir en commun sur leur environnement et pour construire un savoir sur celui-ci. Le langage permet de communiquer entre les hommes et d'élaborer un discours commun, qu'il soit de l'ordre de l'opinion ou de la science. Or, Bergson souligne que le mot, qui a une signification générale, ne peut jamais rendre compte de la singularité de notre état de conscience.

Ainsi, un sentiment est une donnée extrêmement personnelle, remplie de mille nuances, variant insensiblement en quelques secondes. Comment, par exemple, le mot « amour », si commun, peut-il rendre compte de l'émotion infiniment personnelle que je ressens ? Les mots nous empêchent d'atteindre ce que nous visons : « Un des plus grands obstacles à la liberté de l'esprit, ce sont les idées que le langage nous apporte toutes faites. »

L'élan vital

Pour Bergson, on ne peut réduire la vie à un mécanisme (une relation déterminée de causes et d'effets), ni à un finalisme (la vie orientée selon une finalité inscrite dans l'organisme). La vie est en fait imprévisible ; c'est une explosion incessante à partir d'un élan originel.

À un certain moment, un courant de vie est né et s'est répandu dans les corps qu'il a organisés tour à tour, passant de génération en génération, se divisant en espèces et s'intensifiant à mesure qu'il avançait. En cela, aucune science ne peut saisir le mouvement même de la vie (*L'Évolution créatrice*).

LA DURÉE OU LE TEMPS VÉCU

Au centre de la réflexion de Bergson, il y a la notion de durée. La vie intérieure n'est pas une succession d'instants séparables, mais une durée ininterrompue et homogène.

Henri Bergson.

Temps conçu et temps vécu

Bergson distingue deux approches du temps. L'une, pratique et scientifique, conçoit le temps comme une succession d'instants distincts les uns des autres, à l'image d'une série de points placés sur une droite. Or, à la seule vue de la vie intérieure, il n'est pas possible de faire une telle séparation. Chaque moment est indissociable du précédent et du suivant. Le temps vécu est indivisible ; il est une continuité. Bergson prend comme exemple l'écoute d'une mélodie.

« Quand nous écoutons une mélodie, nous avons la plus pure impression de succession que nous puissions avoir – une impression aussi éloignée que possible de celle de la simultanéité – et pourtant c'est la continuité même de cette mélodie et l'impossibilité de la décomposer qui font sur nous cette impression. »

Henri Bergson,
La Pensée et le Mouvant, Éd. PUF.

L'intuition de la durée

« La durée toute pure est la forme que prend la succession de nos états de conscience quand notre moi se laisse vivre, quand il s'abstient d'établir une séparation entre l'état présent et les états antérieurs. » Seule l'intuition peut permettre d'atteindre cette durée intérieure. Elle consiste en un mode immédiat de connaissance qui saisit l'état de conscience dans sa continuité entre l'état présent et les états antérieurs, dans son individualité propre. Pour atteindre cette durée réelle, il faut se détacher de l'usage scientifique et pratique de la réalité (acte de l'intelligence) pour être à l'écoute de la profondeur du monde. Telle est la tâche de la philosophie, tel est aussi le rôle de l'art.

« Qu'il soit peinture, sculpture, poésie ou musique, l'art n'a d'autre objet que d'écarter les symboles[1] pratiquement utiles, les généralités conventionnellement et socialement acceptées, enfin tout ce qui nous masque la réalité, pour nous mettre face à face avec la réalité même. »

Henri Bergson, *Le Rire*, Éd. PUF.

1. Les mots

Heidegger (1889-1976)

Martin Heidegger a eu une influence considérable sur la pensée du XXe siècle. Sa philosophie est une interrogation sur le sens de l'Être (que signifie le fait d'être ?), qui réactive un questionnement apparu au tout début de la philosophie, avec les Présocratiques, mais oublié depuis.

Une œuvre considérable

Né dans le sud de l'Allemagne, Heidegger commence des études de théologie, mais se tourne rapidement vers la philosophie. Il devient l'assistant de Husserl lorsque celui-ci est nommé à Fribourg en 1916. Nommé professeur à Marbourg, il écrit et publie son œuvre la plus célèbre, *Être et Temps* (*Sein und Zeit*) en 1927. Un an plus tard, il succède à son maître à Fribourg.

En 1933, Heidegger adhère au parti nazi. Il devient recteur de l'université de Fribourg pendant quelques mois avant de démissionner. Cette adhésion explique qu'il est interdit d'enseignement entre 1945 et 1950 et provoque encore des débats. Sa philosophie influence cependant de nombreux penseurs contemporains. L'édition de ses œuvres complètes (plus de cent volumes), commencée en 1976, ne sera vraisemblablement pas achevée avant 2020.

Le sens de l'Être

Pour Heidegger, l'histoire de la philosophie occidentale est marquée par l'oubli de l'être. Il faut en effet distinguer l'*être*, qui est le concept le plus général et le plus profond, et l'*étant*, qui correspond à telle chose concrète, à un existant. L'être n'est aucun étant particulier ; il n'est donc pas possible de le connaître. « Nous pouvons explorer et examiner sous tous ses angles une pierre qui se trouve là devant nous, et qui manifestement "est", jamais nous n'y découvrirons le "est". Et pourtant cette pierre est » explique-t-il dans *Questions II*.

Le questionnement occidental depuis les Grecs a confondu l'être avec l'étant, serait-il l'étant suprême, c'est-à-dire Dieu. Pour Heidegger, l'effort de la pensée doit consister dans ce retour au mystère de l'être, car ce retour est exigé par un étant particulier : l'homme, qui seul s'interroge sur le sens de l'être. Pour Heidegger, la poésie apparaît comme une parole dans laquelle l'être peut se dévoiler.

La question de la technique

La civilisation a permis le développement continu de techniques, accumulées et perfectionnées au fil des siècles. Nous sommes entourés d'*étants* qui sont disponibles pour notre usage. Or, cette manière instrumentale et utilitaire de considérer notre monde nous rend orphelins de l'être, incapables de saisir sa présence réelle à travers les choses que nous côtoyons.

Nous voyons le monde de manière technicienne. Par exemple, en plaçant une centrale électrique sur le Rhin, notre pensée sur lui est réduite à l'usage que nous pouvons en tirer : Heidegger explique ainsi, dans *La Question de la technique*, que « la centrale n'est pas construite dans le courant du Rhin comme le vieux pont de bois qui depuis des siècles unit une rive à l'autre. C'est bien plutôt le fleuve qui est muré dans la centrale. Ce qu'il est aujourd'hui comme fleuve, à savoir fournisseur de pression hydraulique, il l'est de par l'essence [la nature] de la centrale. »

LE *DASEIN*

Parmi l'ensemble des réalités existantes, parmi les *étants*, l'un d'eux se distingue. Il s'agit de l'homme. Heidegger le nomme *Dasein* (mot à mot, « *être-là* »), terme difficilement traduisible mais qui évoque l'idée d'une présence radicale, d'une pure expression d'être.

Martin Heidegger. Photograhie de 1960.

Le *Dasein* est ouverture à l'Être

Parmi tous les étants, le *Dasein* (l'homme) est le seul qui soit ouvert sur l'être, c'est-à-dire pour qui se pose la question du sens de l'être. Il s'agit notamment pour lui de réfléchir sur la possibilité d'être soi-même ou de ne pas l'être. En effet, l'homme peut vivre en oubliant ce questionnement sur l'être. Il a alors une vie inscrite dans la banalité, intégrant passivement le monde ambiant, ce que notamment Heidegger appelle le discours du « on » : nous nous réjouissons comme on se réjouit, nous lisons comme on lit, nous jugeons comme on juge, nous nous révoltons aussi comme on se révolte. La dictature du « on » nous conduit à une vie inauthentique.

Le souci

Le mode d'être du *Dasein* est le souci. Réfléchir sur l'être qui le constitue, c'est pour le *Dasein* se découvrir comme étant déjà là, abandonné au cœur du monde, abandonné à lui-même. Nous sommes jetés dans l'existence sans l'avoir choisi. Cet abandon est appelé « déréliction ». Le *Dasein* est aussi une existence inscrite dans la temporalité (passé, présent, futur), dont la dimension essentielle est l'anticipation, le projet, l'être en avant de lui-même. En outre, le *Dasein* ne peut être aussi qu'un être-avec, dans la présence d'un autre que lui-même.

L'être-pour-la-mort

La particularité du *Dasein* comme projet le conduit à découvrir sa finitude, c'est-à-dire son caractère mortel. La mort est ce qui appartient en propre au *Dasein*. Elle est l'affaire personnelle et le possible ultime de tout projet. L'homme peut tenter de fuir cette réalité en se réfugiant dans une sorte de déni, dans l'expression impersonnelle du « on meurt ». En effet, les discours sur la mort sont généralement des discours inauthentiques. Mais l'homme peut aussi vivre une existence résolue, dans l'acceptation de la finitude, et assumer l'être-pour-la-mort qu'il est.

Sartre (1905-1980)

Jean-Paul Sartre a produit une œuvre à la fois philosophique et littéraire tout en prenant une part active aux grands combats politiques de son époque. Philosophe existentialiste, il affirme le caractère indépassable de la liberté.

Philosophe et écrivain

Né à Paris en 1905, Sartre est un brillant étudiant reçu premier à l'agrégation de philosophie en 1929. Enseignant, il publie un premier texte philosophique, *L'Imagination* (1936), puis un roman, *La Nausée* (1938). Les premières représentations des *Mouches* (1943) marquent le public, alors que Sartre publie la même année son grand texte philosophique marqué par la phénoménologie de Husserl et Heidegger, *L'Être et le Néant*.

En 1945, Sartre quitte l'enseignement et fonde la revue engagée *Les Temps modernes* avec Simone de Beauvoir et Maurice Merleau-Ponty. Le succès de ses pièces de théâtre (*Huis clos*, 1944 ; *Les Mains sales*, 1948), ses essais, son engagement politique à gauche font de Sartre un homme célèbre et discuté. En 1964, il publie *Les Mots* et reçoit le prix Nobel de littérature qu'il refuse. Il participe à la fondation du journal *Libération* en 1973. Dans *La Critique de la raison dialectique*, il s'efforce de concilier existentialisme et marxisme.

Un existentialisme athée

La philosophie de Sartre est un existentialisme athée : non seulement l'existence individuelle est première, mais surtout elle n'est justifiée par rien. L'existence est un fait contingent ; il n'y a aucune nécessité au fait d'exister. L'homme est jeté dans l'existence ; il existe sans raison (il n'y a aucune finalité ni intention divine qui explique sa présence). L'existence est à la fois gratuite et absurde.

Si nous prenons un outil, nous pouvons dire que sa fabrication est déterminée par sa fonction : nous pouvons en donner une définition avant de le faire exister. Rien de tel pour l'homme : on ne peut le définir avant qu'il n'existe. Il n'y a pas de nature ou d'essence humaine. « L'existence précède l'essence ». Ainsi « l'homme n'est rien d'autre que ce qu'il se fait ». Pour Sartre, ce que l'homme fait de lui dépend fondamentalement du regard d'autrui.

« L'homme est condamné à être libre »

La formule de Sartre « l'homme est condamné à être libre » peut paraître paradoxale mais elle exprime le sens de l'existentialisme sartrien. L'homme est condamné « parce qu'il ne s'est pas créé lui-même ». Mais il est libre car n'étant pas défini par avance, « une fois jeté dans le monde, il est responsable de tout ce qu'il fait ».

La liberté humaine est absolue pour Sartre, ce qui implique que ma responsabilité est elle-même absolue. Ma vie est la somme de mes actes et je suis toujours responsable de ce qui m'arrive. Même lorsque je semble subir un événement, c'est bien moi qui choisis la manière de le subir. Soldat en temps de guerre, je suis responsable de cette guerre : je peux la refuser, déserter, voire me suicider. Ce choix ultime montre que je suis toujours libre. Affirmer que j'ai été contraint, que je ne pouvais rien faire, c'est toujours justifier un choix parmi d'autres. Dire qu'il n'y avait pas d'autres choix, c'est faire preuve de « mauvaise foi ».

LA MAUVAISE FOI

La vie d'un homme est faite de l'ensemble de ses actes, qui sont autant de choix libres. S'il affirme que ce sont les circonstances ou des contraintes extérieures qui l'ont fait agir, qu'il n'est pas responsable, il se ment à lui-même. Il est de « mauvaise foi ».

Jean-Paul Sartre, photographié à Paris, dans les années 1960.

Le mensonge contre soi

La mauvaise foi apparaît comme un mensonge envers soi-même. Or, par définition, le menteur sait qu'il ment et il trompe celui à qui il s'adresse. Comment puis-je alors me mentir à moi-même puisque ce « moi » qui ment est le même que celui qui est trompé ? On évoque alors l'idée que c'est l'inconscient qui me trompe, mais Sartre refuse une telle idée : pour que l'inconscient agisse sur la conscience, il faut qu'il fasse des choix, ce qui suppose une forme de conscience. La thèse psychanalyste de l'existence d'un inconscient est pour Sartre une manière de masquer la mauvaise foi.

Le garçon de café

Si la mauvaise foi est une forme de mensonge envers soi-même, c'est parce que l'être de l'homme ne coïncide pas réellement avec ce qu'il est. Une chose est toujours ce qu'elle est (une table ne peut être autre chose qu'une table), mais la réalité humaine, car elle a conscience d'elle-même, ne se réduit jamais à ce qu'elle présente d'elle-même. Il existe une distance entre ce qu'elle est et l'idéal qu'elle veut être. Sans cesse, il y a une sorte de jeu entre ce que je suis et ce que je joue à être. C'est ainsi qu'apparaît la mauvaise foi. Sartre illustre cela par l'exemple du garçon de café, qui joue son rôle de garçon de café car c'est ce qu'il veut être, tout en sachant qu'il ne se réduit pas à être ce garçon de café qu'il joue.

« Considérons ce garçon de café. Il a le geste vif et appuyé, un peu trop précis, un peu trop rapide, il vient vers les consommateurs d'un pas un peu trop vif, il s'incline avec un peu trop d'empressement, sa voix, ses yeux expriment un intérêt un peu trop plein de sollicitude pour la commande du client, enfin le voilà qui revient, en essayant d'imiter dans sa démarche la rigueur inflexible d'on ne sait quel automate, tout en portant son plateau avec une sorte de témérité de funambule, en le mettant dans un équilibre perpétuellement instable et perpétuellement rompu, qu'il rétablit perpétuellement d'un mouvement léger du bras et de la main. Toute sa conduite nous semble un jeu. Il s'applique à enchaîner ses mouvements comme s'ils étaient des mécanismes se commandant les uns les autres, sa mimique et sa voix même semblent des mécanismes ; il se donne la prestesse et la rapidité impitoyables des choses. Il joue, il s'amuse. Mais à quoi joue-t-il ? Il ne faut pas l'observer longtemps pour s'en rendre compte : il joue à *être* garçon de café. »

Jean-Paul Sartre, *L'Être et le Néant*,

Merleau-Ponty (1908-1961)

Maurice Merleau-Ponty déploie une philosophie originale, qui dialogue avec de nombreuses pensées du XXe siècle. Il s'agit de revenir à l'expérience que nous avons du monde, à partir de ce qui nous le rend présent, c'est-à-dire notre corps.

Un penseur original

Merleau-Ponty est né à Rochefort. Il rencontre Jean-Paul Sartre à l'École normale supérieure et est reçu à l'agrégation de philosophie en 1930. Professeur de lycée, il obtient son doctorat en 1945 avec deux textes importants : *La Structure du comportement* et la *Phénoménologie de la perception*. La même année, il fonde la revue *Les Temps modernes* avec Sartre et Simone de Beauvoir, revue qu'il quitte à la suite d'un désaccord politique en 1952.

Professeur à l'université de Lyon puis à la Sorbonne, il est élu au Collège de France en 1952. Il meurt brutalement à sa table de travail en 1961. Influencée par le philosophe allemand Husserl, sa pensée vise à « revenir aux choses mêmes » (le vécu). Elle utilise également la dynamique des contradictions, c'est-à-dire la dialectique introduite par Hegel.

Le corps et la chair

La philosophie de Merleau-Ponty, telle qu'elle s'exprime dans la *Phénoménologie de la perception*, privilégie le corps. Celui-ci n'est pas un objet parmi les autres objets du monde ou, plus exactement, il possède une double dimension : il est une chose parmi les choses (je peux examiner ma main comme le stylo qu'elle tient) mais il est d'abord ce par quoi le monde m'est présent (je touche le stylo). Il est toujours « *avec* moi ». Il est ce que Merleau-Ponty nomme le « corps propre » (par opposition au corps-chose), indissociable de mon expérience du monde.

Poursuivant l'analyse de l'expérience du monde, Merleau-Ponty introduit la notion de chair, qui, plus encore que le corps, exprime l'unité de mon être voyant et du monde visible. Le monde n'est pas tant devant moi qu'incrusté dans ma chair, saisi à travers ma perception et constituant la perception elle-même. L'art, celui du peintre par exemple, explore cette présence du visible (les couleurs…) dans l'acte de peindre (le geste) sans que l'on puisse vraiment dissocier ce que la main exprime et ce que la couleur provoque.

L'homme, à la fois déterminé et libre

Merleau-Ponty s'oppose à l'idée que la conscience serait la source d'une autonomie absolue, qu'elle serait en surplomb par rapport à la réalité du monde. L'homme est toujours déterminé par une situation naturelle ou historique. Il existe toujours un sens qui préexiste à son intervention dans le monde.

La liberté consiste alors dans une sorte de recul qui permette de ressaisir le sens qui préexiste, de lui donner une signification personnelle permettant de l'accueillir ou de le transformer. Mais cette signification n'est pas une création absolue ; elle s'inscrit elle-même dans une histoire : « le choix que nous faisons de notre vie a toujours lieu sur la base d'un certain donné ». Il n'y a jamais de pure décision parce que notre existence est toujours en situation. Mais c'est justement parce qu'elle est en situation que des choix sont possibles.

LA PERCEPTION D'AUTRUI

Parmi les êtres qui sont offerts à ma perception, il en est un qui se différencie des autres : autrui est un corps dont le comportement me conduit à ne pas le considérer comme une chose.

Maurice Merleau-Ponty.

Le tissu du dialogue

Merleau-Ponty souligne que, dans la perception d'autrui, il y a un « objet culturel qui va jouer un rôle essentiel : c'est le langage ».

« Dans l'expérience du dialogue, il se constitue entre autrui et moi un terrain commun, ma pensée et la sienne ne font qu'un seul tissu, mes propos et ceux de l'interlocuteur sont appelés par l'état de la discussion, ils s'insèrent dans une opération commune dont aucun de nous n'est le créateur. Il y a là un être à deux, et autrui n'est plus ici pour moi un simple comportement [...], nous sommes l'un pour l'autre collaborateurs dans une réciprocité parfaite, nos perspectives glissent l'une dans l'autre, nous coexistons à travers un même monde. Dans le dialogue présent, je suis libéré de moi-même, les pensées d'autrui sont bien des pensées siennes, ce n'est pas moi qui les forme, bien que je les saisisse aussitôt nées ou que je les devance, et même, l'objection que me fait l'interlocuteur m'arrache des pensées que je ne savais pas posséder, de sorte que si je lui prête des pensées, il me fait penser en retour. »

Maurice Merleau-Ponty,
Phénoménologie de la perception,

Autrui mystérieux

« Le comportement d'autrui et même les paroles d'autrui ne sont pas autrui. Le deuil d'autrui et sa colère n'ont jamais exactement le même sens pour lui et pour moi. Pour lui, ce sont des situations vécues, pour moi ce sont des situations apprésentées[1]. Ou si je peux, par un mouvement d'amitié, participer à ce deuil et à cette colère, ils restent le deuil et la colère de mon ami Paul : Paul souffre parce qu'il a perdu sa femme ou il est en colère parce qu'on lui a volé sa montre, je souffre parce que Paul a de la peine, je suis en colère parce qu'il est en colère, les situations ne sont pas superposables. Et si enfin nous faisons quelque projet en commun, ce projet commun n'est pas un seul projet, et il ne s'offre pas sous les mêmes aspects pour moi et pour Paul, nous n'y tenons pas autant l'un que l'autre, ni en tout cas de la même façon, du seul fait que Paul est Paul et que je suis moi. Nos consciences ont beau, à travers nos situations propres, construire une situation commune dans laquelle elles communiquent, c'est du fond de sa subjectivité que chacun projette ce monde "unique". »

Maurice Merleau-Ponty, *Ibid*.

1. Apprésentées : perçues par analogie.

Arendt (1906-1975)

Hannah Arendt a élaboré une philosophie profondément marquée par l'histoire dramatique du XXe siècle. Mais derrière les événements tragiques de notre temps, c'est le sens même de notre modernité qui est interrogé.

Une philosophe en exil

Née à Hanovre dans une famille juive, Hannah Arendt s'inscrit, en 1924, à l'université de Marbourg, où elle rencontre le philosophe Heidegger. Elle suit également les cours de Husserl, puis ceux de Karl Jaspers à Heidelberg. C'est avec ce dernier qu'en 1928 elle soutient une thèse sur *Le Concept d'amour chez saint Augustin*. À l'arrivée de Hitler au pouvoir, Hannah Arendt quitte l'Allemagne pour Paris, où elle s'occupe d'une association de transfert d'enfants juifs vers la Palestine.

En 1941, elle parvient à quitter la France pour les États-Unis. Elle obtient la nationalité américaine en 1951 et se fait connaître en publiant *Les Origines du totalitarisme*. Professeur dans les grandes universités américaines, elle ne cesse de publier articles et ouvrages, de donner des conférences, de s'engager dans les débats politiques de son temps. À partir de 1973, elle prend du recul pour rédiger *La Vie de l'esprit*, qui restera inachevé.

Le travail, l'œuvre et l'action

Hannah Arendt distingue trois activités fondamentales de la condition humaine. La première activité est le travail, qui permet de répondre aux besoins biologiques du corps ; la seconde est l'œuvre, qui est constituée des objets artificiels (les objets utilitaires et les arts) par lesquels l'homme dépasse le nécessaire ; la troisième est l'action, qui met les hommes en relation indépendamment des objets, dans le domaine politique.

Pour Hannah Arendt, l'action est une activité nécessaire parce que les hommes ne forment pas naturellement une unité. Ce n'est pas l'homme qui existe sur Terre mais des hommes, à la fois égaux (ils forment une communauté) et différents (ils ne sont pas interchangeables). La politique est une activité liée à la pluralité humaine ; elle vise à organiser, par l'usage de la parole, la vie commune. Les choix effectués témoignent de la liberté de l'homme, de sa capacité à innover.

La crise du monde moderne

Hannah Arendt fait le constat que notre monde est en crise car les frontières entre les activités fondamentales de la condition humaine (le travail, l'œuvre, l'action) sont brouillées. Ainsi, on assiste à une extension de l'activité du travail : la politique est devenue une gestion administrative confiée à des experts.

Pour Hannah Arendt, une vie humaine digne de ce nom doit réinvestir la dimension de l'action politique, ce qui suppose de penser ce que l'on fait. En 1961, elle assiste au procès du criminel nazi Eichmann. Elle explique alors que cet homme n'est pas un monstre, mais un fonctionnaire zélé, qui accomplit parfaitement ce qu'il considère comme son travail. Le mal et l'inhumanité apparaissent lorsque les hommes renoncent à penser le monde et les relations qu'ils entretiennent avec leurs semblables.

LES ORIGINES DU TOTALITARISME

Les Origines du totalitarisme paraît en 1951 et rend son auteure célèbre. Pour Hannah Arendt, le phénomène totalitaire n'est pas une anomalie mais l'événement politique majeur de notre temps.

Hannah Arendt, photographiée en 1927.

La modernité totalitaire

Hannah Arendt établit une différence entre les régimes totalitaires du XXᵉ siècle et les anciens régimes autoritaires (dictature, despotisme). L'évolution des sociétés industrielles conduit l'homme moderne à n'être qu'un individu séparé, extérieur à toute idée de citoyenneté. Il n'est pas seulement solitaire, mais anonyme parmi les autres. Cette expérience est appelée « désolation » par Hannah Arendt.

Juxtaposés les uns aux autres, les individus forment alors une masse indistincte. « Ce qui, dans le monde non totalitaire, prépare les hommes à la domination totalitaire, c'est le fait que la désolation, qui jadis constituait une expérience limite, subie dans certaines conditions sociales marginales, telles que la vieillesse, est devenue l'expérience quotidienne de masses toujours croissantes de notre siècle ». Les mouvements totalitaires sont précisément ce qui permet d'organiser ces masses. Ainsi, ils sont « des organisations de masse d'individus atomisés et isolés ».

Le rôle de l'idéologie et de la terreur

Dans un régime totalitaire, les individus ont perdu tout espace commun d'échange et de débat. Le totalitarisme nie la pluralité. Ayant oublié le sens du monde humain, les individus en viennent à accepter l'idée que « tout est possible ». La domination par l'idéologie et la terreur se fait totale. Les camps de concentration et d'extermination sont ainsi l'idéal social de domination du totalitarisme.

« Le problème est de fabriquer quelque chose qui n'existe pas, à savoir une sorte d'espèce humaine qui ressemble aux autres espèces animales [...]. La domination totalitaire essaie d'atteindre ce but de deux manières à la fois : par l'endoctrinement idéologique des formations d'élite, et par la terreur absolue des camps ; et les atrocités pour lesquelles les formations d'élites sont utilisées sans merci deviennent, en somme, l'application pratique de l'endoctrinement idéologique – le banc d'essai où ce dernier doit faire ses preuves – tandis que l'effroyable spectacle des camps eux-mêmes est censé fournir la vérification "théorique" de l'idéologie.
Les camps ne sont pas seulement destinés à l'extermination des gens et à la dégradation des êtres humains : ils servent aussi à l'horrible expérience qui consiste à éliminer, dans des conditions scientifiquement contrôlées, la spontanéité elle-même en tant qu'expression du comportement humain et à transformer la personnalité humaine en une simple chose. »

Hannah Arendt, *Le Système totalitaire. Les Origines du totalitarisme*, t. III, 1972, pour la trad. française « Points Essais », 1998, Éd. du Seuil.

Foucault (1926-1984)

Michel Foucault construit une œuvre originale, à l'intersection de la philosophie et de l'histoire. L'histoire des hommes se déploie de manière discontinue. Il n'y a pas d'unité de l'interrogation humaine, mais des mutations où chaque époque traduit une certaine manière de concevoir le réel.

Un intellectuel engagé

Fils d'un chirurgien de Poitiers, Foucault poursuit des études de philosophie et de psychologie. Agrégé de philosophie, il soutient sa thèse de doctorat en 1961 (*Histoire de la folie à l'âge classique*). Enseignant à l'université de Clermont-Ferrand, de Tunis, puis de Nanterre, il est élu au Collège de France en 1970. Il y enseigne jusqu'à sa mort en 1984.

Intellectuel engagé, Foucault participe, en 1971, à la fondation du Groupe d'information sur les prisons, qui critique la politique carcérale de l'époque. Sa réflexion historique sur les procédures de surveillance et de répression aboutit à la publication de *Surveiller et punir. Naissance de la prison* en 1975. Dans *Histoire de la sexualité*, œuvre inachevée, Michel Foucault interroge les modalités éthiques du rapport à soi dans le cadre de la sexualité.

L'archéologie de la pensée

La méthode de Foucault est une exploration des conceptions et des savoirs des époques passées. L'analyse des œuvres et des documents historiques appartenant à différents domaines (philosophie, droit, médecine, politique…) permet de mettre à jour des régularités, une cohérence des discours, qui témoignent d'un certain mode de pensée. Pour rendre compte de cette cohérence, Foucault reprend le terme grec *épistémè*, qui signifie « science ». Chez lui, l'*épistémè* caractérise la structure mentale générale présente dans les discours d'une époque.

Dans *Les Mots et les Choses*, Foucault repère trois *épistémès* différentes dans l'histoire de la culture occidentale. Jusqu'à la fin du XVIe siècle, une *épistémè* de la ressemblance prédomine, c'est-à-dire une conception du monde fait de relations et de correspondances entre les êtres. Entre la fin du XVIe siècle et le début du XIXe siècle, l'âge classique inaugure une *épistémè* de la représentation, dans laquelle tous les phénomènes doivent pouvoir être jugés, classés selon un ordre rationnel. Au début du XIXe siècle, la pensée s'ouvre à l'homme ; il devient l'objet d'étude dans les sciences humaines.

L'histoire de la folie et de la prison

Dans *Histoire de la folie à l'âge classique*, Foucault montre que le XVIIe siècle introduit une ligne de partage entre la raison et la déraison. La folie était jusqu'alors acceptée dans l'espace social et mental, mais elle en est progressivement exclue comme l'indiquent l'apparition de maisons d'internement et la valorisation exclusive de la rationalité.

Dans *Surveiller et punir*, Foucault décrit un autre indice de ces mutations culturelles. À l'âge classique, la prison remplace le supplice. Cela est le signe d'une pensée et d'une pratique qui met l'accent sur la discipline et la surveillance. La rationalité de l'époque classique est indissociable d'une nouvelle conception du pouvoir.

UNE NOUVELLE MANIÈRE DE CONCEVOIR LE POUVOIR

Foucault tente de dégager les grandes mutations de la pensée occidentale depuis la fin du XVIe siècle. Derrière les modifications des modes de pensée, il montre comment de nouvelles formes de pouvoir se mettent en place.

Michel Foucault.

L'encadrement et le contrôle des individus

On considère généralement que le pouvoir est concentré dans les institutions politiques et les forces à leur disposition. Or, Foucault souligne que, depuis le XVIIe siècle, de nouveaux mécanismes du pouvoir se sont progressivement développés, dont la finalité est de mieux encadrer les populations. À partir du XIXe siècle, des procédures disciplinaires, situées à tous les niveaux de la société, permettent de contrôler, mesurer, dresser les individus, investir leur corps, afin de les rendre dociles et utiles. À travers la précision des règlements et la rigueur de l'organisation, les hôpitaux, les prisons, l'armée, les écoles ou les ateliers sont les lieux de mise en place de cette technologie disciplinaire.

Le développement d'une société de surveillance

Pour Foucault, la société occidentale s'est progressivement transformée en une société de surveillance. Il prend comme référence centrale le panoptique du philosophe britannique Bentham (1748-1832). Le panoptique est, au départ, une forme d'organisation circulaire de la prison permettant une surveillance de tous les prisonniers à partir d'un centre. Les prisonniers ne savent pas vraiment quand ils sont vus, mais ils peuvent l'être à chaque instant. Selon Foucault, la surveillance s'étend à tous les domaines de la vie sociale et certains penseurs contemporains considèrent que les techniques de fichage et de vidéosurveillance confirment cette thèse.

La prison de Stateville dans l'Illinois, aux États-Unis, construite en 1925, sur le principe du panoptique de Bentham.

Popper (1902-1994)

Karl Popper apporte un nouvel éclairage sur les critères qui permettent de distinguer une démarche scientifique d'une simple croyance. Il est aussi un défenseur d'une société ouverte, qui préserve les libertés individuelles.

Un penseur libre

Né à Vienne, Popper abandonne ses études secondaires et exerce plusieurs métiers tout en suivant librement des cours à l'université. Apprenti ébéniste, il réussit le concours d'entrée à l'université. Il gagne ensuite sa vie comme éducateur d'enfants défavorisés, puis comme enseignant en sciences.

En 1928, il obtient son doctorat en philosophie. En 1934, il publie *La Logique de la découverte scientifique*, qui le rendra célèbre. Il enseigne en Nouvelle-Zélande à partir de 1937. Après la guerre, il devient professeur à la London School of Economics and Political Science. Il y propose un enseignement en logique et en méthodologie des sciences, jusqu'à sa retraite en 1969.

Le partisan d'un rationalisme critique

Popper rappelle que la démarche philosophique se caractérise par une exigence de rationalité. Elle est à la recherche de fondements qui puissent assurer la vérité d'une proposition. Deux grandes traditions s'opposent : les intellectualistes affirment que cette vérité est garantie par les évidences de l'entendement ; les empiristes revendiquent la primauté de l'expérience sensible.

Popper refuse les deux doctrines car elles supposent que l'évidence immédiate est un critère de vérité (intuition de l'entendement ou données des sens). Or, il n'y a là rien de certain. Nous ne pouvons pas justifier une proposition de manière absolument sûre. Mais nous pouvons avec certitude montrer l'erreur d'un jugement en raison d'une contradiction ou grâce à un test expérimental. Il faut alors promouvoir un rationalisme critique. La connaissance progresse grâce à la réfutation, qui permet d'éliminer les erreurs. Toute idée doit donc être soumise à la critique.

Le défenseur d'une « société ouverte »

Popper défend l'idée d'une société ouverte qu'il oppose à celle de société fermée. Cette dernière est ancrée dans des croyances, confondant les lois naturelles (ou religieuses) et les lois conventionnelles des hommes. Elle refuse donc toute modification alors que la société ouverte est évolutive. Autoritaire et totalisante, la société fermée refuse la critique et nie l'individu. La société ouverte se remet perpétuellement en cause et fait de l'individu la valeur suprême. Popper critique les pensées politiques de Platon, Hegel et Marx, qui lui paraissent marquées par cette fermeture totalitaire.

Le rationalisme critique de Popper signifie qu'aucune thèse ne peut se déclarer comme vérité définitive. Le savoir augmente par des rectifications successives, par l'élimination des erreurs. De même, l'action politique ne peut promettre le bonheur social ; elle peut seulement améliorer une situation en éliminant certaines souffrances. Pour Popper, le sens de la démocratie n'est pas dans le pouvoir du peuple (qui peut choisir Hitler), mais dans le fait qu'elle permet de remplacer un gouvernement sans violence, qu'elle s'oppose à la tyrannie.

LA FALSIFIABILITÉ

Au centre de la théorie de Popper, on trouve le terme « falsifiabilité », traduit de l'anglais *falsifiability* (de *to falsify* : « réfuter »). Il s'agit d'un critère indispensable pour distinguer une science d'une non-science, car la réfutation est paradoxalement la condition du progrès de la science.

Karl Popper, photographié en 1992.

Le mythe de l'induction

Il est courant d'affirmer qu'une théorie est vraie si elle est vérifiée par l'expérience. Or, Popper montre qu'une telle vérification est impossible : nous ne pouvons jamais affirmer qu'une expérience vérifie la généralité d'une loi scientifique. Ce que nous appelons l'induction, c'est-à-dire un raisonnement allant du particulier vers le général, est une illusion. Par exemple, nous ne pouvons pas affirmer que tous les cygnes sont blancs, à partir des nombreuses observations qui ont été faites. Par contre, il est possible de réfuter une théorie à partir d'une expérience qui la contredit. Il suffit d'observer un seul cygne noir pour réfuter la théorie selon laquelle tous les cygnes sont blancs.

Les sciences et les non-sciences

Selon Popper, toute science énonce des « conjectures », c'est-à-dire des hypothèses considérées comme vraies tant qu'elles n'ont pas été réfutées par l'expérience. Une proposition est scientifique si elle est « falsifiable », si elle peut être rejetée par un test. Une théorie qui ne peut être testée n'est pas scientifique. Ainsi, pour Popper, la psychanalyse de Freud n'est pas une science car il est impossible de tester l'existence d'un inconscient, c'est-à-dire qu'il n'y a aucune expérience possible qui puisse réfuter sa présence, même dans l'avenir le plus lointain. On peut toujours postuler la présence d'un inconscient pour expliquer un acte humain. La psychanalyse échappe à la critique rationnelle. Elle est incapable de progrès. Au contraire, en physique, une loi est toujours susceptible d'être réfutée par une nouvelle découverte. C'est ainsi que cette discipline progresse.

Aucune théorie n'est définitive

« Le progrès de la science consiste en essais, en élimination des erreurs, et en de nouveaux essais guidés par l'expérience acquise au cours des essais et erreurs précédents. Aucune théorie particulière ne peut jamais être considérée comme absolument certaine : toute théorie peut devenir problématique, si bien corroborée qu'elle puisse paraître aujourd'hui. Aucune théorie scientifique n'est sacro-sainte ni au-dessus de toute critique. »

Karl Popper, *La Connaissance objective*, Trad. J.-J. Rosat, Éd. Flammarion, 1979.

L'épicurisme

Fondé par Épicure (341-270 av. J.-C.) – dont l'œuvre a quasiment disparu, hormis quelques lettres –, l'épicurisme est une doctrine qui nous a été transmise par le poète latin Lucrèce, au Ier siècle de notre ère. S'appuyant sur une vision matérialiste de la réalité, la morale épicurienne privilégie la recherche individuelle du bonheur et fait du plaisir la norme de celui-ci.

Épicure et le Jardin

Épicure, fils de colons athéniens de l'île de Samos, est un enfant précoce qui reçoit un riche enseignement. Après avoir créé des écoles en Asie Mineure, il s'installe définitivement à Athènes en 306 av. J.-C. Il achète une maison, un jardin et fonde une communauté amicale et intellectuelle. Alors que la cité grecque se désagrège au profit des grands empires, l'épicurisme abandonne tout projet politique.

À l'inverse des grandes institutions fondées par Platon et Aristote – respectivement l'Académie et le Lycée –, fréquentées par une jeunesse aristocratique, le Jardin accueille des disciples de toutes conditions : des hommes libres, mais aussi des esclaves et des femmes. La vie y est simple, les disciples versent une contribution pour la communauté. Jusqu'à sa mort, Épicure écrit une œuvre considérable, entièrement perdue, à l'exception de trois lettres et de quelques fragments.

Une doctrine matérialiste

Influencé par la pensée de Démocrite (460-370 av. J.-C.), l'épicurisme est un matérialisme. C'est aussi un atomisme : toute réalité est faite de matière dont les éléments premiers sont des atomes (*atomos* signifie « indivisible » en grec). Les corps sont donc composés d'atomes qui s'assemblent au hasard pour un temps plus ou moins long.

L'âme n'est qu'un corps qui se décompose, comme le corps physique au moment de la mort, et les mondes sont eux-mêmes mortels. La nature n'est que le résultat mécanique de la rencontre des atomes. Il n'y a aucune intention divine, nulle providence, nulle fatalité. La connaissance du mécanisme du monde qui passe par la seule perception sensible suffit à fonder la sagesse.

Un hédonisme modéré

L'épicurisme cherche à dissiper les peurs qui terrorisent les hommes : si le réel n'est que matière, il n'est plus possible de craindre la colère des dieux ou les tourments de l'au-delà. Épicure considère que les dieux existent et qu'ils sont éternels. Mais ils ne s'occupent pas des hommes.

La relation des hommes au monde ne peut être que matérielle, donc sensible. Le plaisir devient ainsi le principe qui guide notre action. L'épicurisme est un hédonisme (*hèdonè* signifie « plaisir » en grec) sans excès. La connaissance des désirs conformes à notre nature et le refus des désirs vains permettent d'éviter la douleur. Cette attitude conduit ainsi à l'ataraxie, c'est-à-dire l'absence de trouble dans l'âme, qui seule permet d'atteindre la vie bienheureuse.

LES QUATRE RÈGLES DE LA VIE BIENHEUREUSE

Dans la *Lettre à Ménécée*, Épicure énonce un quadruple remède (*tetrapharmakos* en grec) pour atteindre l'ataraxie, c'est-à-dire la tranquillité de l'âme.

La connaissance des désirs évite de souffrir

Épicure propose une classification des désirs. Si tout plaisir est un bien en soi, il faut cependant savoir reconnaître les désirs qui apporteront le véritable bonheur, c'est-à-dire ceux qui sont naturels et nécessaires. D'autres désirs peuvent nous faire souffrir car leurs conséquences sont malheureuses ou incertaines.

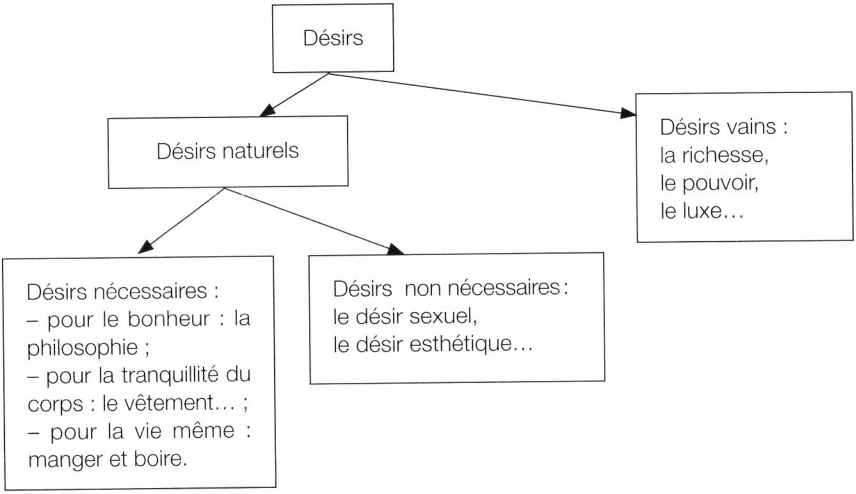

Il ne faut pas craindre les dieux

Alors que les hommes vivent dans la crainte des dieux, qu'ils leur font des offrandes pour attirer leurs bonnes grâces, Épicure insiste sur le fait que les dieux ne s'occupent pas de nous, ils sont tout au plus des modèles de vie bienheureuse.

Le bonheur est possible

Pour être heureux, il faut se contenter de peu et viser un plaisir stable. Le sage agit avec prudence (*phronêsis* en grec), c'est-à-dire qu'il sait ce qu'il faut choisir et ce qu'il faut éviter.

Il est inutile d'avoir peur de la mort

« Prends l'habitude de penser que la mort n'est rien pour nous. Car tout bien et tout mal résident dans la sensation : or la mort est privation de toute sensibilité. Par conséquent, la connaissance de cette vérité que la mort n'est rien pour nous, nous rend capables de jouir de cette vie mortelle, non pas en y ajoutant la perspective d'une durée infinie, mais en nous enlevant le désir de l'immortalité. Car il ne reste plus rien à redouter dans la vie, pour qui a vraiment compris que hors de la vie il n'y a rien de redoutable. »

Épicure, *Lettre à Ménécée*, Trad. O. Hamelin revue et corrigée, Éd. Nathan.

Le stoïcisme

Fondée par Zénon de Citium, la philosophie stoïcienne apparaît à Athènes à la fin du IVe siècle av. J.-C. et se développe à Rome jusqu'au IIe siècle de notre ère. Constituée d'une logique, d'une physique et d'une morale, elle forme un système qui invite l'homme à se conformer à l'ordre naturel.

La philosophie du Portique

Vers 312 av. J.-C., Zénon (v. 335-v. 264 av. J.-C.), né à Citium à Chypre, débarque à Athènes. Il suit l'enseignement du cynique Cratès, qui l'invite à vivre conformément à la nature. Il crée sa propre école près d'un portique (galerie couverte, qui se dit *stoa* en grec). L'école est alors appelée stoïcienne ou philosophie du Portique.

On distingue trois périodes du stoïcisme. L'ancien stoïcisme représenté par Zénon, puis Cléanthe (v. 331-v. 232 av. J.-C.) et Chrysippe (v. 280-v. 210 av. J.-C.). Le moyen stoïcisme, qui correspond au moment où la doctrine gagne progressivement Rome (IIe-Ier siècles av. J.-C.). Le stoïcisme nouveau ou de l'époque impériale, dont les principaux représentants, à Rome, sont Sénèque (v. 4 av. J.-C.-v. 65 apr. J.-C.), Épictète (50-130) et l'empereur Marc Aurèle (121-180).

La science stoïcienne

La pensée stoïcienne se caractérise selon trois parties indissociables que tout apprenti philosophe doit étudier et pratiquer. La logique, qui est l'art du raisonnement ; la physique, qui est l'étude de la nature, c'est-à-dire de l'ordre du monde ; la morale, qui invite à vivre selon cet ordre. Les stoïciens comparent la philosophie à un être vivant : les os et les nerfs correspondent à la logique ; la chair correspond à la morale et l'âme à la physique.

La physique est l'étude de la *phusis* (qui signifie « nature » en grec). Le monde est matériel pour les stoïciens, mais il est vivant. Il meurt et renaît. Il est ordonné d'une manière intelligente et comprend des corps individuels dont aucun n'est identique à un autre. Tout est corps : le minéral, le végétal, l'animal, les hommes et les dieux, mais aussi le jour, la nuit, l'âme ou la vertu. Le matérialisme stoïcien est intégral et décrit une animation perpétuelle.

Une morale de l'acceptation

La physique est la connaissance du mouvement du monde dans lequel tous les corps sont en relation, dans une sorte d'interaction permanente. Tous les phénomènes sont en « sympathie ». Si l'homme veut être heureux, il doit savoir quelle est sa place dans le mouvement du monde.

L'homme passionné, qui se laisse entraîner par ses désirs ou ses peurs, s'oppose à la raison et agit de manière contre nature. Le sage, au contraire, connaît sa place, reconnaît l'ordre naturel et s'y conforme. Sa volonté est d'accepter ce qui est. Il ne se révolte pas contre ce qui lui arrive et ce qui arrive aux autres. Il est libre car sans obstacle.

LA SAGESSE DU STOÏCIEN ÉPICTÈTE

Épictète (v. 50-v. 130), comme Socrate, n'a pas écrit. Mais un des ses disciples, Arrien de Nicomédie, a recueilli son enseignement en rédigeant les *Entretiens*. Afin de donner une forme facilement accessible de la pensée de son maître, il en tire l'essentiel dans un court ouvrage, le *Manuel* d'Épictète. Ce texte marquera fortement Pascal.

Un homme libre

Épictète est originaire de Phrygie en Asie Mineure. On ne connaît pas son vrai nom : *epiktétos* signifie « esclave » en grec. Il est vendu sur un marché de Rome à un maître cruel, Épaphrodite. Initié au stoïcisme par Musonius Rufus (25-80), il enseigne un temps à Rome à la mort de son maître. Contraint de partir, il ouvre une école en Grèce, qui devient très vite célèbre.
Pour Épictète, personne ne peut asservir la pensée d'un homme libre, même s'il est esclave. Un épisode douloureux de sa vie illustre cette idée. Un jour, son maître le torture en déformant cruellement sa jambe avec un instrument . « Tu vas me la casser », lui dit tranquillement Épictèque. Lorsque la jambe se brise, celui-ci fait froidement cette remarque : « Je t'avais bien dit que tu me la casserais ; la voilà cassée ». Ainsi, le sage ne cherche pas à agir sur ce qui ne dépend pas de lui, mais, parfaitement lucide, il habitue son esprit à l'accepter.

Le *Manuel* de morale d'Épictète

« Il y a des choses qui dépendent de nous ; il y en a d'autres qui n'en dépendent pas. Ce qui dépend de nous, ce sont nos jugements, nos tendances, nos désirs, nos aversions : en un mot, toutes les œuvres qui nous appartiennent. Ce qui ne dépend pas de nous, c'est notre corps, c'est la richesse, la célébrité, le pouvoir ; en un mot, toutes les œuvres qui ne nous appartiennent pas. »
« Ce qui trouble les hommes, ce ne sont pas les choses, mais les jugements qu'ils portent sur ces choses. Ainsi, la mort n'est en rien redoutable, puisque, même à Socrate, elle n'a point paru telle. Mais le jugement que nous portons sur la mort en la déclarant redoutable, c'est là ce qui est redoutable. Lorsque donc nous sommes tourmentés, troublés, chagrinés, ne nous en prenons jamais à un autre, mais à nous-mêmes, c'est-à-dire à nos jugements propres. Accuser les autres de ses malheurs est le fait d'un ignorant ; s'en prendre à soi-même est d'un homme qui commence à s'instruire ; n'en accuser ni un autre ni soi-même est d'un homme parfaitement instruit. »
« Ne demande pas que ce qui arrive arrive comme tu le veux. Mais veuille que les choses arrivent comme elles arrivent, et tu seras heureux. »
« La maladie est une entrave pour le corps, mais non pour la volonté, si elle ne le veut. La claudication est une entrave pour les jambes, mais non pour la volonté. Dis-toi de même à chaque accident, et tu trouveras que c'est une entrave pour quelque autre chose, mais non pour toi. »
« Si tu veux que tes enfants, ta femme et tes amis vivent toujours, tu es un sot ; tu veux, en effet, que ce qui ne dépend point de toi en dépende. »
« Souviens-toi que ce n'est pas celui qui t'injurie, ou celui qui te frappe, qui t'outrage, mais le jugement que ces hommes t'outragent. Lorsque donc quelqu'un te met en colère, sache que c'est ton jugement qui te met en colère. Efforce-toi donc avant tout de ne pas te laisser emporter par ton idée ; car, si une fois tu gagnes temps et délai, tu deviendras plus facilement maître de toi. »

Épictète, *Manuel*, I, V, VIII, IX, XIV, Trad. M. Meunier, Éd. Garnier-Flammarion.

Le cynisme

Dans le langage courant, le cynisme désigne une attitude ouvertement immorale, dédaignant toute norme sociale et sans scrupule. Mais le terme renvoie d'abord à un mouvement philosophique, né en Grèce au IVe siècle av. J.-C., qui entreprend une critique radicale des conventions afin d'atteindre la sagesse.

La philosophie des « chiens »

Le mot « cynisme » vient du grec *kunismos*. Ce terme est formé à partir de *kunikos* : qui concerne le chien ou qui lui ressemble. En fait, le mot « cynisme » est lié au premier philosophe cynique, Antisthène (v. 444-365 av. J.-C.), un disciple de Socrate. Antisthène fonde une école au Cynosarge, un des gymnases d'Athènes. Cynosarge veut dire « chien agile ». Par son comportement, le cynique est comparable à l'animal qui aboie fort, ne se préoccupe pas des conventions des hommes et vit selon la nature.

Diogène de Sinope (v. 413-v. 327 av. J.-C.), un des disciples d'Antisthène, est le cynique le plus célèbre de l'Antiquité. Les anecdotes sur sa vie témoignent d'un refus de toute convention, d'un ascétisme de tous les instants. Des philosophes emblématiques se réclamant du cynisme apparaissent jusqu'au Ve siècle de notre ère. Toutefois leur influence se poursuit tout au long de l'histoire occidentale. Dans sa *Critique de la raison cynique*, le philosophe allemand Sloterdijk (né en 1947) s'est appuyé sur ces penseurs de l'Antiquité pour réfléchir sur le monde contemporain.

La nature contre la loi

Le cynisme refuse d'accorder le moindre crédit aux valeurs issues des coutumes et des lois. La vertu est un effort pour se suffire à soi-même, débarrassé de toute considération sociale. Il faut donc se contenter de peu. La sagesse cynique est une lutte contre la souffrance, qui est l'expérience la plus commune de toute existence humaine. Or, seule une vie qui répond aux exigences naturelles peut limiter les occasions de souffrir : l'animal nous offre le modèle d'une vie heureuse car réduite au nécessaire, sans superflu.

Les cyniques ne se contentent pas de critiquer les convenances sociales. Ils s'attaquent aux systèmes philosophiques, qui prétendent nous rendre heureux après une longue instruction. La sagesse n'est pas de l'ordre de la théorie ; elle est un acte. Elle est une pratique accessible à tout homme, toute femme qui s'exerce à vivre sans aucun luxe, naturellement.

Le cosmopolitisme

Aucun pouvoir ne mérite le moindre regard de la part du cynique. Une anecdote rappelle cet aspect : alors qu'Alexandre le Grand rend visite à Diogène, celui-ci lui demande de s'écarter car il lui masque son soleil. Bien souvent, on voit les cyniques critiquer vertement celui, tyran ou prince, que tous respectent.

À l'inverse de Platon ou d'Aristote, le cynique considère que l'État n'est rien, car il se conçoit comme citoyen de l'univers (*kosmopolites*). Il ne peut avoir d'engagement politique, car cela serait une limitation à son indépendance et donc à son bonheur.

UN CYNIQUE RADICAL : DIOGÈNE

Diogène (v. 413-v. 327 av. J.-C.) est le plus célèbre des cyniques. Né à Sinope, une ville de l'actuelle Turquie, il suit, à Athènes, l'enseignement du philosophe Antisthène. De nombreuses anecdotes soulignent la radicalité de la démarche de celui que l'on surnomme « le Chien ».

Diogène jetant son écuelle, *peinture de Nicolas Poussin, 1648.*

Une sagesse illustrée par la vie de Diogène

La vie de Diogène nous est connue par des témoignages qui soulignent la radicalité de sa pensée : il faut en toute chose se suffire à soi-même. En d'autres mots : le sage doit apprendre à se contenter du strict minimum. Ainsi, vivant de peu, Diogène ne manque de rien. Ce principe le conduit à utiliser un tonneau pour maison. Son manteau lui sert de couverture, sa besace contient les vivres qu'il mendie, son bâton le soutient, son écuelle lui permet de recueillir l'eau.
La scène, en bas à droite du tableau, évoque un épisode célèbre de la vie de Diogène. Apercevant un jour un jeune berger buvant de l'eau dans le creux de sa main, il jette alors son écuelle en disant : « Pourquoi donc te porté-je encore, coupe inutile ? » Le peintre insiste sur l'importance d'une vie sans excès, proche de la nature, éloignée du luxe urbain que l'on aperçoit au loin.

Témoignages sur la vie de Diogène

« Diogène avait écrit à quelqu'un de lui trouver une maisonnette : comme ce dernier tardait à le faire, Diogène établit sa demeure dans un tonneau [...]. L'été, il se roulait dans le sable brûlant, tandis que l'hiver, il embrassait les statues couvertes de neige, tirant ainsi parti de tout pour s'endurcir. [...]
Il prenait le soleil au Cranéion [colline de Corinthe] ; survint Alexandre qui lui dit, en se tenant devant lui : "Demande-moi ce que tu veux." – "Arrête de me faire de l'ombre !" répliqua Diogène. »

Léonce Paquet, *Les Cyniques grecs, Fragments et témoignages*.

Le scepticisme

Le scepticisme est un mot commun pour désigner un état d'esprit enclin au doute. Mais il désigne aussi un courant philosophique apparu au IVe siècle av. J.-C. On distingue également un scepticisme moderne né au XVIIIe siècle.

Le scepticisme antique

La démarche des penseurs grecs présente dès les origines des aspects sceptiques. Ainsi, le sophiste Protagoras (v. 490-v. 420 av. J.-C.) affirme la relativité de toute connaissance : « l'homme est la mesure de toutes choses, de l'existence de celles qui existent comme de la non-existence de celles qui n'existent pas ». De même, Gorgias (v. 480-v. 390 av. J.-C) affirme : premièrement que rien n'existe ; deuxièmement que, s'il existe quelque chose, cela ne peut être connu de l'homme ; troisièmement que même si cela peut être connu, cela ne peut être énoncé et expliqué à autrui.

Mais la pensée sceptique est véritablement fondée par Pyrrhon d'Élis (v. 365-v. 275 av. J.-C.), qui souligne que le doute doit nous conduire à suspendre notre jugement. Le terme *pyrrhonisme* est aussi utilisé pour désigner ce premier scepticisme. Une forme de scepticisme se déploie plus tard à l'Académie, l'école fondée par Platon : Arcésilas (v. 315-v. 240 av. J.-C.) y enseigne une thèse radicale selon laquelle rien ne peut être connu ; Carnéade (v. 215-v. 130 av. J.-C.) y soutient l'idée qu'il n'existe que des jugements probables. À partir du Ier siècle de notre ère, Aenésidème, puis Agrippa proposent plusieurs arguments sceptiques. Avec Sextus Empiricus, au IIIe siècle, la tradition sceptique antique s'achève.

La sagesse sceptique

Pyrrhon d'Élis explique qu'il n'est pas possible d'atteindre une certitude, qu'elle soit de l'ordre de la valeur ou de la vérité. Il affirme ainsi « que rien n'est beau ni honteux, juste ni injuste ; et que de même rien n'existe du point de vue de la vérité ; que les hommes n'agissent que sous l'effet de la loi et de la coutume. Chaque chose n'est pas plus ceci que cela. » Il n'existe que des apparences (ce que l'on appelle des « phénomènes »).

« Nous ne définissons rien », affirment les sceptiques, ce qui signifie qu'il faut suspendre tout jugement. En grec, cette suspension sceptique est l'*épochè*. Pour éviter de souffrir, il ne faut pas chercher à théoriser, mais se conformer à la vie avec indifférence (*adiaphorie*) car sa signification profonde nous échappe. Cela permet de préserver un bonheur tout intérieur et d'atteindre la tranquillité de l'âme (*ataraxie*). À la Renaissance, le pyrrhonisme influencera Montaigne.

Le scepticisme moderne

Au XVIIIe siècle, le philosophe écossais David Hume (1711-1776) inaugure une forme moderne du scepticisme. Il est pour lui impossible de fonder la science de manière absolue. C'est l'habitude de constater la succession de deux phénomènes qui nous conduit à penser qu'il existe un lien causal entre les deux. Mais nous ne pouvons être absolument certains que ce lien causal existe.

De même, Hume souligne qu'il nous est impossible de connaître le « moi », car si c'est bien moi qui ressens ce qui se produit dans mon environnement, je ne peux ressentir le moi lui-même. Mon intériorité m'échappe.

LES ARGUMENTS QUE DÉVELOPPENT LES SCEPTIQUES

On doit à Agrippa, qui vécut vraisemblablement à la fin du Ier siècle de notre ère, d'avoir énoncé cinq arguments qui justifient la doctrine sceptique. Appelés *tropes* ou *modes*, ces arguments conduisent à constater l'impossibilité d'établir une certitude et donc à suspendre le jugement.

Sextus Empiricus (IIe-IIIe siècle) est l'une des sources principales de connaissance du scepticisme. Dans ses Hypotyposes *(esquisses)* pyrrhoniennes*, il résume les cinq tropes d'Agrippa.*

L'argument de la discordance

Cet argument s'appuie sur le constat de la variété des opinions. Les thèses des philosophes, mais aussi les opinions de la vie courante, se trouvent dans des oppositions insolubles. Nous sommes donc dans l'incapacité d'approuver ou de repousser une proposition, quelle qu'elle soit.

L'argument de la régression à l'infini

Pour justifier une idée, nous devons apporter une preuve. Mais il nous faut alors justifier cette preuve elle-même, à partir d'une autre preuve, et ainsi de suite à l'infini. Nous ne pouvons jamais obtenir une preuve définitive.

L'argument de la relation

Aucune chose n'est appréhendée en elle-même, mais relativement à autre chose (la grandeur par rapport à la petitesse, la gauche par rapport à la droite…). De même, celui qui appréhende la chose le fait relativement à lui-même. Tout est relatif.

L'argument de l'hypothèse

Dans une démonstration, nous prenons comme point de départ des principes qui ne sont pas démontrés (des postulats en mathématiques). Nous ne pouvons accepter l'idée qu'il existe des indémontrables. Toute démonstration n'est en fait qu'une hypothèse.

L'argument du diallèle

L'argument du diallèle est celui du cercle vicieux (*diallêlos* en grec signifie « réciproque ») : on démontre la validité d'une proposition à partir d'une seconde proposition qui est elle-même établie à partir de la première. Par exemple, dans un raisonnement, je conclus que Socrate est mortel à partir de la proposition « tout homme est mortel ». Mais cette proposition est établie elle-même à partir du constat (on dira par induction) qu'on ne peut rencontrer un homme qui ne soit pas mortel : Platon, Aristote… et Socrate compris. Nos connaissances ne sont pas certaines car elles ne font que se prouver les unes par les autres, dans un cercle infini.

L'utilitarisme et le pragmatisme

Depuis le XVIIe siècle, en Angleterre puis aux États-Unis, se sont développés deux grands courants philosophiques : l'utilitarisme et le pragmatisme. Ces courants ont pour point commun de privilégier la notion d'expérience et la valeur pratique de toute réflexion.

La suprématie de l'expérience

La philosophie anglaise possède une forte tradition empiriste, c'est-à-dire privilégiant l'expérience (*empeiria* signifie « expérience » en grec), le contact sensible avec la réalité. Pour Francis Bacon (1561-1626), l'homme « n'étend ses actions et ses connaissances qu'à mesure de ses observations ». John Locke (1632-1704) critique le rationalisme de Descartes, pour qui la raison possède des idées innées, et affirme que l'expérience est l'unique fondement de la connaissance.

Au XVIIIe siècle, le philosophe écossais David Hume (1711-1776) prolonge ce courant empiriste. Il insiste notamment sur le fait que la connaissance de la causalité d'un phénomène naturel repose sur l'habitude d'associer par expérience deux événements (le nuage annonce la pluie). « L'accoutumance est le grand guide de la vie humaine. » Mais cette habitude n'a pas de caractère nécessaire, ce qui signifie que la science n'a qu'une valeur relative.

L'utilitarisme

L'utilitarisme est une philosophie qui rapporte la valeur d'une idée ou d'une action au bonheur que celle-ci peut apporter, à son utilité pour l'individu ou la communauté. Pour le philosophe anglais Jeremy Bentham (1748-1832), le bien, ou le mal, est lié à l'expérience du plaisir, ou du déplaisir. C'est donc une « arithmétique des plaisirs » qui doit déterminer la valeur morale. Du point de vue de la communauté, il s'agit de rechercher « le principe du plus grand bonheur du plus grand nombre d'individus ».

Le philosophe et économiste anglais John Stuart Mill (1806-1873) précise la doctrine utilitariste en y ajoutant l'idée de qualité des plaisirs (et non leur seule quantité) et en faisant glisser la notion de bonheur vers une dimension altruiste. L'utilitarisme est souvent critiqué pour le motif qu'il confondrait l'intérêt et la justice, les motivations du plaisir et les impératifs moraux.

Le pragmatisme

Le pragmatisme s'est développé aux États-Unis à la fin du XIXe siècle. Charles Sanders Peirce (1839-1914) est le fondateur de ce mouvement. Pour lui, la signification qu'il faut donner à une pensée est déterminée par ses effets pratiques. Cela permet d'éviter les confusions des idées abstraites. La confrontation de l'idée avec le réel de l'expérience en fixe la valeur.

Un autre fondateur du pragmatisme, William James (1842-1910), explique que l'idée vraie est celle qui est vérifiée par l'expérience. Est vrai ce qui réussit. Une idée n'est donc pas vraie en elle-même, mais elle devient vraie si son application est efficace et devient fausse lorsqu'elle ne l'est plus. Le philosophe John Dewey (1859-1952) fait du pragmatisme une base de l'éducation et de la démocratie : apprendre et élaborer une loi commune, c'est expérimenter en dehors de tout dogmatisme. Cette idée est reprise par Richard Rorty dans la seconde moitié du XXe siècle.

LE PRAGMATISME CONTEMPORAIN DE RICHARD RORTY

Le philosophe américain Richard Rorty (1931-2007) représente un développement contemporain du pragmatisme. Pour lui, certaines approches philosophiques ne débouchent sur aucune réponse acceptable. En privilégiant l'action, le pragmatisme constitue une rationalité plus efficace, au service de l'éthique et de la démocratie.

Richard Rorty.

Appartenant d'abord au courant de la philosophie analytique, Richard Rorty s'intéresse au problème du langage. Puis il s'éloigne de cette école de pensée et trouve dans l'approche du pragmatisme, mais aussi chez des auteurs européens, un nouvel espace pour la réflexion philosophique. Pour lui, la mission de la philosophie n'est pas de rechercher un fondement métaphysique ou rationnel absolu, mais de répondre concrètement aux exigences de solidarité de la vie commune.

Le pragmatisme, un anti-scepticisme

« On a longtemps cru que la connaissance humaine constituait une représentation de la réalité. Descartes et Kant formulent les problèmes philosophiques en termes de représentation. Leurs interrogations tournent autour de questions du type "Notre représentation est-elle adéquate à la réalité ?", "Comment pouvons-nous savoir qu'elle l'est vraiment ?", etc. Or, c'est ce lien entre connaissance et représentation qui est aujourd'hui remis en cause. Le pragmatisme nous permet de nous défaire de cette manière de tout concevoir en termes de représentation. Nous devons cesser d'imaginer les relations des humains à leur monde comme un jeu de représentations. Le langage ne doit pas être considéré comme une représentation mentale, mais comme une capacité qui nous distingue d'autres animaux intelligents, et nous permet de réaliser des actions qui ne leur sont pas accessibles. Le pragmatisme considère donc le langage comme une capacité d'atteindre des objectifs supérieurs, hors de portée et même inconcevables pour les animaux qui en sont dépourvus. En ce sens, le pragmatisme [...] est un anti-scepticisme. En effet, tant que vous êtes dans une pensée de la représentation vous demeurez sous la menace du scepticisme. Car il n'y a pas de réponse possible à la question de savoir si notre représentation correspond ou non à la réalité, à moins de recourir aux solutions idéalistes de Kant ou de Hegel[1]. Le pragmatisme permet de renoncer à ces formes d'idéalisme tout en évacuant toute possibilité de scepticisme. »

Richard Rorty, Entretien avec Marc Uzan, *Le Monde*, 3 mars 1992.

---

1. Solutions idéalistes de Kant et Hegel : voir pp. 48 et 50.

La psychanalyse

La naissance de la psychanalyse au début du XXe siècle a profondément marqué la réflexion philosophique. En affirmant l'existence d'un inconscient psychique, Sigmund Freud (1856-1939) souligne combien l'homme est obscur à lui-même.

L'énigme de l'hystérie

En 1885, Freud, jeune médecin viennois, arrive à Paris pour suivre les leçons du professeur Charcot à l'hôpital de la Salpêtrière. Le célèbre neurologue attire le Tout-Paris par les descriptions cliniques qu'il y fait de la « grande hystérie » : on peut y voir en direct des « hystériques entrer en transe ou avoir des convulsions spectaculaires ». Les causes de cette maladie divisent les scientifiques : certains y voient une origine organique alors que d'autres soutiennent la thèse d'une origine psychologique.

De retour à Vienne, Freud observe ses patients en utilisant l'hypnose, puis des entretiens non-directifs. Les patients rapportent des souvenirs traumatisants inscrits de manière inconsciente dans leur psychisme et dont la signification est sexuelle. Freud relève que la remémoration de ces souvenirs est empêchée par une résistance du patient. Pour lui, l'hystérie est un trouble nerveux par lequel s'exprime inconsciemment un souvenir refoulé.

L'interprétation des rêves et les actes manqués

Afin d'approfondir l'étude de l'inconscient psychique, Freud analyse les rêves et notamment les siens. Cela le conduit à affirmer que les rêves sont l'expression symbolique de désirs inconscients. Il publie ses conclusions dans *L'Interprétation des rêves* (1900). Non seulement l'inconscient intervient dans des processus psychologiques pathologiques comme l'hystérie, mais de plus il est à l'œuvre dans les rêves de tout homme.

Aux maladies mentales, comme l'hystérie, et aux rêves, Freud ajoute une troisième preuve de l'existence d'un inconscient psychique chez l'homme : les actes manqués. Oublier un objet, ou faire un lapsus, est parfois le signe d'une intention inconsciente qui modifie la volonté consciente. Cette intention révèle le désir profond de l'individu. La thèse freudienne de l'inconscient met en péril l'idée d'un homme à la volonté toute-puissante.

L'appareil psychique

Selon Freud, le psychisme humain comprend trois instances : le *Ça* qui désigne l'ensemble des pulsions inconscientes, le *Surmoi* qui se compose des normes morales acquises par l'éducation, le *Moi* qui doit gérer les exigences contradictoires des deux autres instances dans leurs rapports à la réalité. Les pulsions trouvent leur force dans une énergie psychique qu'il nomme « libido », dont le sens profond est sexuel. Carl Jung (1875-1961), un de ses disciples, refusera cette importance donnée à la sexualité.

Pour Freud, la sexualité s'exprime dès les premiers mois de la vie et passe par différents stades jusqu'à l'âge adulte. Il met en évidence ce qu'il appelle le « complexe d'Œdipe », qui traduit un rejet de la part de l'enfant pour le parent du même sexe et un désir pour le parent du sexe opposé. C'est la sortie de ce stade œdipien, où le garçon renonce à la mère et la fille au père, qui fait entrer l'adolescent dans une sexualité adulte.

LA RÉVOLUTION FREUDIENNE

La psychanalyse est à la fois une théorie qui cherche à décrire le psychisme humain et une pratique thérapeutique. En affirmant l'existence d'un inconscient, en proposant une nouvelle démarche pour soigner certaines « maladies de l'âme », Freud révolutionne la manière de concevoir l'homme.

Une leçon de modestie

« Dans le cours des siècles, la science a infligé à l'égoïsme naïf de l'humanité deux graves démentis. La première fois, ce fut lorsqu'elle a montré que la Terre, loin d'être le centre de l'Univers, ne forme qu'une parcelle insignifiante du système cosmique dont nous pouvons à peine nous représenter la grandeur. Cette première démonstration se rattache pour nous au nom de Copernic [...]. Le second démenti fut infligé à l'humanité par la recherche biologique, lorsqu'elle a réduit à rien les prétentions de l'homme à une place privilégiée dans l'ordre de la création, en établissant sa descendance du règne animal et en montrant l'indestructibilité de sa nature animale[1] [...]. Un troisième démenti sera infligé à la mégalomanie humaine par ▸ la recherche psychologique de nos jours qui se propose de montrer au *moi* qu'il n'est seulement pas maître dans sa propre maison, qu'il en est réduit à se contenter de renseignements rares et fragmentaires sur ce qui se passe, en dehors de sa conscience, dans sa vie psychique. »

Sigmund Freud, *Introduction à la psychanalyse*, © 1922, 1961, Éd. Payot, © 2001, Éd. Payot et Rivages.

1. Allusion à la théorie de l'évolution des espèces de Darwin.

L'importance de la parole

Freud propose une nouvelle pratique thérapeutique, éloignée de la médecine traditionnelle. Sans traitement de choc, sans drogue, par le seul moyen de la parole, le psychanalyste tente de soigner la névrose de son patient. En parlant, le malade revit des situations infantiles traumatisantes comme si elles étaient présentes et « transfère » ses sentiments sur le psychanalyste. Cette importance de la parole sera approfondie par Jacques Lacan (1901-1981). La réussite de la cure psychanalytique dépend de la manière dont est traité ce transfert.

Sigmund Freud assis derrière le divan sur lequel prennent place ses patients.

La phénoménologie

La phénoménologie est un courant philosophique fondé par le philosophe allemand Edmund Husserl (1859-1938). Elle n'est pas un système, mais une méthode pour décrire toute chose telle qu'elle apparaît à la conscience.

L'origine et l'usage du mot phénoménologie

Le mot « phénoménologie » est formé à partir des termes grecs *phainomenon* (« phénomène, ce qui se montre ») et *logos* (« discours »). La phénoménologie est littéralement la « science des phénomènes ». Le terme est forgé par le scientifique et philosophe Jean-Henri Lambert en 1764, pour désigner une doctrine de l'apparence, dont le but est de distinguer le vrai du faux dans ce qui nous apparaît.

Mais le premier usage célèbre du terme « phénoménologie » apparaît chez le philosophe allemand Hegel dans la *Phénoménologie de l'esprit* (1807). Pour Hegel, la phénoménologie est la « science de l'expérience de la conscience ». Cela signifie qu'elle décrit le développement progressif de la conscience depuis la simple sensation jusqu'au savoir absolu.

La phénoménologie de Husserl

À partir du XXe siècle, le terme phénoménologie désigne la méthode philosophique élaborée par Husserl. Le but de ce philosophe allemand est de refonder une démarche philosophique radicale. Il insiste sur la nécessité d'un « retour aux choses mêmes ». Avant toute connaissance, avant tout usage, la réalité est d'abord un ensemble de phénomènes qui apparaît à la conscience. Cela signifie aussi que la conscience est toujours la conscience

La méthode phénoménologique est donc une description du phénomène en tant que tel. Elle fait abstraction de l'approche objective de la science et de la technique. Pour accéder « à la chose même », il faut pour Husserl mettre le monde entre parenthèses, autrement dit se débarrasser de l'ensemble des significations habituelles auquel renvoie le phénomène. Cette mise entre parenthèses, appelée « *épochè* », permet de dégager avec rigueur le véritable sens du phénomène pour la conscience, son *essence*.

L'influence de la phénoménologie

De nombreux philosophes ont été influencés par la méthode phénoménologique élaborée par Husserl. En Allemagne, Martin Heidegger l'infléchit vers une réflexion sur le sens de l'être, c'est-à-dire vers une ontologie. Le but est pour lui de rendre compte de ce qu'est exister pour l'homme.

En France, la méthode phénoménologique a été introduite par Emmanuel Lévinas dans les années 1930. Husserl a également influencé Jean-Paul Sartre (*L'Être et le Néant*), Maurice Merleau-Ponty (*Phénoménologie de la perception*), Paul Ricœur (*Philosophie de la volonté*) ou Michel Henry (*L'Essence de la manifestation, Phénoménologie de la vie*). De par sa méthode, le courant phénoménologique est toujours très actif dans l'école philosophique française.

LA PHÉNOMÉNOLOGIE ÉTHIQUE D'EMMANUEL LÉVINAS

Dans la vie de la conscience, il est une expérience qui possède une importance considérable. Cette expérience c'est la rencontre d'autrui. À partir d'une approche phénoménologique de cette rencontre, le philosophe Emmanuel Lévinas (1905-1995) fait d'autrui un principe qui dépasse tous les autres et engage chaque homme absolument.

La caresse, la recherche sans fin de l'autre

Dans *Totalité et Infini*, Lévinas décrit l'expérience érotique de la caresse. Elle est pour lui l'expérience d'une réalité qui sans cesse se dérobe, un élan sans fin vers l'autre inaccessible. Elle est une relation à autrui qui déborde la connaissance ; elle est en quelque sorte une sortie de l'être.

« Ce qui est caressé n'est pas touché à proprement parler. Ce n'est pas le velouté ou la tiédeur de cette main donnée dans le contact que cherche la caresse. C'est cette recherche de la caresse qui en constitue l'essence, par le fait que la caresse ne sait pas ce qu'elle cherche. Ce "ne pas savoir", ce désordonné fondamental en est l'essentiel. Elle est comme un jeu avec quelque chose qui se dérobe, et un jeu absolument sans projet ni plan, non pas avec ce qui peut devenir nôtre et nous, mais avec quelque chose d'autre, toujours autre, toujours inaccessible, toujours à venir. Et la caresse est l'attente de cet avenir pur sans contenu. »

Emmanuel Lévinas, *Totalité et Infini*, 1961, Éd. Springer.

Le commandement absolu du visage d'autrui

Pour Emmanuel Lévinas, la dimension éthique dépasse tous les autres aspects de la pensée. Elle est avant toute représentation culturelle. C'est dans la rencontre du visage que se réalise cet absolu éthique. Nu et fragile, le visage d'autrui commande pourtant de ne pas tuer.

E. Lévinas. – Il y a dans le visage une pauvreté essentielle : la preuve en est qu'on essaie de masquer cette pauvreté en se donnant des poses, une contenance. Le visage est exposé, menacé, comme nous invitant à un acte de violence. En même temps, le visage est ce qui nous interdit de tuer.

P. Nemo. – Les récits de guerre nous disent en effet qu'il est difficile de tuer quelqu'un qui vous regarde de face.

E. Lévinas. – Le visage est signification, et signification sans contexte. Je veux dire qu'autrui, dans la rectitude de son visage, n'est pas un personnage dans un contexte. D'ordinaire, on est « un personnage » : on est professeur à la Sorbonne, vice-président au Conseil d'État, fils d'Un tel, tout ce qui est dans le passeport, la manière de se vêtir, de se présenter. Et toute signification, au sens habituel du terme, est relative à tel contexte : le sens de quelque chose tient dans sa relation à autre chose. Ici au contraire, le visage est sens à lui seul [...]. La relation au visage est d'emblée éthique. Le visage est ce qu'on ne peut pas tuer, ou du moins ce dont le sens consiste à dire : « Tu ne tueras pas. »

Emmanuel Lévinas, *Éthique et Infini*, © Librairie Arthème Fayard, 1982.

L'existentialisme

L'existentialisme n'est pas une doctrine ou une école philosophique, mais un courant, né au XIXe siècle, qui met l'accent sur la notion d'existence. On y trouve aussi bien des penseurs chrétiens comme Søren Kierkegaard que des penseurs athées comme Jean-Paul Sartre.

La primauté de l'existence

L'existentialisme désigne des philosophies qui concentrent leur réflexion sur le caractère premier et singulier de l'existence, au premier rang de laquelle on trouve l'existence humaine. Il s'oppose en ce sens aux philosophies essentialistes. Pour ces dernières, la réflexion se concentre sur la recherche des concepts (ou essences) qui permettent de décrire la réalité de manière rationnelle. L'existentialisme affirme qu'avant toute définition ou explication une chose est d'abord une existence.

Cette primauté de l'existence implique que l'homme existe avant de trouver un sens à son existence. Cette absence de sens conduit à évoquer l'absurdité de l'existence. Autrement dit, l'existentialisme est indissociable d'une conscience tragique. L'interrogation sur le sens de la vie ou la pensée de la mort (la non-existence) traversent l'histoire de la philosophie, mais ces questions prennent une tournure plus exacerbée dans le cadre d'une réflexion existentielle.

L'existentialisme chrétien

L'existentialisme est un courant qui a été initié par le philosophe danois Søren Kierkegaard (1813-1855). Contre l'esprit de système, dont il dénonce la dimension totalisante, ce protestant insiste sur la singularité de l'existence. Cela le conduit à souligner le caractère angoissant de la vie humaine. À la manière de Pascal au XVIIe siècle, il évoque la possibilité d'une vie illusoire faite de jouissances, mais affirme que seule la foi peut être un salut pour l'homme.

Au XXe siècle, des philosophes chrétiens sont classés dans le courant existentialiste. En France, Gabriel Marcel (1889-1973) insiste sur le caractère mystérieux de l'existence. Il est pour lui impossible d'en obtenir une connaissance objective. Il faut cependant rappeler que cette incapacité est partagée par les autres hommes. La condition humaine ne peut qu'inviter à une ouverture vers l'autre, dont la figure supérieure est Dieu.

L'existentialisme athée

Le philosophe allemand Martin Heidegger (1889-1976) ne s'est pas reconnu dans la définition d'existentialisme. En effet, il présente sa philosophie comme une interrogation sur le sens de l'être. Cependant, sa pensée convoque la notion d'existence dans la mesure où elle part de la situation particulière de l'homme dans le monde. L'homme, jeté dans la vie, peut tomber dans une existence inauthentique, répétant les discours du monde ambiant. Mais il peut aussi vivre résolument sa finitude.

Jean-Paul Sartre représente en France la philosophie qui a le plus clairement revendiqué la notion d'existentialisme. Pour lui, l'existence humaine n'est justifiée par rien et elle est, dans le même temps, absolument libre. C'est donc par ses actes que l'homme va donner un sens à son existence. La philosophie de Sartre ouvre sur une pensée de l'engagement.

TOUTE VIE EST UN ENGAGEMENT

Pour Sartre, l'homme est jeté dans une existence qu'il n'a pas choisie. Mais la manière dont il va vivre sa situation lui appartient totalement. Cela veut dire qu'il ne peut jamais prétendre à la neutralité. Tout homme est responsable de la manière dont il choisit sa vie.

Toute vie est un unique engagement

« L'homme n'est rien d'autre que son projet, il n'existe que dans la mesure où il se réalise, il n'est donc rien d'autre que l'ensemble de ses actes, rien d'autre que sa vie. D'après ceci, nous pouvons comprendre pourquoi notre doctrine fait horreur à un certain nombre de gens. Car souvent ils n'ont qu'une manière de supporter leur misère, c'est de penser : "Les circonstances ont été contre moi, je valais beaucoup mieux que ce que j'ai été ; bien sûr, je n'ai pas eu de grand amour ou de grande amitié, mais c'est parce que je n'ai pas rencontré un homme ou une femme qui en fussent dignes, je n'ai pas écrit de bons livres, c'est parce que je n'ai pas eu le loisir pour le faire [...]". Or, en réalité, pour l'existentialiste, il n'y a pas d'amour autre que celui qui se construit, il n'y a pas de possibilité d'amour autre que celle qui se manifeste dans un amour ; il n'y a pas de génie autre que celui qui s'exprime dans des œuvres d'art : le génie de Proust c'est la totalité des œuvres de Proust [...]. Un homme s'engage dans sa vie, dessine sa figure, et en dehors de cette figure il n'y a rien. »

Jean-Paul Sartre,
L'existentialisme est un humanisme,
Éd. Nagel, 1946.

Jean-Paul Sartre et Simone de Beauvoir après leur arrestation le 26 juin 1970. Ils avaient manifesté pour défendre le journal La Cause du peuple, *qui venait d'être interdit de publication par le gouvernement.*

Le structuralisme

Le structuralisme n'est pas, au sens propre, un courant philosophique, mais une méthode d'analyse. Issue de la linguistique, celle-ci irradie les sciences humaines dans les années 1950 et influence la pensée de nombreux philosophes.

La notion de structure

Comme son nom l'indique, le terme « structuralisme » est formé sur la notion de structure. On entend par structure un ensemble d'éléments solidaires où chacun dépend des autres et n'existe que dans sa relation avec les autres éléments. La structure est donc une totalité formée de parties indissociables, de sorte que la modification d'une partie entraîne une modification de l'ensemble.

Dégager la structure d'une réalité, c'est comprendre la manière dont elle est organisée. Par exemple, la structure architecturale d'un bâtiment repose sur un équilibre qui est modifié si on change une partie : un mur plus haut d'un côté suppose une fondation plus profonde et un changement de la charpente. Face à un réel qui peut paraître sans unité et confus, l'approche structuraliste met à jour des relations cachées et permet de mieux le comprendre. Elle repose sur une abstraction de l'esprit qui éclaire une réalité concrète.

Le modèle linguistique

Le terme « structuralisme » est d'abord apparu en linguistique. La linguistique, inventée par Ferdinand de Saussure (1857-1913), étudie la langue, non pas du point de vue de son contenu de sens, mais en s'intéressant à sa structure. Il s'agit de savoir comment une langue est organisée, de dégager le système des éléments qui décrivent son fonctionnement.

Ferdinand de Saussure compare le système de la langue à un jeu d'échecs : les règles du jeu ne dépendent pas de la matière des pièces utilisées (on peut remplacer le bois par l'ivoire, comme un mot peut en remplacer un autre). La linguistique cherche à repérer les règles du langage. Par exemple, tout mot (appelé « signe linguistique »), quel que soit son sens, articule en lui deux dimensions. Il est à la fois un ensemble de sons (le *signifiant*) et une idée visée par cet ensemble de sons (le *signifié*).

Une méthode pour les sciences humaines

Le succès de la linguistique dans le domaine du langage a conduit des penseurs à décrire d'autres domaines de connaissance à partir de l'idée de structure. La méthode du structuralisme a ainsi pu être appliquée à l'ethnologie avec Claude Lévi-Strauss, à la psychologie avec Jean Piaget ou à la psychanalyse avec Jacques Lacan.

À partir des années 1960, certains philosophes utilisent également des aspects du structuralisme. Partant des thèses de Marx, Louis Althusser évoque une cause structurale dans les mécanismes de l'histoire. Michel Foucault souligne les structures latentes des discours d'une époque. Roland Barthes s'intéresse à la structure qui organise tous les récits.

LA MÉTHODE STRUCTURALISTE À LA RENCONTRE DE L'AUTRE : CLAUDE LÉVI-STRAUSS

Claude Lévi-Strauss (né en 1908) a profondément marqué la pensée du XXe siècle. Dans les années 1930, ses études des sociétés indiennes d'Amazonie l'amènent à souligner toute la complexité de cultures qui apparaissaient jusqu'alors « primitives ». La méthode structuraliste devient alors extrêmement féconde pour comprendre l'autre et soi-même.

L'expérience d'ethnologue sur le terrain marque définitivement la pensée de Claude-Lévi Strauss. Sa rencontre avec les peuples d'Amazonie dans les années 1930 le conduira à refuser de voir l'histoire humaine comme un long progrès à partir d'une source primitive. Derrière les différences culturelles, c'est bien une même complexité humaine qui se donne à voir.

La pensée sauvage

Claude Lévi-Strauss cherche à déterminer les structures qui organisent les modes de vie des peuples dits « primitifs ». La méthode structurale l'amène à affirmer que la « pensée sauvage » n'a rien de primitif : complexe et logique, elle suppose un esprit de système extrêmement développé. Lorsque nous parlons de société développée pour l'Occident, c'est parce que nous privilégions un critère : la puissance technique. Mais un autre critère, comme l'harmonisation des rapports entre groupe familial et groupe social, placerait les aborigènes d'Australie largement en tête. Le structuralisme conduit ici à une plus grande humilité.

La prohibition de l'inceste

En 1948, dans *Les Structures élémentaires de la parenté*, Claude Lévi-Strauss propose une interprétation générale des comportements en matière d'alliance matrimoniale. Il constate ainsi que la prohibition de l'inceste est présente dans toutes les sociétés, sous des formes diverses. Or cet interdit n'est pas à rechercher dans une explication naturelle ou psychologique. Il est en fait indispensable au maintien de la vie du groupe, car il oblige les familles à donner ou à prendre un époux ou une épouse chez une famille extérieure à la leur. Chez les hommes, une famille ne peut exister sans société.

Claude Lévi-Strauss sur le terrain, au Brésil, sur les bords du Machado, en pleine Amazonie. Années 30.

La philosophie analytique

La philosophie analytique est un courant philosophique essentiellement anglo-saxon, né au début du XXe siècle. Les philosophes analytiques constatent que les interrogations philosophiques traditionnelles ne parviennent pas à dégager des réponses satisfaisantes. Ils préconisent une analyse rigoureuse.

L'analyse logique du langage

L'origine de la philosophie analytique se trouve dans les travaux de Gottlob Frege (1848-1925), un mathématicien et philosophe allemand qui a le projet de construire une langue parfaitement logique, ce qu'il appelle « une langue formulaire de la pensée pure ». Il s'agit d'éviter les confusions des langues naturelles. En effet, les différences d'interprétation sur le sens de nos énoncés conduisent à des incompréhensions et créent de faux problèmes.

Le souci d'éclaircir le sens de nos énoncés est aussi l'objet des réflexions du mathématicien et philosophe anglais Bertrand Russell (1872-1970). Afin d'éviter toute confusion, il faut partir de propositions simples (des « atomes » logiques) qui correspondent à des éléments du monde. Les propositions complexes sont construites logiquement à partir des propositions simples. Ludwig Wittgenstein (1889-1951), élève de Russell, prolonge l'analyse des limites du langage.

Le retour au langage ordinaire

Le projet d'une clarification des langues à partir de leur analyse logique influence le travail de ce qu'on appelle le *Cercle de Vienne*, qui regroupe des philosophes et savants dans les années 1920-1930. Leur projet est de construire une conception scientifique du monde. Cependant, Russel et Wittgenstein abandonnent leurs premières conceptions : l'analyse logique de la langue, importante en soi, ne peut faire l'impasse sur la manière dont les hommes utilisent les mots.

Après la Seconde Guerre mondiale, la philosophie analytique va porter une attention plus grande au langage ordinaire. C'est le cas du philosophe anglais John Austin (1911-1960), qui met en évidence le fait qu'un énoncé n'est pas une simple description du réel (vraie ou fausse), mais peut être aussi un acte. Par exemple, dire « je vous marie », c'est aussi faire en parlant. De son côté, le philosophe américain Willard Quine (1908-2000) souligne que la signification d'un énoncé est déterminée par le contexte.

L'influence actuelle de la philosophie analytique

La philosophie analytique s'est développée essentiellement dans les pays de langue anglaise, mais aussi en Pologne ou dans les pays scandinaves. On l'oppose généralement à la philosophie dite « continentale » (France, Allemagne…). L'approche de celle-ci est ancrée dans une tradition plus systématique et métaphysique, par opposition à l'approche scientifique et logique de la philosophie analytique.

On assiste cependant à un dialogue entre les deux traditions. En France, des philosophes français comme Jacques Bouveresse, spécialiste de Wittgenstein, ou Pascal Engel ont permis à la philosophie analytique de bénéficier d'une plus grande audience.

LA RECHERCHE DE LA CLARTÉ : LUDWIG WITTGENSTEIN

Ludwig Wittgenstein (1889-1951) est un philosophe autrichien qui a profondément marqué la pensée du XXe siècle, et notamment le courant analytique. Ses écrits sur le langage nourrissent actuellement nombre de réflexions de la philosophie, mais aussi des sciences sociales.

Ludwig Wittgenstein. La maison (photo de droite) qu'il conçoit en 1925 à Vienne est extrêmement moderne pour l'époque. Le refus de l'ornement, le travail des volumes et de la lumière sont à la mesure de sa recherche d'un langage sans obscurité.

Wittgenstein est issu d'une famille viennoise riche et cultivée. Il fait des études d'ingénieur, puis suit les cours de Bertrand Russell à Cambridge en 1912. L'année suivante, il s'isole dans une cabane en Norvège pour travailler à ses recherches. Il s'engage comme soldat de l'armée austro-hongroise pendant la guerre et commence à rédiger son œuvre la plus célèbre, le *Tractatus logico-philosophicus*, publié en 1921. Il renonce à son héritage, décide alors de devenir instituteur de campagne (1919-1926), puis construit pour sa sœur une maison à Vienne, inspiré par des principes modernes. À partir de 1929, il enseigne à Cambridge. Il démissionne en 1947.

Le *Tractatus logico-philosophicus*

Dans le *Tractatus*, Wittgenstein énonce en de courtes propositions les limites « à l'expression de la pensée ».

« Le but de la philosophie est la clarification logique de la pensée.
La philosophie n'est pas une doctrine, mais une activité.
La philosophie a pour but de rendre claires et de délimiter rigoureusement les pensées qui autrement, pour ainsi dire, sont troubles et floues.
Le monde et la vie sont un.
Le monde est indépendant de ma volonté.
La mort n'est pas un événement de la vie.
La mort ne peut être vécue.
Ce dont on ne peut parler, il faut le taire. »

Ludwig Wittgenstein, *Tractatus logico-philosophicus*, Trad. P. Klossowski, Éd. Gallimard, 1921.

La conscience

L'origine latine du mot conscience est *cum scire*, soit « avec savoir ». La conscience est la faculté proprement humaine grâce à laquelle chacun possède un savoir spontané ou réfléchi de ce qui se passe en lui et en dehors de lui. Elle suppose l'usage du « je » par lequel l'homme se découvre à lui-même et agit volontairement sur le monde. Elle est aussi le lieu d'un jugement moral.

Conscience et humanité

Dans une pensée célèbre, Pascal affirme que « l'homme n'est qu'un roseau, le plus faible de la nature ; mais c'est un roseau pensant ». Alors que tous les autres êtres de la nature sont plongés dans l'inconscience des mécanismes et des instincts, l'homme peut agir en sachant ce qu'il fait et intervenir de manière volontaire sur son environnement. Grâce à la conscience, l'homme peut espérer agir de manière libre et se construire une histoire.

L'homme pense et sait qu'il pense. Le *cogito ergo sum* (« je pense donc je suis ») de Descartes est une certitude indubitable. Toute pensée se développe à partir d'un « je » qui unifie toutes les expériences en une même conscience. L'homme se reconnaît donc comme un « sujet », un être qui connaît, par opposition à « l'objet », la chose qu'il connaît.

Les ambiguïtés de la conscience

La conscience distingue l'homme des autres êtres, mais elle est parfois aussi un fardeau. Alors que l'animal vit dans l'insouciance d'une vie resserrée sur l'instant présent, l'homme vit avec ses souvenirs et comme il ne peut oublier, il connaît l'expérience douloureuse du remords ou le regret nostalgique de sa vie passée.

Rousseau le rappelle, « jamais l'animal ne saura ce que c'est que mourir, et la connaissance de la mort, et de ses terreurs, est une des premières acquisitions que l'homme ait faites, en s'éloignant de la condition animale » (*Discours sur l'inégalité*). La conscience est une faculté qui place l'homme face à sa finitude.

L'inconscient

La toute-puissance de la conscience n'est-elle pas une illusion ? La distraction, le manque d'attention, la fatigue montrent les lacunes de notre conscience. Les soucis peuvent nous préoccuper au point de nous rendre inconscients de ce qui se passe autour de nous. Mais surtout, sommes-nous les auteurs de nos pensées ? La culture, le groupe social ou amical auquel nous appartenons ne sont-ils pas la véritable origine de nos pensées ? La conscience n'est-elle pas collective avant d'être individuelle ?

À partir de l'analyse des rêves, des actes manqués ou des névroses, Freud affirme l'existence d'un inconscient psychique qui détermine en grande partie nos pensées et nos actes. Dès lors, si une part de nous-mêmes nous échappe, il reste à la conscience la rude tâche d'éclaircir ce qui n'est encore que confusion et obscurité. C'est aussi la leçon de Socrate lorsqu'il affirme : « Connais-toi toi-même. »

LA CONSCIENCE MORALE EST-ELLE UNIVERSELLE ?

La conscience n'est pas seulement la faculté psychologique de posséder un savoir sur soi et le monde qui nous entoure. Elle exprime également une signification morale. Elle est alors la faculté de juger du bien et du mal.

Le sentiment du remords

Le poème *La Conscience* de Victor Hugo, extrait de *La Légende des siècles*, exprime la dimension morale de la conscience. Le poète y raconte l'histoire de Caïn, fils d'Adam, qui a commis le premier homicide de l'histoire en tuant son frère Abel. Marqué par cet acte, Caïn fuit sans succès un œil qui l'observe, symbole du regard de Dieu et de la conscience du remords. L'homme serait cet être qui ne pourrait échapper à l'interrogation morale.

L'une des questions centrales à propos de la morale consiste alors à se demander si les valeurs qu'elle reconnaît sont relatives à une culture donnée ou s'il est possible de leur donner un sens absolu, valable universellement.

Le relativisme moral

La relativité des valeurs morales est souvent avancée, et l'on peut effectivement constater que celles-ci divergent selon les cultures et les époques. Ce qui est blâmé en un endroit est légitime ailleurs.

« Ici on vit de chair humaine ; là c'est office de piété de tuer son père en certain âge ; ailleurs les pères ordonnent des enfants encore au ventre des mères, ceux qu'ils veulent être abandonnés et tués [...].
Les lois de la conscience, que nous disons naître de nature, naissent de la coutume ; chacun ayant en vénération interne les opinions et mœurs approuvées et reçues autour de lui, ne s'en peut défendre[1] sans remords, ni s'y appliquer sans applaudissement. »

Montaigne, *Essais*, Livre I, Chap. 23.

1. Ne s'en peut défendre : ne peut les rejeter.

L'idée d'une norme universelle

De nombreux philosophes soulignent les limites du relativisme qui conduit à mettre à égalité les valeurs, celle de la barbarie et celle des droits de l'homme. Les coutumes sont différentes, mais la morale ne se réduit pas à la moralité sociale et un accord peut se faire entre des hommes raisonnables.

« Je dis que le respect de la vie d'autrui n'est pas un devoir social, attendu qu'il existe indépendamment de l'existence ou de la nature d'une société quelconque. Quand un homme tomberait de la lune[1], vous n'auriez pas le droit de le torturer ni de le tuer. De même pour le vol ; je m'interdis de voler qui que ce soit ; j'ai la ferme volonté d'être juste et charitable envers mes semblables, et non pas seulement envers mes concitoyens ; et je rougirais d'avoir augmenté injustement la note à payer, qu'il s'agisse d'un Chinois ou d'un nègre. La société n'a donc rien à faire ici ; elle ne doit pas être considérée. »

Alain, *Propos I*, tome I,

1. Quand un homme tomberait : même si un homme tombait.

La perception

Le terme « perception » provient du latin *perceptio*, qui renvoie à l'idée de saisir par l'esprit. Son emploi est multiple. On peut percevoir une difficulté, ce qui est une certaine manière de caractériser le fait de penser. On peut aussi percevoir un objet face à soi. L'usage actuel du terme privilégie la perception externe, c'est-à-dire le rapport du moi au monde. La perception est plus complexe qu'une simple sensation et elle est indissociable d'un jugement.

De la sensation à la perception

On distingue généralement la sensation et la perception. Lorsqu'un de nos sens est excité par la présence d'une réalité sensible, comme une couleur ou une chaleur, cela aboutit à une sensation, qui est donc la transcription psychique (ressentie) de l'excitation sensible : je ressens la couleur, la chaleur. Mais la sensation ne dit rien de l'objet qui en est la cause ; elle est un vécu plus ou moins clair de la conscience.

La perception organise la multiplicité des sensations et lui attribue une signification. La chaleur, la couleur peuvent renvoyer à la perception d'une flamme. À partir de l'ensemble des excitations sensibles se dégage une perception, qui est un processus complexe par lequel l'homme se représente un objet extérieur.

La perception et le jugement

Pour un philosophe sensualiste, comme Condillac (1714-1780), la perception, c'est-à-dire l'attention que nous portons à nos sensations, n'est qu'une sensation plus intense. Cela signifie que l'esprit humain est passif lorsqu'il perçoit quelque chose. Mais, pour percevoir, ne faut-il pas que l'esprit soit lui-même engagé dans ce qu'il perçoit ?

Si je perçois une rose, puis une tulipe, je reconnais immédiatement qu'il s'agit de fleurs. Pourtant, l'ensemble des sensations qui ont abouti à ma première perception ne correspond pas exactement aux sensations de ma seconde perception. Ne dois-je pas alors concéder que toute perception suppose l'usage d'un jugement par lequel je vais attribuer une signification à la chose perçue ? De même, je ne vois pas les six faces du cube posé devant moi ; pourtant je juge bien que je perçois un cube. Descartes explique alors qu'une perception n'est pas une simple « vision des yeux » mais une « inspection de l'esprit ».

La perception, la connaissance et la vie

La perception semble être à l'origine de nos connaissances. Il faut bien percevoir le monde pour en apprendre quelque chose. Pourtant, on ne peut pas se fier à la seule perception. Les illusions sensibles sont nombreuses. Ainsi, le bâton plongé dans l'eau m'apparaît brisé alors qu'il ne l'est pas. De même, la perception du trajet du soleil dans le ciel n'est pas une connaissance, puisque c'est la Terre qui tourne autour du Soleil. Il faut donc penser une rupture entre la saisie perceptive et la véritable connaissance.

Indispensable mais parfois trompeuse, la perception est aussi ce qui organise le rapport de l'homme au monde. Percevoir, c'est supposer une certaine inscription de mon corps dans un environnement. Maurice Merleau-Ponty rappelle ainsi que « toute perception extérieure est immédiatement synonyme d'une certaine perception de mon corps comme toute perception de mon corps s'explicite dans le langage de la perception extérieure ».

FAUT-IL FAIRE CONFIANCE AUX IMAGES ?

Parmi les choses perçues, l'image apparaît souvent comme celle qui possède le moins de réalité puisqu'elle représente un objet qui n'est pas réellement présent. Pourtant, notre monde ne cesse de produire des images en nombre, grâce à la multiplication des écrans. Moyen d'accès à une connaissance ou illusion manipulatrice, l'image nous interroge sur notre rapport au monde.

Les images nous éloignent de la réalité

Le terme « image » vient du latin *imago*, qui est de la même famille que le verbe *imitari*. Ce dernier signifie « imiter », « contrefaire ». Si l'image est une imitation, elle n'est pas la chose même. En cela, elle peut être trompeuse, surtout si elle est fidèle au modèle. C'est ce que souligne Platon.

« L'art de l'imitation est bien éloigné du vrai, et c'est apparemment pour cette raison qu'il peut façonner toutes choses : pour chacune, en effet, il n'atteint qu'une petite partie, et cette partie n'est elle-même qu'un simulacre. C'est ainsi, par exemple, que nous dirons que le peintre peut nous peindre un cordonnier, un menuisier, et tous les autres artisans, sans rien maîtriser de leur art. Et s'il est bon peintre, il trompera les enfants et les gens qui n'ont pas toutes leurs facultés en leur montrant de loin le dessin qu'il a réalisé d'un menuisier, parce que ce dessin leur semblera le menuisier réel. »

Platon, *La République*, Trad. G. Leroux, Éd. GF.

Les images sont une source plaisante d'instruction

Platon critique les images car elles peuvent tromper sur la réalité de ce qu'elles représentent. Pourtant, ne faut-il pas affirmer que les images sont un moyen de rendre visible ce qui est absent ? Pour Aristote, les images sont à la fois des moyens d'apprendre et l'occasion d'un plaisir.

« Nous prenons plaisir à contempler les images les plus exactes de choses dont la vue nous est pénible dans la réalité, comme des formes d'animaux les plus méprisés et des cadavres. [...] On se plaît en effet à regarder les images car leur contemplation apporte un enseignement et permet de se rendre compte de ce qu'est chaque chose, par exemple que ce portrait-là, c'est un tel ; [...] si l'on se trouve ne pas l'avoir vu auparavant, ce n'est pas en tant que représentation que ce portrait procurera le plaisir, mais en raison du fini dans l'exécution, de la couleur ou d'une autre cause de ce genre. »

Aristote, *Poétique*, Trad. M. Magnien, Éd. Le Livre de Poche.

Les images supposent une approche critique

Les progrès techniques permettent de multiplier les images. On peut même créer des images virtuelles qui paraissent parfaitement réelles. Le philosophe Régis Debray explique ainsi que nous vivons à l'ère de la vidéosphère. Cela oblige à entretenir une réflexion critique car « l'image, c'est toujours simple ».

« Les images, contrairement aux mots, sont accessibles à tous, dans toutes les langues, sans compétence ni apprentissage préalable. Et la programmation informatique unit tous les étages de la tour de Babel, Pékin, New York et Le Cap. Mais une fois l'écran éteint, reste à accéder aux regards intérieurs qui ordonnancent chaque univers visible. Cet accès, seul le langage et les traductions symboliques peuvent le ménager. [...] Les esprits peuvent se parler, d'une extrémité de la terre à l'autre, par le truchement d'interprètes et de traducteurs. Mais il n'y a pas de dictionnaire du visible. "L'œil écoute" mais n'entend pas l'œil de l'autre. »

Régis Debray, *Vie et Mort de l'image*, © Éd. Gallimard, 1992.

Autrui

La présence d'autrui dans mon environnement n'est pas comparable à celle d'un objet quelconque. Il s'agit en effet d'une autre conscience face à la mienne. Par sa présence, autrui modifie profondément mon attitude. Il est à la fois proche et mystérieux.

Autrui, un face-à-face redoutable

Autrui est à la fois le même et l'autre. Il est autre que moi, distinct comme les objets qui m'entourent. Mais il est en même temps semblable à ce que je suis. Ma conscience fait donc l'expérience d'une conscience face à elle. Or, cette rencontre n'est pas neutre. Quand je vois l'autre qui me voit, c'est tout mon être qui est modifié. Je ne vis plus dans la quiétude d'un moi souverain, mais je deviens dépendant de cette présence qui s'impose à moi.

L'expérience de la salle d'attente est révélatrice de cette modification de mon être. Mon comportement dans une salle d'attente est différent selon que j'entre dans une pièce qui est vide ou selon que j'y pénètre alors qu'une personne s'y trouve déjà. Je ne m'assois pas à la même place, je prends une certaine pause. Pour le philosophe Emmanuel Lévinas, la rencontre d'autrui est « le face-à-face redoutable d'une relation sans intermédiaire, sans médiation ». Sa seule présence suffit à modifier mon être.

L'impossible connaissance d'autrui

Autrui demeure pour moi un mystère. Je ne peux jamais le connaître comme je connais un objet placé devant moi. Je suppose qu'il ressent un sentiment en projetant sur lui mes propres impressions. Je lui attribue un comportement car je l'ai déjà vu agir. Mais rien ne m'assure de la vérité de mes hypothèses. Nicolas Malebranche (1638-1715) affirme ainsi que « la connaissance que nous avons des autres hommes est fort sujette à l'erreur si nous n'en jugeons que par les sentiments que nous avons de nous-mêmes ».

L'inconnaissable est inhérent à la rencontre, à la présence d'autrui en tant qu'autre conscience, c'est-à-dire une liberté face à la mienne. Autrui, c'est l'inconnaissable pur, car il n'est rien à connaître qui puisse éclaircir le mystère même de sa présence et de sa signification pour moi. Il n'y a pas de science de l'autre. Les deux consciences sont irréductiblement liées dans une tension qui les fait être l'une pour l'autre, l'une par l'autre.

Le conflit et le dialogue

Hegel a souligné la dimension conflictuelle du rapport à autrui. Le face-à-face des consciences conduit à une lutte pour la reconnaissance, chacune cherchant à imposer sa liberté en contraignant l'autre. Seule la servitude d'une conscience met fin à l'affrontement. Mais le conflit n'est peut-être pas le seul horizon du rapport à autrui.

De fait, l'écart entre moi et autrui ne peut jamais être totalement réduit. Il ne peut y avoir de fusion des consciences car cela signifierait la fin de l'une d'entre elles. L'expérience du dialogue suppose justement que soit maintenu un espace, celui de l'échange. Comme le montre Merleau-Ponty, dans le dialogue, chacun alimente le propos sans jamais disparaître lui-même. Le dialogue suppose l'égalité des interlocuteurs. Il peut donc être amitié.

PEUT-ON SE PASSER D'AUTRUI ?

« Tout notre mal vient de ne pouvoir être seuls », affirme La Bruyère. En effet, il peut sembler préférable parfois de vivre une existence solitaire, libérée de la présence des autres. Sans engagement, l'individu n'a alors d'autre préoccupation que son propre bonheur.

L'éloge de la solitude

Le philosophe allemand Arthur Schopenhauer (1788-1860) rappelle que, pour être heureux, il faut se suffire à soi-même. Il faut donc apprendre à éviter au maximum les relations avec autrui, puisque telle est la condition d'une vie sage.

> « On ne peut être vraiment soi qu'aussi longtemps qu'on est seul ; qui n'aime donc pas la solitude n'aime pas la liberté, car on n'est libre qu'étant seul. Toute société a pour compagne inséparable la contrainte et réclame des sacrifices qui coûtent d'autant plus cher que la propre individualité est plus marquante. Par conséquent, chacun fuira, supportera ou chérira la solitude en proportion exacte de la valeur de son propre moi. »
>
> Arthur Schopenhauer, *Aphorismes sur la sagesse dans la vie*, Trad. J.-A. Cantacuzène, Éd. PUF, 1880.

L'illusion de l'homme indépendant

Les philosophes du XVIIIe siècle évoquent un état de nature, antérieur à l'état civil, dans lequel l'homme est indépendant. Or, pour Marx, cette indépendance originelle est une fiction qui permet avant tout de justifier la valeur de l'individualisme moderne. Il n'y a pas d'individualité sans lien social.

> « L'homme [...] est non seulement un animal social, mais un animal qui ne peut s'individualiser que dans la société. L'idée d'une production réalisée par un individu isolé, vivant en dehors de la société – fait rare qui peut bien arriver à un homme civilisé égaré par hasard dans une contrée sauvage et qui possède virtuellement les forces de la société –, n'est pas moins absurde que l'idée d'un développement du langage sans qu'il y ait des individus vivant et parlant ensemble. »
>
> Karl Marx, *Introduction à la critique de l'économie politique*, Trad. M. Rubel et L. Evrard in *Philosophie*, © Éd. Gallimard, 1857.

Autrui, condition de mon existence

Dans la pièce *Huis clos* de Jean-Paul Sartre, l'un des personnages affirme : « L'enfer, c'est les autres. » Cela ne signifie pas qu'autrui soit un danger pour moi, mais que ce que je suis dépend de son regard. Si l'enfer existe, cela dépend de ma relation à l'autre. Autrui me découvre à moi-même car « pour obtenir une vérité quelconque sur moi, il faut que je passe par l'autre ». C'est ce que montre l'expérience de la honte.

> « La honte dans sa structure première est honte *devant quelqu'un*. Je viens de faire un geste maladroit ou vulgaire : ce geste colle à moi, je ne le juge ni ne le blâme, je le vis simplement [...]. Mais voici tout à coup que je lève la tête : quelqu'un était là et m'a vu. Je réalise tout à coup toute la vulgarité de mon geste et j'ai honte [...]. Autrui est le médiateur indispensable entre moi et moi-même : j'ai honte de moi *tel que j'apparais* à autrui [...]. Je reconnais que je *suis* comme autrui me voit. »
>
> Jean-Paul Sartre, *L'Être et le Néant*, © Éd. Gallimard, 1942.

Le désir

Le désir apparaît comme une caractéristique incontournable de la condition humaine. Les projets, les passions, les espoirs semblent être habités par cette tendance qui nous entraîne. Or, notre rapport au désir est profondément ambigu, car il est à la fois ce qui nous fait agir, mais aussi ce qui nous fait souffrir.

Le désir, le besoin et la volonté

Le désir est généralement distingué du besoin. Tous les deux évoquent une tendance qui me pousse ou m'entraîne, mais avec des contenus différents. Le besoin renvoie ainsi à une dimension biologique. Boire, manger, respirer sont des besoins, c'est-à-dire des nécessités de l'existence naturelle de l'homme. Il ne peut que les combler.

Le désir possède une dimension psychique. Proprement humain, il renvoie à une représentation culturelle et semble changer sans cesse d'objet. Cela le rend donc plus difficile à satisfaire que le besoin. La volonté est une faculté de se déterminer à agir en fonction d'une fin librement choisie. Elle s'oppose donc au désir et au besoin. Je peux vouloir ce que je ne désire pas (vouloir travailler) ou refuser ce dont j'ai besoin (refuser de manger).

Le désir comme manque

Le mot « désir » est issu du latin *desiderare*. De même que *considerare*, il dérive de *sidus* qui signifie « astre ». Ces deux verbes appartiennent à la langue des présages fondés sur l'observation du ciel étoilé. *Considerare*, c'est contempler un astre ; *desiderare*, c'est cesser de le contempler et donc regretter son absence. Le désir, au sens étymologique, c'est le regret d'un astre disparu, la nostalgie d'une étoile. Il est une forme de manque.

Dans *Le Banquet*, Platon fait parler Aristophane qui raconte le mythe des androgynes, des êtres à la fois féminins et masculins. À l'origine, les hommes étaient doubles, portant deux visages, quatre bras et quatre jambes, etc. Afin de les punir pour leur orgueil, Zeus les coupa en deux. Depuis cette action, chaque être humain cherche à retrouver une unité à jamais perdue. Le désir en l'homme n'est pas le manque d'un objet, mais un manque d'être. Tel est l'amour, un désir d'unité qui habite tout homme.

Le désir, essence de la vie humaine

Concevoir le désir comme manque, c'est manifestement le saisir de manière négative, comme réduit à une forme de besoin. Le manque est alors immanquablement une souffrance. Faut-il fuir le désir ? Un tel projet est encore une forme de désir. D'ailleurs, les besoins chez l'homme ne sont-ils pas habités par des considérations culturelles qui les rapprochent du désir ? Le désir gastronomique n'est pas seulement là pour combler le besoin de manger. De même, une volonté sans désir ne manque-t-elle pas de puissance ?

Le désir, selon Spinoza, est l'élément actif de toute entreprise humaine. Si le désir est l'essence de l'homme, c'est qu'il est le moteur même par lequel l'être humain persévère dans son être. Le désir est cette puissance particulière grâce à laquelle l'homme intervient dans le monde. Il n'existe pas de culture, ni d'histoire sans désir. S'il peut exister un mauvais usage du désir, il faut alors le connaître pour en user sagement.

PEUT-ON MAÎTRISER SES DÉSIRS ?

Si l'homme est un être de désirs et si ceux-ci sont l'occasion d'une souffrance, il faut alors se poser la question de leur maîtrise. Comment résister à ce qui m'entraîne ?

La force des passions

Kant souligne la difficulté à combattre les passions humaines. Alors que l'émotion est spontanée et passagère, la passion s'accompagne du calcul de la raison et ensorcelle l'esprit. Par exemple, le désir passionné du jeu conduit le joueur à user de toute son intelligence pour parvenir à ses fins. « L'émotion agit comme une eau qui rompt la digue ; la passion comme un courant qui creuse toujours plus profondément son lit. » La passion obsède l'esprit et ne peut donc être maîtrisée qu'avec peine.

La vertu de l'habitude

De nombreux philosophes de l'Antiquité insistent sur le fait que la maîtrise des désirs passe par un exercice, une pratique. Aristote souligne ainsi que « la vertu morale est fille des bonnes habitudes ». De même, pour les stoïciens et les épicuriens, il s'agit, par des chemins différents, de régler nos désirs.

Pour les stoïciens, il faut nous habituer à conformer nos désirs à ce qui est, c'est-à-dire accepter ce qui ne dépend pas de nous. Pour les épicuriens, il ne faut poursuivre que les désirs naturels et nécessaires : « L'habitude d'une nourriture simple et non celle d'une nourriture luxueuse, explique Épicure, convient pour donner la pleine santé, pour laisser à l'homme toute liberté de se consacrer aux devoirs nécessaires de la vie, pour nous disposer à mieux goûter les repas luxueux, lorsque nous les faisons après des intervalles de vie frugale, enfin pour nous mettre en état de ne pas craindre la mauvaise fortune. »

Seul un désir peut vaincre un autre désir

Rousseau refuse de nier les désirs qui sont un élément moteur de l'existence et de l'histoire des hommes. La maîtrise des désirs ne peut s'appuyer que sur les désirs eux-mêmes.

« Comment réprimer la passion même la plus faible, quand elle est sans contre-poids ? Voilà l'inconvénient des caractères froids et tranquilles : tout va bien tant que leur froideur les garantit des tentations : mais s'il en survient une qui les atteigne, ils sont aussitôt vaincus qu'attaqués ; et la raison, qui gouverne tandis qu'elle est seule, n'a jamais de force pour résister au moindre effort. Je n'ai été tenté qu'une seule fois, et j'ai succombé. Si l'ivresse de quelque autre passion m'eût fait vaciller encore, j'aurais fait autant de chutes que de faux pas.

Il n'y a que des âmes de feu qui sachent combattre et vaincre ; tous les grands efforts, toutes les actions sublimes sont leur ouvrage : la froide raison n'a jamais rien fait d'illustre, et l'on ne triomphe des passions qu'en les opposant l'une à l'autre. Quand celle de la vertu vient à s'élever, elle domine seule et tient tout en équilibre. Voilà comment se forme le vrai sage, qui n'est pas plus qu'un autre à l'abri des passions, mais qui seul sait les vaincre par elles-mêmes, comme un pilote fait route par mauvais vents. »

Jean-Jacques Rousseau, *Julie ou la Nouvelle Héloïse*, © Éd. Gallimard, 1761.

Le temps, l'existence et la mort

Temps, existence et mort sont trois notions qui introduisent la réflexion philosophique dans une dimension apparemment tragique. L'irréversibilité du temps, l'aspect mortel de l'existence humaine sont autant de faits qui rappellent la finitude de la condition humaine. Penser cette finitude, n'est-ce pas finalement l'horizon de toute interrogation véritable ?

L'ordre du temps

Saint Augustin indique qu'il n'est pas aisé de définir le temps : le passé n'est plus, l'avenir n'est pas encore, l'instant présent semble insaisissable. Passé, présent, futur n'existerait alors que dans le présent d'une conscience comme mémoire, perception et attente. Bergson insiste, pour sa part, sur l'impossibilité de réduire le présent de la conscience à un instant. Le temps vécu est une durée. Au moment même où nous prononçons une phrase résonnent encore en nous les mots prononcés, et la phrase ne se déploie qu'en raison des mots qui sont à venir.

On peut distinguer un temps objectif, celui de la science dont Newton affirme qu'il est un écoulement uniforme, et un temps subjectif, qui exprime l'idée qu'une heure peut apparaître plus ou moins longue. Il demeure que l'irréversibilité du temps semble être l'aspect essentiel par lequel s'exprime tout le tragique de l'existence.

La finitude et la liberté

Le caractère irréversible du temps marque les corps et les consciences. L'expérience du remords exprime cette idée d'un temps sur lequel on ne peut revenir alors qu'on désirerait pouvoir le faire. Ce passé qui m'obsède est absent et c'est paradoxalement la raison pour laquelle il me pèse. De plus, si le passé échappe à mon intervention, s'il provoque angoisse ou nostalgie, il me rappelle également que mon existence « vaut une fois pour toutes » (L. Lavelle).

Pourtant, cette irréversibilité, qui exprime notre finitude, est aussi ce qui permet de donner un sens à l'existence. Une vie infinie enlèverait tout intérêt à l'action, car tout serait toujours possible. L'irréversibilité du temps et le caractère fini de notre existence nous obligent à faire des choix. Ils donnent une consistance à notre liberté et une valeur à notre existence. Nos actes ont un sens parce qu'ils s'inscrivent irrémédiablement dans un temps fini.

La pensée de la mort

Le philosophe allemand Schopenhauer explique que « c'est la connaissance des choses de la mort et la considération de la douleur et de la misère de la vie qui donnent la plus forte impulsion à la pensée philosophique et à l'explication métaphysique du monde ». Les croyances religieuses sont une manière de donner une signification à la mort. Mais la conscience de la mort ouvre sur une interrogation d'autant plus difficile que toute représentation de sa propre mort est, au sens strict, impossible. Se voir mort, c'est justement ne pas l'être.

Une formule venant de l'Antiquité et reprise par Montaigne affirme que « philosopher, c'est apprendre à mourir ». Cela signifie que toute philosophie doit permettre de savoir comment vivre avec l'idée de la mort. Il s'agit de la mettre en place pour ne pas en souffrir.

LE PASSÉ EST-IL DÉPASSÉ ?

La plainte des poètes ne cesse de résonner à travers les siècles : le temps s'écoule et précipite l'instant présent dans un passé qui n'est plus. Jeunesse, amis, amants... les passions et les projets ne sont bientôt plus qu'un lointain souvenir, vague et effacé. Pourtant, l'absence est aussi pesante. Elle marque les cœurs et excite les désespoirs. Paradoxalement, ce passé qui semblait définitivement perdu n'est pourtant pas totalement absent.

Don Juan, le culte de l'instant

Le personnage de Don Juan apparaît comme l'exemple même d'une existence pour qui le passé est définitivement dépassé. Sans engagement, la séduction est un recommencement permanent.

« Ce cercle enchanté, immensément grand, de beautés féminines aux charmes multiples, je voudrais le parcourir dans le tumulte de la jouissance, et sur les lèvres de la dernière mourir d'un baiser. Ami, je voudrais traverser au vol tous les espaces où s'épanouit une belle femme, ployer le genou devant chacune et vaincre, ne fût-ce que quelques instants. Eh oui ! je pars en guerre même contre le temps [...]. La plus belle m'enchante sans durée, la source de charmes la plus profonde, bientôt épuisée, me renvoie assoiffé vers des voluptés nouvelles ; la possession produit en moi le vide, une tristesse morne. »

Nikolaus Lenau, *Don Juan*, Trad. par W. Thomas, Éd. Aubier, 1844.

Pas de conscience sans passé

Le philosophe Bergson explique que la conscience est toujours habitée d'un passé, comme elle est aussi anticipation d'un avenir. Sans passé, la conscience ne peut se projeter.

« Conscience signifie d'abord mémoire. La mémoire peut manquer d'ampleur, elle peut n'embrasser qu'une faible partie du passé : elle peut ne retenir que ce qui vient d'arriver ; mais la mémoire est là, ou bien alors la conscience n'y est pas. Une conscience qui ne conserverait rien de son passé, qui s'oublierait sans cesse elle-même, périrait et renaîtrait à chaque instant : comment définir autrement l'inconscience ? [...] Toute conscience est donc mémoire – conservation et accumulation du passé dans le présent.
Mais toute conscience est anticipation de l'avenir. Considérez la direction de votre esprit à n'importe quel moment : vous trouverez qu'il s'occupe de ce qui est, mais en vue surtout de ce qui va être. »

Henri Bergson, *L'Énergie spirituelle*, Éd. PUF, 1919.

L'homme face à son passé

Le philosophe allemand Nietzsche insiste sur la nécessité de savoir aussi oublier.

« Dans le plus petit comme dans le plus grand bonheur, il y a toujours quelque chose qui fait que le bonheur est un bonheur : la possibilité d'oublier, ou pour le dire en termes plus savants, la faculté de se sentir pour un temps *en dehors de l'histoire*. L'homme qui est incapable de s'asseoir au seuil de l'instant en oubliant tous les événements passés, celui qui ne peut, sans vertige et sans peur, se dresser un instant tout debout, comme une victoire, ne saura jamais ce qu'est un bonheur, et, ce qui est pire, il ne fera jamais rien pour donner du bonheur aux autres. »

Friedrich Nietzsche, *Considérations inactuelles II*, Trad. G. Bianquis, Éd. Aubier, 1874.

La culture

La notion de culture est indissociable de celle de nature. La culture est issue de l'intervention de l'homme, alors que la nature existe sans cette intervention. La culture permet ainsi de distinguer le monde créé par l'homme de l'univers naturel dont nous sommes issus. Acquise, la culture suppose une transmission.

Nature et culture

L'homme et l'animal font partie de la nature et dépendent des lois qui régissent l'univers physique. Mais à la différence de l'animal adapté à son environnement, l'homme a inventé et développé des activités qui le caractérisent : les techniques, les œuvres d'art, les rituels religieux… sont ainsi des créations culturelles. Par opposition au comportement répétitif et inné de l'animal, soumis aux instincts de son espèce, l'homme se distingue de celui-ci par la transmission volontaire de ses savoirs et savoir-faire.

Depuis les outils préhistoriques et peintures rupestres jusqu'aux navettes spatiales et images de synthèse, la culture est le résultat d'accumulations successives qui font de l'homme un être qui écrit son histoire. Cette dimension historique l'oppose à l'évolution naturelle des espèces animales. Par l'usage des mots, l'homme donne du sens au monde qu'il habite. Il transmet des signes auxquels il s'identifie et reconnaît partager un monde commun.

Culture et éducation

Depuis l'époque des Grecs s'est constitué un modèle de culture dite « générale » qui contient autant la référence à la poésie et aux belles lettres que l'assimilation des savoirs tels que les mathématiques, la musique et l'astronomie. Ce développement intellectuel et moral de la culture classique traduit une exigence tant à l'égard des autres que de soi. « Un champ si fertile soit-il, ne peut être productif sans culture, et c'est la même chose pour l'âme sans enseignement… », écrit Cicéron qui associe la *culture de l'âme* à la philosophie elle-même.

Aujourd'hui, on entend par « culturel » toute autre chose que l'idéal érudit de la culture classique. Le terme de « culture » peut désigner en effet des phénomènes sociaux très divers : la *culture des banlieues* côtoie ici la *culture d'entreprise*. L'ambiguïté réside dans la valorisation de tout ce qui est *culturel*. Ainsi, la culture dite « de masse », développée par les médias, touche un grand public et uniformise les goûts et les pratiques.

Culture et civilisation

Jusqu'au XIXe siècle, on a opposé les sociétés « civilisées » aux sociétés « primitives ». La civilisation correspondait alors à l'état intellectuel et social atteint en Occident par opposition à des sociétés sans progrès historique manifeste. Le développement de l'ethnologie a permis de reconnaître la complexité de cultures éloignées de l'Occident et de critiquer le préjugé ethnocentrique par lequel on privilégie ses propres traditions.

La culture correspond alors à l'ensemble des traditions, des institutions et des comportements propres à un groupe humain. Cependant, le constat de la pluralité des cultures ne doit pas faire oublier la dimension globale de l'idée de civilisation. Le monde civilisé n'est pas une somme de cultures diverses, mais un horizon de valeurs partagées.

OÙ SITUER LA FRONTIÈRE ENTRE NATURE ET CULTURE ?

La distinction entre nature et culture semble dessiner une frontière simple entre le monde humain et l'environnement matériel et animal. Mais si l'homme est à la fois animal et homme, il n'est alors pas facile de distinguer ce qui serait naturel et ce qui serait culturel en lui. De plus, cette distinction ne relève-t-elle pas d'un partage propre à l'Occident moderne ?

Une distinction impossible en l'homme

Maurice Merleau-Ponty souligne que tout comportement humain, aussi naturel soit-il, est dans le même temps inscrit dans une dimension culturelle. Le rapport amoureux, la colère ne sont pas de pures réactions naturelles comparables à celles de l'animal. Ces comportements sont habités par des représentations culturelles.

« Il n'est pas plus naturel ou pas moins conventionnel de crier dans la colère ou d'embrasser dans l'amour que d'appeler table une table. Les sentiments et les conduites passionnelles sont inventés comme les mots. Même ceux qui, comme la paternité, paraissent inscrits dans le corps humain sont en réalité des institutions. Il est impossible de superposer chez l'homme une première couche de comportements que l'on appellerait « naturels » et un monde culturel ou spirituel fabriqué. Tout est fabriqué et tout est naturel chez l'homme, comme on voudra dire, en ce sens qu'il n'est pas un mot, pas une conduite qui ne doive quelque chose à l'être simplement biologique et qui, en même temps, ne se dérobe à la simplicité de la vie animale, ne détourne de leur sens les conduites vitales, par une sorte d'échappement et par un génie de l'équivoque qui pourraient servir à définir l'homme. »

Maurice Merleau-Ponty, *Phénoménologie de la perception*, © Éd. Gallimard, 1945.

Par-delà nature et culture

L'anthropologue Philippe Descola indique que la distinction moderne et occidentale de la nature et de la culture n'épuise pas les relations que l'homme entretient avec son environnement. Ainsi, les Achuar, une tribu jivaro, n'opposent pas un espace domestique, celui de l'habitat et du jardin cultivé, à un espace sauvage, celui de la forêt environnante. Il n'y a pas de discontinuité entre ce qui serait culturel et ce qui serait naturel.

« Les Achuar balisent en effet leur espace selon une série de petites discontinuités concentriques à peine perceptibles, plutôt qu'au travers d'une opposition frontale entre la maison et son jardin, d'une part, et la forêt de l'autre. » Ainsi, « l'aire de terre battue immédiatement adjacente à l'habitation en constitue un prolongement naturel où se déroulent bien des activités domestiques », mais il s'agit aussi d'une transition avec le jardin car c'est le lieu de petites plantations. « Le jardin proprement dit, territoire incontesté des femmes, est lui-même en partie contaminé par des usages forestiers » comme la chasse. Plus loin, « dans un rayon d'une ou deux heures de marche [...], la forêt est assimilable à un grand verger que femmes et enfants visitent en tout temps ». Plus loin encore « commence la véritable zone de chasse [...]. Mais on aurait tort de voir dans ce dernier cercle l'équivalent d'une extériorité sauvage. Car le chasseur connaît chaque pouce de ce territoire qu'il parcourt de façon presque quotidienne et à quoi l'attache une multitude de souvenirs. Les animaux qu'il y rencontre ne sont pas pour lui des bêtes sauvages, mais bien des êtres presque humains qu'il doit séduire et cajoler pour les soustraire à l'emprise des esprits qui les protègent. »

Philippe Descola, *Par-delà nature et culture*, © Éd. Gallimard, 2005.

Le langage

Si l'on peut constater que la communication est une propriété largement répandue dans le monde animal, le langage symbolique semble être une faculté proprement humaine. À travers les signes que les hommes échangent, c'est tout un monde qui est investi.

Le langage, une faculté proprement humaine

Dans le monde animal, la communication s'effectue par des signaux qui provoquent des comportements de type réflexe. Dans le monde humain, la communication implique un échange de signes qui se substitue à l'expérience et que l'on peut transmettre. Le langage humain est symbolique. Cela signifie que les mots permettent d'évoquer une réalité sans qu'elle soit directement vécue. Le langage nous délivre ainsi de la dépendance directe avec notre environnement.

Le langage est au centre de la relation sociale. Le rapport à autrui est toujours médiatisé par le langage, quelle que soit notre attitude devant lui. Un silence dans une conversation est toujours lourd de sens. Ainsi tout échange avec autrui est essentiellement linguistique. Même « le refus de communiquer est encore un mode de communication » (Merleau-Ponty).

Le langage, lieu de la pensée

En grec, le mot *logos* désigne à la fois la « parole » et la « raison ». Platon oppose ainsi le *logos*, qui est un discours rationnel, et la *doxa*, qui est une simple opinion sans fondement assuré. Selon Aristote, les hommes utilisent le discours pour exprimer « l'utile et le nuisible, et, par suite aussi, le juste et l'injuste ». En permettant l'élaboration de la pensée, le langage des hommes déborde le caractère réflexe du cri animal.

Nous pensons à l'intérieur du langage et, sans les mots, nous ne pouvons exister à part entière, puisque c'est toujours par l'usage de la parole que nous manifestons notre présence au monde. C'est par le langage que s'effectuent la conquête de la vérité et l'aventure des hommes. Si les langues sont multiples et peuvent nous séparer, l'échange des signes est universel. Le langage est ainsi la grande affaire de l'humanité.

Le pouvoir des mots

La maîtrise du langage apporte un véritable pouvoir sur autrui. Platon rapporte ainsi les paroles de Gorgias, un célèbre sophiste de l'Antiquité, qui affirme qu'il est capable de séduire toute une assemblée grâce à la rhétorique, cette technique de la persuasion. « Supposons qu'un orateur et un médecin soient en compétition devant une assemblée pour savoir lequel doit être choisi comme médecin. » Gorgias affirme que « le médecin ne comptera pour rien, et qu'on choisira celui qui est capable de parler, s'il le veut bien ».

L'expérience politique de la démocratie a été inventée à Athènes. Cela se traduit par l'égalité de chacun dans la participation au débat public. On tiendra pour juste ce qui aura été reconnu comme tel devant le peuple assemblé. Cependant, une argumentation rhétorique peut faire triompher un homme politique sans que la démocratie en sorte gagnante. Aussi faut-il, selon Socrate, favoriser le dialogue car il cherche l'accord entre les esprits sur une base rationnelle.

PEUT-ON SE PASSER DES MOTS ?

Les mots peuvent parfois apparaître comme une limitation à l'expression de la pensée. Lorsque nous voulons dire nos sentiments profonds, nous ne pouvons utiliser qu'un langage commun à tous. Ne peut-on pas se passer des mots pour atteindre une vérité autrement plus profonde ?

La généralité des mots

Dans le langage, nous utilisons les mots reconnus par notre communauté. Pouvons-nous vraiment dire ce que nous pensons ?

> « Quand nous éprouvons de l'amour ou de la haine, quand nous nous sentons joyeux ou tristes, est-ce bien notre sentiment lui-même qui arrive à notre conscience avec les mille nuances fugitives et les mille résonances profondes qui en font quelque chose d'absolument nôtre ? Nous serions alors tous romanciers, tous poètes, tous musiciens. Mais, le plus souvent, nous n'apercevons de notre état d'âme que son déploiement extérieur. Nous ne saisissons de nos sentiments que leur aspect impersonnel, celui que le langage a pu noter une fois pour toutes parce qu'il est à peu près le même dans les mêmes conditions, pour tous les hommes. Ainsi, jusque dans notre propre individu, l'individualité nous échappe. »
>
> Henri Bergson, *Le Rire*, Éd. PUF, 1900.

Pas de pensée sans les mots

Hegel indique que l'usage des mots est indispensable à la pensée.

> « Vouloir penser sans les mots, c'est une tentative insensée. Mesmer[1] en fit l'essai, et, de son propre aveu, il en faillit perdre la raison. Et il est également absurde de considérer comme un désavantage et comme un défaut de la pensée cette nécessité qui lie celle-ci au mot. On croit ordinairement, il est vrai, que ce qu'il y a de plus haut c'est l'ineffable[2]... Mais c'est là une opinion superficielle et sans fondement : car en réalité, l'ineffable c'est la pensée obscure, la pensée à l'état de fermentation, et qui ne devient claire que lorsqu'elle trouve le mot. Ainsi, le mot donne à la pensée son existence la plus haute et la plus vraie. Sans doute on peut se perdre dans un flux de mots sans saisir la chose. Mais la faute en est à la pensée imparfaite, indéterminée et vide, elle n'en est pas au mot. Si la vraie pensée est la chose même, le mot l'est aussi lorsqu'il est employé par la vraie pensée. Par conséquent, l'intelligence, en se remplissant de mots, se remplit aussi de la nature des choses. »
>
> Hegel, *Philosophie de l'esprit*, 1817-1836, Éd. Germer Baillière, 1897.

1. Mesmer (1734-1815) : médecin allemand.
2. Ineffable : qu'on ne peut exprimer par des mots.

L'expression de l'art

L'art est souvent assimilé à une forme de langage. On parle ainsi d'un « langage pictural » ou d'un « langage cinématographique ». Saussure (1857-1913), l'inventeur de la linguistique, souligne d'ailleurs que l'on peut envisager une science générale des signes, appelée *sémiologie*, dont le langage verbal serait l'élément principal.

Le peintre Kandinsky, un des fondateurs de l'abstraction, a tenté de dégager un « langage des formes et des couleurs » vers 1910. Les années 1960 ont vu naître une sémiologie du cinéma. Cependant, de tels *langages* ne possèdent pas la dimension systématique et symbolique du langage verbal. Pour Merleau-Ponty, il y a bien une « expression » dans la peinture, c'est-à-dire que le « peintre convertit en objet visible ce qui sans lui reste enfermé dans la vie séparée de chaque conscience ». Mais seul le langage est de l'ordre du « dire ».

Le travail et les échanges

Le travail répond aux nécessités de la vie ; le partage des tâches découle de l'impossibilité pour chacun de satisfaire seul tous ses besoins et ses désirs. Ainsi les hommes sont liés par les contraintes de la vie et la société naît de la division du travail, qui permet aux uns et aux autres d'échanger le produit de leur activité.

La nécessité du travail

Étymologiquement, le mot « travail » évoque l'idée d'une servitude et d'une souffrance. Il est en effet issu du latin populaire *tripalium* qui désigne un instrument de contrainte, permettant d'immobiliser un animal pour le ferrer ou un homme pour le torturer. La tradition grecque en fait une activité inférieure, réservée essentiellement à l'esclave, qui produit les biens nécessaires à la vie. À l'inverse, l'homme libre possède le loisir d'une activité supérieure : l'action politique.

De son côté, la tradition biblique évoque le travail comme une punition divine. Dans la Genèse, Dieu chasse Adam et Ève du Paradis, c'est-à-dire d'un lieu où tout est produit en abondance et sans effort. L'homme doit désormais « gagner son pain à la sueur de son front ». Mais le travail est aussi pour l'homme un moyen de s'affranchir du poids de son environnement en le transformant. Il définit l'homme en ce qu'il l'éloigne d'un rapport purement animal à la nature.

L'échange et la division du travail

Comme l'explique Platon dans *La République*, la division du travail est une des deux solutions possibles pour satisfaire nos besoins. Par exemple, la nécessité d'avoir un toit et des chaussures implique deux types de travaux : on peut soit partager en deux le temps de travail et chacun devra être maçon et cordonnier à la fois, soit se spécialiser dans un type d'activité.

On voit bien que la seconde solution est plus facile et plus efficace ; elle permet de gagner du temps et d'améliorer les ouvrages. Cette division du travail traduit en fait le développement d'une société qui est de plus en plus complexe, en raison de la croissance de ses besoins.

La valeur d'usage et la valeur d'échange

Avec l'échange des biens, les produits du travail deviennent des marchandises, c'est-à-dire des objets destinés à être vendus. Comme on ne peut se contenter de pratiquer le troc, la monnaie résout le problème de l'équivalence entre des objets de valeur inégale. Cependant, en devenant marchandise, chaque objet dépend alors de sa possibilité d'être échangé. Il acquiert une valeur d'échange qui ne se réfère plus à son usage premier. Il ne suffit pas qu'un outil soit d'un usage efficace pour trouver un acheteur au prix demandé.

L'argent est le moyen d'une équivalence généralisée de tous les biens. Puisque tout peut s'acheter et se vendre, son pouvoir est de fait illimité. Selon Marx, le travailleur, qui n'a que sa force de travail comme bien, est comparable à une marchandise. Dépossédé de lui-même et soumis aux lois du marché, son existence est aliénée par les conditions de la division du travail dans une société qui n'obéit plus qu'à l'impératif économique de l'accroissement des richesses.

PEUT-ON TOUT ACHETER ?

Les évolutions récentes du commerce mondial semblent montrer que peu de choses échappent à l'échange économique : l'information ou le sport fonctionnent sur le principe de l'entreprise commerciale et, en matière d'environnement, il est même possible d'acheter des « droits à polluer ». Faut-il alors penser que tout peut être acheté ?

Le règne du rapport marchand

L'extension de l'économie marchande semble réduire toute réalité à sa valeur d'échange. Il n'y a plus d'engagements entre les hommes, de dons qui obligent, mais un calcul.

« On peut se demander si tout l'énorme mouvement de l'économie moderne – toute la machine désormais mondiale de production – n'est pas en définitive le dernier et le plus radical moyen d'en finir avec les dieux, d'en finir avec le don, d'en finir avec la dette[1]. Produire, échanger, consommer pour que notre rapport au monde comme nos rapports les uns aux autres se ramènent à la gestion de biens visibles et quantifiés. Pour que rien n'échappe au calcul des prix et au contrôle du marché ; pour que s'efface enfin l'idée même d'un hors-de-prix[2]. Pour qu'il n'y ait rien au-delà de l'enceinte marchande. Pour que soit atteinte finalement l'innocence matérielle : ni faute ni péché, ni don ni pardon. Seulement des erreurs de plus et de moins, des comptes positifs ou négatifs, et des règlements dans les délais convenus. C'est un tel monde qui s'annonce, semble-t-il, dans nos pratiques ordinaires de production et d'échange. »

Marcel Hénaff, *Le Prix de la vérité, Le don, l'argent, la philosophie*, © Éd. du Seuil, 2002.

1. Illusion au processus sacré du don et du contre-don dans certaines sociétés.
2. Ce qui ne peut avoir de valeur marchande.

La puissance de l'argent

Alors que l'argent peut sembler entretenir une forme d'échange social, il consiste surtout, pour Marx, en un processus de division.

« Moi qui, grâce à mon argent, suis capable d'obtenir tout ce qu'un cœur humain désire, n'ai-je pas en moi tous les pouvoirs humains ? Mon argent ne transforme-t-il pas toutes mes impuissances en leur contraire ?
Si l'argent est le lien qui m'unit à la vie humaine, qui unit à moi la société et m'unit à la nature et à l'homme, l'argent n'est-il pas le lien de tous les liens ? Ne peut-il pas nouer et dénouer tous les liens ? N'est-il pas, de la sorte, l'instrument de division universel ? »

Karl Marx, « L'argent », extrait des *Manuscrits parisiens*, 1844, © Éd. Gallimard, Trad. J. Malaquais et C. Orsoni.

Le corps, une limite à l'économie marchande ?

« Le corps d'un individu reste sa propriété, une propriété garantie par la loi et qu'il ne peut jamais transformer en marchandise. Tout n'est donc pas "négociable" dans notre société marchande. Les individus en tant que personnes, en tant que singularités corporelles et spirituelles, ne peuvent figurer sur le marché comme marchandises alors qu'ils y pénètrent chaque jour comme agents économiques. On peut priver quelqu'un de sa liberté en le mettant en prison pour dettes, mais on ne peut pas le vendre pour rembourser ses dettes. »

Maurice Godelier, *L'Énigme du don*, © Librairie Arthème Fayard, 1996.

La technique

La technique témoigne d'une réalité spécifiquement humaine. Grâce à elle, l'homme intervient de manière efficace sur son environnement. Son statut est pourtant ambigu : est-elle le signe d'un progrès continu ou représente-t-elle une nouvelle forme de servitude ?

Technique et efficacité

Le terme « technique » désigne à la fois des réalités matérielles, comme un outil ou une machine, et des aptitudes à agir : on peut parler de la technique du sportif ou des techniques de communication. Le point commun de tous ces usages est l'idée qu'une technique est un procédé déterminé permettant de produire un résultat visé. La technique concerne la mise en œuvre de moyens pour parvenir à une fin.

Toute technique suppose également un apprentissage : elle est acquise et non pas innée. Elle est transmise à travers l'histoire et constitue un des aspects principaux de la culture. La maîtrise technique apparaît comme l'un des indices les plus sûrs de l'émergence de l'humanité. La découverte d'outils préhistoriques atteste ainsi d'une présence humaine.

Technique et maîtrise de la nature

Dans un mythe grec, Prométhée dérobe aux dieux le feu et les techniques qui lui sont associées pour les donner aux hommes. Ceux-ci peuvent alors survivre face à une nature hostile. Ce mythe signifie que c'est par l'invention des objets techniques que l'homme se distingue de l'animal et conquiert progressivement la nature en l'adaptant à ses besoins. En modifiant la nature extérieure, l'homme modifie sa propre vie.

La technique a toujours existé, indépendamment des sciences. Mais, depuis la naissance de la physique moderne avec Galilée au XVIIe siècle, les sciences permettent d'envisager une certaine maîtrise de la nature. Il s'agit pour Descartes de « nous rendre comme maîtres et possesseurs de la nature ». Le rapport de l'homme à la nature devient celui de l'artisan face à sa machine. La nature est ainsi désacralisée en devenant un objet manipulé à des fins utilitaires.

Technique et progrès

En produisant les moyens appropriés pour atteindre son objectif, l'homme invente un savoir-faire qu'il peut transmettre et améliorer sans cesse. On peut donc parler d'un progrès des techniques au cours de l'histoire. Les Encyclopédistes du XVIIIe siècle estiment que l'alliance du savoir et de la technique apporte des perspectives de progrès considérables pour l'existence humaine.

Cet optimisme est critiqué, surtout à partir du XXe siècle. On accuse parfois la technique d'un développement aveugle auquel on ne peut échapper. Dans une sorte d'ambiguïté permanente, les prouesses techniques fascinent et inquiètent. Par exemple, le développement récent des biotechnologies, c'est-à-dire les techniques appliquées au vivant, laisse entrevoir des possibilités de nouvelles thérapies. Mais, dans le même temps, la technique du clonage effraye. Le problème de la technique est donc devenu celui de la maîtrise par l'homme de sa propre puissance.

FAUT-IL AVOIR PEUR DE LA TECHNIQUE ?

« On n'arrête pas le progrès », affirme-t-on parfois. La formule témoigne de l'ambiguïté que recèle la puissance technicienne de l'homme. Signe d'un perfectionnement incessant, qui semble même s'accélérer, la technique apparaît aussi comme ce qui ne peut plus être arrêté.

L'*Homo faber*

Henri Bergson souligne combien l'histoire des hommes est caractérisée par l'innovation technique. L'homme est avant tout un *Homo faber*.

« Si nous pouvions nous dépouiller de tout orgueil, si, pour définir notre espèce, nous nous en tenions strictement à ce que l'histoire et la préhistoire nous présentent comme la caractéristique constante de l'homme et de l'intelligence, nous ne dirions peut-être pas *Homo sapiens*, mais *Homo faber*. En définitive, l'intelligence, envisagée dans ce qui en paraît être la démarche originelle, est la faculté de fabriquer des objets artificiels, en particulier des outils à faire des outils, et d'en varier indéfiniment la fabrication. »

Henri Bergson, *L'Évolution créatrice*, Éd. PUF, 1907.

L'emprise de la technique

Jacques Ellul (1912-1994) n'a cessé de dénoncer l'emprise de la technique sur nos vies.

« Il y a donc quelque chose qui est absolu, inattaquable, contre quoi on ne peut strictement rien, à quoi l'homme doit simplement obéir, c'est la croissance technique (car bien entendu, dans notre société, le progrès se ramène à cette croissance...). Autrement dit il n'y a aucune possibilité pour l'homme. Il n'a aucune espèce de liberté face à la technique, car liberté ici consiste à dire oui ou non, simplement. Et voyez-vous... qui dira "non" aux sondes spatiales ou au génie génétique ? C'est là et là seulement que nous découvrons un déterminisme absolu pour l'homme (et non dans ses gênes ou dans sa culture !). Et c'est l'origine, la clé du désespoir fondamental de l'homme moderne. Il est désespéré parce qu'il ne peut rien et qu'il le ressent vaguement sans en prendre conscience. »

Jacques Ellul, *Le Bluff technologique*, Éd. Hachette, 1988.

La technique et la morale

La technique signifie une rupture avec l'environnement naturel. Pour le philosophe contemporain Gérard Chazal, le rôle de la morale est d'en prendre acte en encadrant nos pratiques.

« En soi, la technique porte la violence et les moyens de la conjurer. On nous opposera une histoire de l'humanité, des premiers arcs à la bombe atomique, qui est une histoire de guerres, de massacres et d'affrontements les plus sanglants ; on nous opposera des conséquences de nos techniques qui menacent notre bien-être voire notre survie (les pollutions de toutes sortes). Ce sont les faits mais en même temps rien ne permet de garantir qu'un illusoire retour à la nature par abandon des techniques conjurerait les violences de toutes sortes. Retourner à la nature est impossible. [...] Il ne reste à l'humanité que la possibilité d'assumer cette déchirure, d'en mesurer les lignes de force, de peser les risques et de faire des choix. L'entreprise morale n'est donc pas dans le rejet des avancées techniques mais dans la création de normes qui les dirigent. Il est évident que cette création est une entreprise de longue haleine, souvent chaotique, que l'on peut toutefois mesurer sur le long terme à l'aune des progrès des droits nationaux, du droit international et des droits de l'homme. »

Gérard Chazal, *L'Ordre humain ou le déni de nature*, Éd. Champ Vallon, 2006.

L'art

Les œuvres d'art sont pour nous l'objet d'une contemplation. Même si cette fonction de l'art n'a pas toujours été centrale pour les hommes, une forme de recherche esthétique est présente dès la préhistoire. Témoin de son temps et de l'époque qui l'a vu naître, l'art témoigne aussi, à sa manière, d'une certaine idée de l'humanité.

La nature de l'œuvre d'art

Le philosophe grec Aristote explique que « les êtres sont par art ou par nature ». Cela signifie que toute chose existe soit par une intervention extérieure, soit par elle-même : l'artificiel, ce qui est fabriqué, s'oppose ainsi au naturel. Au même titre que l'outil technique, l'œuvre d'art est donc le résultat de l'activité humaine, qui suppose une transformation. Le sculpteur travaille le marbre, le peintre compose à partir d'un ensemble de couleurs.

Traditionnellement, le mot « art » désigne toute technique permettant de produire un résultat. L'art du menuisier ou celui du poète renvoie à une habileté, à un talent qui se donne à voir dans une production. Depuis le XVIIIe siècle, qui a vu naître l'esthétique, le terme « art » est utilisé essentiellement pour les beaux-arts dont la finalité est de représenter la beauté. Ainsi réserve-t-on aujourd'hui ce terme pour évoquer les productions de l'artiste, qui se démarquent des réalisations utilitaires de l'artisanat ou de l'industrie.

La création artistique

L'œuvre d'art a longtemps été perçue comme une imitation de la nature. Dans *la Joconde* de Léonard de Vinci, dans *le Penseur* de Rodin, le peintre ou le sculpteur ne cherche-t-il pas à restituer ce qu'il perçoit d'une manière la plus réaliste possible ? Cependant, même s'il se propose de reproduire la nature, l'artiste exprime sa sensibilité propre. L'œuvre se présente comme un dépassement de la nature où s'affirme une liberté créatrice.

Même si l'œuvre est le résultat d'une commande, même si elle participe à un projet qui le dépasse, comme dans le cas de l'ornementation d'une cathédrale, l'artiste crée pour rendre visible ce qu'il porte en lui. Autrement dit, l'acte créateur, dans son originalité propre, confère à l'existence une dimension nouvelle. Pour Maurice Blanchot, l'artiste « ouvre ainsi dans le monde un horizon plus vaste » et devient « plus riche de l'épreuve de ses œuvres ».

Le jugement esthétique

Si chacun est sensible à la beauté, il n'en reste pas moins que les critères de celle-ci semblent être différents selon les lieux et les époques, selon les modes ou les individus. « Des goûts et des couleurs, il ne faut pas discuter », dit le proverbe. Mais cette subjectivité ne conduit-elle pas à se condamner au silence face à ce que nous appelons la beauté ?

Pour le philosophe Kant, il ne faut pas confondre le beau et l'agréable. Ce qui est agréable m'apporte une satisfaction sensuelle : un aliment est agréable et je sais qu'autrui ne ressent pas le même plaisir que moi en y goûtant. Mais, lorsque l'on parle du beau, on évoque une expérience qui n'est pas dépendante d'un désir de jouissance personnelle. Ce caractère désintéressé du jugement esthétique permet de penser qu'il peut être partagé avec autrui. Il possède, selon Kant, une dimension d'universalité.

TOUT OBJET PEUT-IL ÊTRE UNE ŒUVRE D'ART ?

Le XXe siècle semble étendre la notion d'art à une multitude d'objets. Mais que peuvent avoir en commun la publicité, un tableau de Rembrandt ou l'objet d'un designer ? La prolifération des productions qualifiées d'artistiques ne risque-t-elle pas de faire disparaître l'idée même de l'art ?

Le geste fondateur de Marcel Duchamp

Dans les années 1910, le peintre Marcel Duchamp présente ses *ready-mades* (littéralement, « prêts à l'usage », « déjà faits »), c'est-à-dire des objets du quotidien élevés à la dignité d'œuvres d'art. Certaines de ces œuvres supposent une intervention de l'artiste. Ainsi, le premier *ready-made*, *Roue de bicyclette* (1913), est composé d'une roue sur un axe fixée sur un tabouret. D'autres n'impliquent aucune modification : l'œuvre intitulée *Porte-bouteilles* (1914) est exactement l'objet trouvé dans le commerce. Poursuivant son travail radical, Marcel Duchamp fait scandale en 1917 avec son œuvre *Fontaine*, composée d'un urinoir signé « R. Mutt ». Par ces propositions, Marcel Duchamp désire montrer que le seul critère qui permette de distinguer une œuvre d'art d'un objet quelconque est la décision du créateur. Dans ces choix, il revendique une indifférence esthétique la plus totale.

L'art de la mode

Dans les années 1900, de nombreux artistes de l'Art nouveau revendiquent un art total, plaçant les arts décoratifs (mobiliers, bijoux, vêtements…) au même niveau que les beaux-arts. Prolongeant cette affirmation, la mode revendique son statut artistique.

> BRUNO VILLIER. – La haute couture est-elle un art ?
>
> GIANFRANCO FERRÉ. – Elle en est un, en tant qu'expression d'un idéal esthétique, en tant que mise en pratique d'une technique, et ▸ surtout en tant que processus créatif. Comme une œuvre d'art, un vêtement haute couture est unique : même les éventuelles copies sont nécessairement différentes, ne serait-ce que dans les détails. Et, pour se concrétiser, un modèle exclusif de haute couture a besoin, tout comme un tableau ou une sculpture, d'une maestria exceptionnelle, capable de façonner la matière (le tissu) pour donner forme et corps à une idée.
>
> « Gianfranco Ferré dans le droit fil de l'art », *Beaux Arts magazine*, n° 137, sept. 1995.

La nécessité du beau contre l'expression

L'art contemporain suscite souvent des réactions négatives. Afin de pouvoir conserver une distinction entre ce qui peut être de l'art et ce qui en serait exclu, Mikel Dufrenne insiste sur la notion d'œuvre, qui renvoie à l'idée d'un « faire ».

> « Ce qui risque de compromettre [l'art contemporain], c'est la justification maladroite que trop souvent il se donne : la volonté de l'artiste de donner libre carrière à sa spontanéité et à sa singularité, bref de s'exprimer. Ainsi s'expriment, dans les produits de l'art brut, l'enfant et le fou. Mais l'art n'est-il pour l'artiste qu'une thérapeutique, l'œuvre ne sollicite-t-elle de nous qu'un diagnostic ? En mettant l'accent sur la beauté comme perfection, on rend au moins justice à la vocation de l'art, qui est d'abord […] de « faire ». Et sans doute l'art se trahirait-il si, renonçant au beau, le faire devenait irresponsable et impuissant, si l'œuvre devenait une non-œuvre. »
>
> Mikel Dufrenne, Art. « Beau (le) », *Encyclopædia Universalis*, 1989.

L'histoire

« L'histoire tombe au-dehors comme la neige », écrit le poète André Breton. Phrase étrange qui symbolise peut-être la double dimension de l'histoire : elle est à la fois le passé qui s'accumule et le regard que l'on porte sur lui grâce aux traces qui demeurent.

La condition historique de l'homme

Le philosophe Friedrich Engels (1820-1895) affirme : « Avec l'homme, nous entrons dans *l'histoire.* » Contrairement aux animaux, qui ne connaissent qu'une évolution lente et naturelle, indépendante de toute volonté, les hommes font eux-mêmes et consciemment leur histoire. Leur capacité à retenir le passé par la mémoire modifie leur rapport au présent et leur permet d'envisager l'avenir.

L'histoire est le signe d'une intervention volontaire de l'homme sur sa propre existence. L'invention de l'écriture, au IVe millénaire av. J.-C., permet de conserver des traces plus objectives et précises du passé. C'est pourquoi on peut affirmer que l'histoire naît réellement avec l'apparition de l'écriture, qui accompagne la naissance des premiers grands États.

La connaissance historique

L'histoire désigne à la fois les événements qui ont eu lieu et le récit qui en est fait. Le Grec Hérodote (v. 485-v. 425 av. J.-C.) est le premier à avoir fait œuvre d'historien par son souci de vérité dans la manière de témoigner de l'action des hommes. Avec lui naît l'histoire comme connaissance (*historiè* signifie en grec « enquête »), qui succède aux récits mythiques et légendaires sur le passé.

L'histoire existe depuis Hérodote, mais elle ne se constitue comme science qu'au XIXe siècle. Si l'on ne peut expérimenter les faits, comme c'est le cas en physique, on peut cependant analyser les documents et chercher à authentifier leur provenance. L'objectivité du fait historique n'est pas celle des sciences exactes. Cependant, l'histoire peut attester de la réalité des actions passées et permet de comprendre les intentions des acteurs grâce à un travail méthodique d'analyse et de synthèse.

Le sens de l'histoire

Si l'on s'en tient à la seule observation des événements, l'histoire est chaotique et nous livre un sentiment d'absurde. La tentation est grande alors de refuser tout sens à l'histoire. À l'inverse, la connaissance historique, qui unifie la multiplicité des événements, peut nous montrer que les faits et gestes du passé n'ont pas eu lieu en pure perte. Vouloir donner un sens à l'histoire, c'est rechercher une direction et une signification à partir du travail des historiens.

Les philosophes des Lumières, au XVIIIe siècle, ont foi en l'idée de progrès. Cette vision optimiste de l'histoire se trouve cependant critiquée par ceux qui, comme Rousseau, séparent le progrès matériel du progrès moral. De fait, les tragédies du XXe siècle offrent toutes les raisons d'être pessimiste. Cependant, l'idée de progrès peut être pensée comme une exigence de progresser. Si l'histoire ne peut livrer aucune garantie et s'il faut reconnaître la part d'incertitude qui accompagne nos actions, cela ne signifie pas qu'il est vain d'agir. Sans la volonté des hommes, l'histoire ne peut avoir de sens.

POURQUOI ÉTUDIER L'HISTOIRE ?

Quand nous disons que les hommes écrivent leur histoire, nous affirmons deux choses. D'une part, cela signifie qu'ils s'intéressent à leur passé en faisant œuvre d'historiens. Mais cela indique aussi de manière métaphorique qu'ils s'engagent dans des projets pour l'avenir. Or, les deux aspects sont indissociables. L'étude de l'histoire se ferait toujours à partir des préoccupations présentes.

L'histoire est une connaissance en devenir

De nombreux historiens du XXe siècle, comme Fernand Braudel (1902-1985), soulignent que la connaissance historique est un questionnement toujours réactualisé, à partir de nos curiosités présentes.

« J'entends par *histoire* une recherche scientifiquement conduite, disons à la rigueur une *science*, mais complexe : il n'y a pas *une* histoire, *un* métier d'historien, mais des métiers, des histoires, une somme de curiosités, de points de vue, de possibilités, somme à laquelle demain d'autres curiosités, d'autres points de vue, d'autres possibilités s'ajouteront encore. »

Fernand Braudel, *Écrits sur l'histoire*, Éd. Flammarion, 1969.

Les dangers de l'histoire

Paul Valéry (1871-1945) met en garde contre les dangers de l'histoire car son étude peut entretenir des passions destructrices entre les hommes. Vengeances et conquêtes ne sont-elles pas justifiées par la référence à l'histoire ?

« L'histoire est le produit le plus dangereux que la chimie de l'intellect ait élaboré. Ses propriétés sont bien connues. Il fait rêver, il enivre les peuples, leur engendre de faux souvenirs, exagère leurs réflexes, entretient leurs vieilles plaies, les tourmente dans leur repos, les conduit au délire des grandeurs ou à celui de la persécution, et rend les nations amères, superbes[1], insupportables et vaines.

L'histoire justifie ce que l'on veut. Elle n'enseigne rigoureusement rien, car elle contient tout, et donne des exemples de tout. »

Paul Valéry, « De l'histoire », *Regards sur le monde actuel et autres essais*, © Éd. Gallimard, 1931.

1. Superbes : ici, orgueilleuses.

Les leçons de l'histoire

L'histoire ne se répète pas. Le philosophe Éric Weil (1904-1977) indique qu'un savoir peut cependant être tiré de l'histoire.

« Dans la réalité humaine, rien n'est absolument unique. L'histoire ne se répète pas, il est vrai, car rien ne se reproduit tel quel. Pourtant, on peut apprendre de l'histoire : je peux m'adresser à mon passé pour connaître ce qui est nécessaire à la réalisation de mon dessein, à condition que je connaisse les catégories de facteurs dont la coopération produit les faits désirés. Il serait évidemment déraisonnable de demander une réponse complète, car cela supposerait que ma situation tout entière se fût déjà présentée identiquement ; mais je peux chercher dans des situations comparables des facteurs détachés qui ont agi et qui peuvent agir. »

Éric Weil, « De l'intérêt que l'on prend à l'histoire », *Essais et conférences I*, © Librairie philosophique J. Vrin, Paris, 1958,1991.

L'expérience

« Rien ne vaut l'expérience », affirme-t-on souvent. Cette valorisation de l'expérience semble indiquer que la vérité s'acquiert au contact direct d'une réalité inaccessible à la pensée théorique. Que faut-il penser de cette richesse de l'expérience ?

L'expérience face à la théorie

De manière générale, la notion d'expérience désigne un savoir issu d'une pratique. C'est ainsi que l'on parle d'un homme d'expérience. Plus précisément, l'expérience renvoie à l'ensemble des données apportées par nos sens. L'expérience s'oppose donc à la théorie, construction abstraite issue du travail formel de la raison. Concrète, palpable, matérielle, l'expérience semble être le plus sûr chemin pour accéder à la vérité.

L'expérience est particulière : affirmer qu'il pleut, c'est se référer à un constat effectué ici et maintenant. Au contraire, la connaissance des mécanismes climatiques provoquant l'orage est un savoir général qui ne peut être acquis par la simple perception de l'averse. L'homme d'expérience n'est véritablement savant que si les cas particuliers qu'il a constatés peuvent être réunis dans une explication générale.

La connaissance par expérience

L'esprit humain possède une fâcheuse tendance à construire des théories séduisantes, mais qui sont en fait éloignées de la réalité. Contre les élans spéculatifs de la raison, les philosophes empiristes (*empeiros* signifie « expérience » en grec) mettent l'accent sur le fait que l'expérience constitue le seul chemin possible pour accéder à une vérité.

L'expérience permet de constater un fait. Mais peut-on énoncer une vérité scientifique universelle à partir d'un fait ? Même la répétition d'un phénomène ne permet pas d'être certain que celui-ci se reproduira dans l'avenir. Le philosophe Hume explique ainsi que rien ne nous assure de la certitude d'un fait comme « le soleil se lèvera demain », car celui-ci ne peut être assuré absolument qu'au moment où nous le constatons. L'empirisme débouche sur un scepticisme.

Expérience commune et expérimentation scientifique

À la différence de l'expérience commune, l'expérimentation scientifique n'est jamais due au hasard. À partir d'une hypothèse, le scientifique procède à une vérification expérimentale qui suppose un cadre théorique, une méthode, un montage technique, des mesures, etc. L'expérimentation répond à une question précise élaborée par le scientifique. Le fait expérimental n'est pas un fait brut mais un fait construit.

La valeur de l'expérience humaine ne se réduit pas à l'objectivité de l'expérimentation scientifique. La contemplation de l'œuvre d'art révèle de réelles interrogations qui ne sont pas de l'ordre de la science. De même, la manifestation du remords témoigne de la présence en l'homme de valeurs morales auxquelles il ne peut se soustraire. À travers ses expériences, l'homme s'interroge sur la signification de ce qu'il vit, et tente de trouver les moyens de bien vivre.

QUE NOUS APPREND L'EXPÉRIENCE ?

L'expérience apparaît souvent comme le meilleur moyen d'accéder à une certitude. Pourtant, il est vrai aussi que certaines expériences sont trompeuses. Ce que je crois percevoir ou vivre n'est pas toujours vrai. Toute expérience véritable suppose la réflexion.

La force de l'expérience

Le récit que me fait un naufragé ne peut se substituer à ce qu'il a vécu. Le philosophe écossais Hume insiste ainsi sur la puissance de la perception sensible.

> « Chacun accordera volontiers qu'il y a une différence considérable entre les perceptions de l'esprit quand on sent la douleur d'une chaleur excessive ou le plaisir d'une chaleur modérée et quand, par la suite, on rappelle à la mémoire cette sensation ou quand on l'anticipe par l'imagination. Ces facultés, mémoire et imagination, peuvent imiter ou copier les perceptions des sens, mais elles ne peuvent jamais atteindre entièrement la force et la vivacité de la sensation originelle. […] Toutes les couleurs de la poésie, malgré leurs splendeurs, ne peuvent jamais peindre les objets naturels d'une telle manière qu'on prenne la description pour le paysage réel. La pensée la plus vive est encore inférieure à la sensation la plus terne. »
>
> David Hume, *Enquête sur l'entendement humain*, Trad. A. Leroy révisée par M. Beyssade, Éd. Garnier-Flammarion, 1748.

La vérité de l'expérience amoureuse

N'y a-t-il pas, dans l'expérience amoureuse, une dimension qui échappe à toutes les descriptions que l'on peut en faire ? Merleau-Ponty souligne la dimension existentielle irréductible de la rencontre amoureuse.

> « Je découvre que je suis amoureux. Rien ne m'avait échappé peut-être de ces faits qui maintenant font preuve pour moi : ni ce mouvement plus vif de mon présent vers mon avenir, ni cette émotion qui me laissait sans parole, ni cette hâte d'arriver au jour d'une rencontre. Mais enfin, je n'en avais pas fait la somme, ou, si je l'avais faite, je ne pensais pas qu'il s'agit d'un sentiment si important, et je découvre maintenant que je ne conçois plus ma vie sans cet amour. […] Pour l'amoureux qui le vit, l'amour n'a pas de nom, ce n'est pas une chose que l'on puisse cerner et désigner, ce n'est pas le même amour dont parlent les livres et les journaux, parce que c'est la manière dont il établit ses rapports avec le monde, c'est une signification existentielle. »
>
> Maurice Merleau-Ponty, *Phénoménologie de la perception*, Éd. © Gallimard, 1945.

L'expérience et la réflexion

Dans la mesure où l'expérience suppose un contact avec une réalité extérieure, elle n'est pas totalement en notre maîtrise. Cependant, comme l'indique le philosophe contemporain Ferdinand Alquié, il n'y a de réelle expérience que pour un esprit qui affronte ce qui lui est donné de percevoir et de vivre.

> « Quand on parle d'un "homme d'expérience", on songe moins à ce qu'il a éprouvé qu'aux leçons qu'il a tirées des circonstances : à l'idée d'un donné résistant, et contre lequel il ne pouvait rien, on joint celle de l'enrichissement qu'il dut à sa propre intelligence. Ici la notion d'expérience implique un jugement favorable à celui qui sut l'acquérir. L'expérience n'est pas seulement le fruit de ce qu'il nous a été donné d'apercevoir : elle est fille de notre capacité de comprendre, de notre réflexion, de notre initiative : là où ces qualités font défaut, elle semble s'évanouir. »
>
> Ferdinand Alquié, *L'Expérience*, Éd. PUF, 1966.

Le vivant

Parmi les choses que nous rencontrons, les organismes vivants sont des êtres à part. Ils appartiennent au règne naturel, au même titre que les minéraux. Ils sont faits de matière. Mais ils possèdent une faculté mystérieuse, la vie, qui n'a cessé de fasciner les hommes.

Les caractéristiques du vivant

Les êtres vivants sont des organismes, c'est-à-dire des systèmes d'éléments qui forment une unité. La mort est la rupture de cette unité : les parties d'un corps sans vie n'interagissent plus les unes sur les autres. Historiquement, le lien entre les parties d'un corps, ce pour quoi celui-ci est en vie, est assimilé à un souffle. Le mot « organe » vient du latin *organum*. Ce dernier a donné aussi le mot « orgue », qui renvoie, bien entendu, au souffle.

Pour Aristote, les êtres vivants sont différents des autres réalités naturelles car ils sont animés. Cette animation dépend d'une « âme » (*psuchè* en grec, *anima* en latin), dont le plus bas niveau est l'âme végétative. Celle-ci permet la nutrition et la reproduction, que l'on trouve chez tous les êtres vivants. Au-dessus se trouve l'âme sensitive : tous les animaux possèdent une faculté perceptive. Seul l'homme possède une âme rationnelle.

Finalisme et mécanisme, deux approches du vivant

Pour Aristote, la nature dans son ensemble est finalisée. Chaque réalité se développe selon une finalité inscrite en elle et tend vers une perfection. Les êtres vivants manifestent cette finalité, puisque leur développement paraît se réaliser selon un ordre parfaitement réglé : l'embryon se développe en fonction d'une fin qui est l'homme. L'apparition de monstres biologiques (le veau à cinq pattes) est alors une défaillance de la nature.

Au XVIIe siècle, la science moderne renonce à une approche finaliste de la nature et donc du vivant. Descartes assimile le corps vivant à une machine perfectionnée. Il cherche à comprendre la circulation des fluides dans les êtres vivants. Il n'y a aucune force cachée ; tout est explicable. Il suffit d'analyser ce qui se produit et de dégager les causes : l'homme n'est que le résultat de la croissance de l'embryon. La monstruosité a une cause.

La biologie ou la science du vivant

La théorie mécaniste de l'animal-machine élaborée par Descartes ouvre le domaine d'une science sans mystère. Pourtant, le modèle de la machine ou de l'automate ne rend pas compte de ce que Kant nomme l'« énergie formatrice » et qui se déploie dans le vivant : une machine ne se répare pas elle-même et ne donne pas naissance à d'autres machines. Dégager le point commun de tous les êtres vivants est alors le but de la biologie, terme qui apparaît au début du XIXe siècle (*bios* en grec signifie « vie »).

En 1839, Theodor Schwann explique que tout être vivant est formé de cellules. Les mécanismes de l'hérédité sont découverts à partir de la fin du XIXe siècle et, en 1953, Crick et Watson décivrent l'ADN, support matériel de l'hérédité. L'approche contemporaine de la vie privilégie désormais la notion de programme génétique. Mais, si nous connaissons les constituants de l'organisme, nous sommes incapables de créer de la vie à partir de la matière.

L'HOMME DEVIENT-IL LE MAÎTRE DE LA VIE ?

Les progrès des biotechnologies, c'est-à-dire les techniques appliquées au vivant, posent un certain nombre de questions éthiques. Le génie génétique fascine et effraie.

Le clone, un être comme les autres ?

« Si nous sommes tous effectivement dépendants d'un patrimoine génétique que nous n'avons pas choisi, le clone se trouve cependant dans cette situation inédite que *quelqu'un d'autre l'a choisi pour lui.* Si […] cela n'entame pas la capacité formelle d'exercer son autonomie, cela le met néanmoins dans cette position ontologique[1] inédite d'être en tant qu'être humain biologique l'expression du désir *déterminé* de quelqu'un d'autre. Le point saillant est ici précisément que ce désir soit *déterminé* : ce n'est pas alors *un* enfant que l'on attend, mais *tel* enfant, un enfant que l'on veut reproduit le plus similairement possible à quelqu'un de connu – le plus souvent, sans doute, à soi-même. […]
Imagine-t-on la charge résultant du fait de devoir sa constitution génétique même au désir déterminé de ses parents ? Au cours de son existence, le ressentiment en cas d'échecs, et, à l'inverse, le sentiment de déficience ontologique de ne pas devoir ses succès à soi-même, ce sentiment fondamental d'être dépossédé de soi, biologiquement dépossédé de soi parce que se sachant une copie sur demande, tout cela ne constitue-t-il pas un poids humainement trop lourd pour les humains que nous sommes ? "Je est un autre" a désormais sa vérité biologique, le clonage humain la lui a conférée. »

Mark Hunyadi, *Je est un clone, L'Éthique à l'épreuve des biotechnologies*, Éd. du Seuil, 2004.

1. Relatif à l'être.

Le rempart du droit

Les lois de bioéthique de 2004 ont fixé les limites de l'usage du corps de l'homme. Elles interdisent notamment le clonage reproductif.
Article 16 : La loi assure la primauté de la personne, interdit toute atteinte à la dignité de celle-ci et garantit le respect de l'être humain dès le commencement de sa vie.

Article 16-1 : Chacun a droit au respect de son corps.
Le corps humain est inviolable.
Le corps humain, ses éléments et ses produits ne peuvent faire l'objet d'un droit patrimonial.

Article 16-3 : Il ne peut être porté atteinte à l'intégrité du corps humain qu'en cas de nécessité médicale pour la personne ou à titre exceptionnel dans l'intérêt thérapeutique d'autrui.
Le consentement de l'intéressé doit être recueilli préalablement hors le cas où son état rend nécessaire une intervention thérapeutique à laquelle il n'est pas à même de consentir.

Article 16-4 : Nul ne peut porter atteinte à l'intégrité de l'espèce humaine.
Toute pratique eugénique tendant à l'organisation de la sélection des personnes est interdite.
Est interdite toute intervention ayant pour but de faire naître un enfant génétiquement identique à une autre personne vivante ou décédée.

Article 16-6 : Aucune rémunération ne peut être allouée à celui qui se prête à une expérimentation sur sa personne, au prélèvement d'éléments de son corps ou à la collecte de produits de celui-ci.

Code civil.

La matière et l'esprit

La matière et l'esprit sont deux notions qui peuvent être pensées à la fois en relation et en opposition. Bien qu'elles forment l'un des couples les plus anciens de toute l'histoire de la philosophie, le développement récent des neurosciences a réactivé la réflexion à leur propos.

L'opposition de l'esprit et de la matière

Le courant spiritualiste de la philosophie privilégie l'esprit par opposition à la matière. Platon distingue ainsi le monde intelligible et le monde sensible. Pour lui, le contact sensible du corps avec la matière provoque illusion et erreur dans l'esprit de l'homme. Seules la conversion et l'ascension de l'âme vers le monde intelligible permettent l'accès à la vérité et à l'idée du Bien. Pour Platon, toute science repose sur la seule activité de l'esprit et signifie le rejet de la matière.

Pour Descartes, l'âme (la substance pensante) est également distincte du corps, qui appartient à l'étendue, c'est-à-dire une matière conçue mathématiquement. Mais cette position dualiste, qui sépare deux ordres de réalité, l'esprit et la matière, pose alors le problème de leur union. L'homme est à la fois corps et esprit. Descartes s'interroge alors sur notre possibilité d'agir à l'encontre des passions qui nous unissent aux mécanismes de la matière.

Le matérialisme ou la réduction de l'esprit à la matière

Les doctrines matérialistes nient la spécificité de l'esprit. Ainsi, pour le Grec Démocrite, le monde est composé uniquement d'atomes et de vide. Seule la matière existe et l'esprit n'est que le corps lui-même. La physique des matérialistes de l'Antiquité est jugée scandaleuse tout au long de l'histoire par ses implications éthiques. Selon Épicure, le contact avec le réel passe par les sens et implique une sagesse du plaisir. L'âme est mortelle, ce qui nous libère de craintes imaginaires liées à notre représentation de l'au-delà.

Pour Descartes, le corps vivant est un mécanisme mais l'esprit échappe à la matière. Au XVIIIe siècle, La Mettrie réduit l'homme lui-même à un mécanisme et explique la nature humaine par les sens et l'expérience. Le développement des neurosciences et de la biologie moléculaire réactive aujourd'hui la tentation d'une réduction de l'esprit à la matière.

Le dépassement de l'opposition entre la matière et l'esprit

Au XXe siècle, le physicien Werner Heisenberg évoque un principe d'incertitude en microphysique et conteste l'idée d'un déterminisme absolu. Pour la science, l'objet scientifique est une certaine représentation de la matière : l'atome n'est pas un morceau de matière, mais un champ de forces. La matière ne peut être conçue indépendamment de toute idée, serait-elle scientifique ; elle n'est pas une chose coupée de notre univers mental.

Par ailleurs, l'approche de la condition humaine par certains philosophes (Sartre, Merleau-Ponty, Arendt) met l'accent sur le dépassement par l'homme des conditions initiales de son existence. « Je ne puis pas me penser comme une partie du monde, comme le simple objet de la biologie, de la psychologie ou de la sociologie, ni fermer sur moi l'univers de la science », écrit ainsi Merleau-Ponty dans *Phénoménologie de la perception*.

PEUT-ON VOIR LA PENSÉE EN ÉTUDIANT LE CERVEAU ?

Les techniques nouvelles d'observation de l'activité neuronale conduisent certains penseurs à affirmer que l'étude du cerveau permet de comprendre les mécanismes de la pensée.

Le cerveau et la morale

De nombreuses observations soulignent un lien entre atteinte au cerveau et changement du comportement moral.

> « En 1996, J.-S., un ingénieur de cinquante-six ans, à la personnalité calme et introvertie, est victime d'un accident causant un traumatisme crânien dans la région frontale droite. Durant son séjour à l'hôpital, J.-S. agresse et blesse un membre du personnel, il jette fréquemment des objets ou des meubles sur les gens et se montre agressif à l'égard des autres patients. Tous se sentent en danger et effrayés par sa présence. Son absence de remords est frappante. Un bilan neuropsychologique révèle que ses capacités cognitives sont restées presque intactes : son quotient intellectuel (QI) et ses capacités mnésiques sont dans la moyenne. En revanche, J.-S. manque d'empathie, montre une réactivité émotionnelle profondément perturbée et une incapacité à identifier les violations des normes sociales. Une radiographie de son cerveau révèle une lésion du cortex orbitofrontal (bilatéral) et de l'amygdale gauche. À la suite de cette lésion, J.-S. se comporte comme un psychopathe. »
>
> Sylvie Berthoz, Gayannée Kedia, « Les traces cérébrales de la morale », *Les Dossiers de La Recherche*, n° 30, février 2008.

Décisions et activités neuronales

> « Dans un environnement socialement complexe, il y a des stratégies acquises pour la survie, qui incluent les conventions sociales et l'éthique. Nous pensons, cependant, que de telles stratégies acquises trouvent un support neurophysiologique dans des systèmes neuronaux connectés aux systèmes de base qui exécutent les comportements instinctifs, de sorte que les stratégies acquises peuvent continuer à opérer par le même moyen : souffrance et plaisir, punition et récompense. »
>
> Antonio R. Damasio, « Comprendre les fondements naturels des conventions sociales et de l'éthique, données neuronales » dans *Fondements naturels de l'éthique,* J.-P. Chargeux (dir.), Éd. O. Jacob, 1993.

Les limites de la science

La science peut-elle décrire la liberté telle que l'éprouve l'homme ?

> « L'homme peut être abordé de deux manières : comme objet de recherche scientifique et comme existence d'une liberté inaccessible à toute science. Dans le premier cas, nous parlons de l'homme comme objet ; dans le second, d'une réalité qu'il nous est impossible d'objecter ; l'homme est ; il approfondit quand il est vraiment conscient de lui-même. Ce que nous pouvons savoir de lui n'est pas exhaustif ; son être, nous ne pouvons que l'éprouver à l'origine même de notre pensée et de notre action. L'homme est en principe plus que ce qu'il peut savoir de soi. »
>
> Karl Jaspers, *Introduction à la philosophie*, Éd. Plon, Trad. J. Hersch, 1950.

La vérité

La vérité n'est pas un objet que nous pouvons toucher. Elle est le résultat d'un jugement. Nous n'acceptons une vérité que si nous jugeons qu'elle est incontestable. En cela, la vérité semble représenter pour nous une valeur incomparable.

La vérité et le jugement

On affirme parfois qu'un objet est vrai ou faux : un vrai cuir, un faux billet… Mais il s'agit d'un abus de langage. Un objet n'est ni vrai ni faux : il existe ou non. Un « faux » billet a la même existence qu'un « vrai » billet. Nous le jugeons « faux » car il n'est pas fabriqué légalement. La vérité se trouve dans l'adéquation entre l'énoncé et la réalité. Seule une proposition peut être qualifiée de vraie ou fausse. Il faut donc distinguer la vérité et la réalité.

Lorsque nous affirmons qu'une proposition est vraie, nous estimons qu'elle ne peut être mise en question. L'énoncé d'une vérité suppose un jugement qui nous permette de parvenir à la certitude. L'un des problèmes que pose la notion de vérité est de savoir comment nous pouvons parvenir à la certitude. Démonstration, expérimentation, recherche de la preuve… sont autant de méthodes par lesquelles nous jugeons de la valeur de vérité d'un énoncé.

La vérité et les sciences

On oppose généralement la science et l'opinion. L'opinion est une croyance qui n'est pas fondée rationnellement. À l'opposé, la vérité scientifique repose sur des fondements rationnels vérifiables. On peut distinguer la vérité formelle et la vérité empirique d'une proposition. La vérité formelle correspond à la cohérence logique du raisonnement indépendamment du contenu : $a + b = b + a$ est vrai, quels que soient a et b. La vérité empirique se réfère à l'expérience : l'eau bout à 100 °C.

La science a considérablement progressé depuis la naissance de la physique moderne au XVIIe siècle. Pourtant, alors que certains penseurs envisageaient une unification progressive des connaissances, on constate que la recherche scientifique ne cesse d'ouvrir de nouveaux champs d'étude. On assiste alors à une spécialisation de plus en plus poussée dans les sciences. L'image du savant universel est devenue un mythe. La réalité étudiée par la science semble être un territoire infini à parcourir, et la vérité, une conquête toujours inachevée.

La vérité et le mensonge

Pour Kant, l'homme ne doit mentir en aucune occasion, car c'est abaisser la dignité de l'humanité et introduire le soupçon et la méfiance dans les relations entre les hommes. On peut cependant se demander si le devoir de vérité est sans exception. Si le mensonge est bien souvent motivé par l'intérêt ou la lâcheté, il semble exister des situations où la vérité ne peut être entendue. Il est des moments opportuns pour parler à l'enfant, au malade, voire à l'ami.

Si la vérité apparaît comme une valeur fondamentale de notre humanité, ce n'est pas simplement parce qu'elle est vérité : c'est l'usage que nous faisons de nos savoirs qui permet de leur conférer une valeur. Le savoir que nous possédons et sa révélation ne sont pas en soi des biens. La science du médecin est au service du patient et son discours ne peut viser que l'atténuation de la souffrance. La parole attentive ne peut se réduire à la froide évocation du fait.

TOUTE VÉRITÉ PEUT-ELLE ÊTRE DÉMONTRÉE ?

La certitude de détenir une vérité suppose qu'on puisse la justifier à soi-même et aux autres. La démonstration apparaît alors comme le moyen le plus sûr d'établir une vérité. Mais peut-on tout démontrer ?

La signification du terme « démonstration »

Le dictionnaire philosophique de Lalande précise qu'une « démonstration est une déduction destinée à prouver la vérité de sa conclusion en s'appuyant sur des prémisses reconnues ou admises comme vraies ». L'idée de déduction suppose un lien nécessaire entre les propositions : si $a + b = 9$ et si $a = 5$, alors b ne peut être autre chose que 4. Les prémisses, c'est-à-dire les propositions de départ, conduisent au résultat.

La démonstration est un lien

Platon oppose l'opinion vraie et la science. L'opinion, la *doxa* en grec, est vraie si ce qu'elle affirme correspond à la réalité. Mais elle n'est pas une science car elle n'est pas fondée. Il s'agit seulement d'un savoir acquis par hasard. Elle est donc utile, mais elle est fragile et changeante. Au contraire, la démonstration permet de relier des propositions entre elles et de justifier une proposition avec certitude et constance.

> « Les opinions vraies, aussi longtemps qu'elles demeurent en place, sont une belle chose et tous les ouvrages qu'elles produisent sont bons. Mais ces opinions ne consentent pas à rester en place, plutôt cherchent-elles à s'enfuir de l'âme humaine ; elles ne valent donc pas grand-chose, tant qu'on ne les a pas reliées par un raisonnement qui en donne l'explication. »
>
> Platon, *Ménon*, Éd. GF, Trad. M. Canto-Sperber.

La vérité poétique

Gaston Bachelard (1884-1962) indique que la poésie énonce une vérité dans l'instant sans passer par le temps de la démonstration.

> « La poésie est une métaphysique instantanée. En un court poème, elle doit donner une vision de l'univers et le secret d'une âme, un être et des objets, tout à la fois. [...] Tandis que toutes les autres expériences métaphysiques sont préparées en d'interminables avant-propos, la poésie refuse les préambules, les principes, les méthodes, les preuves. »
>
> Gaston Bachelard, « Instant poétique et instant métaphysique », *L'Intuition de l'instant*, © Éditions Stock, 1931, 1992.

L'évidence première de la conscience

Descartes découvre que le « je pense » (*cogito* en latin) est une vérité dont on ne peut douter : si je doute que je pense, c'est encore de la pensée, ce qui rend mon existence évidente. Cette vérité n'est pas issue d'une démonstration, mais c'est une vérité première évidente par elle-même. En effet, pour réaliser une démonstration, il faut que la conscience existe déjà. On peut dire que la conscience ne se prouve pas mais qu'elle s'éprouve.

La société et l'État

Les hommes vivent en société. À première vue, il semble que c'est là une caractéristique de la plupart des animaux. Pourtant, la société des hommes est absolument différente. Elle s'inscrit dans une histoire et suppose des institutions, dont la principale est l'État.

La société humaine

La notion de société est souvent utilisée pour désigner la réunion organisée de plusieurs individus dépendant les uns des autres. En ce sens, la société humaine peut sembler proche des sociétés animales. En se spécialisant dans la production d'objets différents, les hommes s'associent pour répondre efficacement à leurs besoins. De même, dans la société des abeilles, il existe une répartition des rôles entre les nettoyeuses, les nourrices, les bâtisseuses, les magasinières, les gardiennes et enfin les butineuses, sans oublier la reine et les mâles.

La complexité de certaines sociétés animales ne doit pas conduire cependant à les confondre avec la société des hommes. Chez ces derniers, l'appartenance au groupe n'est pas déterminée par les mécanismes de l'instinct. Si les hommes ont besoin des hommes, l'expression de cette dépendance s'accompagne de choix, de désirs, voire d'oppositions entre les différents membres du groupe social. La société humaine est ainsi ouverte à des transformations incessantes.

La société et l'histoire

En évoquant un état de nature, Rousseau décrit la vie d'hommes indépendants, n'ayant d'autres contraintes que celles des lois naturelles. Livrés à eux-mêmes, les hommes ont des désirs simples et des facultés limitées. La vie sociale modifie profondément cette situation : « l'homme, qui jusque-là n'avait regardé que lui-même, se voit forcé d'agir sur d'autres principes, et de consulter sa raison avant d'écouter ses penchants ».

La vie sociale donne à l'homme l'opportunité de développer ses facultés. Les rares cas d'enfants sauvages, ayant exceptionnellement survécu en pleine nature, montrent des êtres plus proches des animaux que de l'homme. En les étudiant, Lucien Malson conclut : « L'enfant, privé de vie sociale, ne peut être humain. » Entrer en société, c'est donc accéder au dynamisme de la culture. L'homme est homme parce qu'il est acteur d'une histoire collective.

L'État et la liberté

L'homme recherche la compagnie de ses semblables, mais il ne peut le plus souvent se résoudre à leur sacrifier son indépendance. Kant souligne cette ambiguïté de l'homme en évoquant son « insociable sociabilité ». La vie commune suppose donc que l'on institue des règles. « L'ordre social est un droit sacré », rappelle Rousseau. L'État apparaît alors comme la condition d'une paix commune.

L'existence de l'État peut apparaître comme une négation de la liberté. Les thèses anarchistes du XIXe siècle condamnent ainsi la loi de l'État au profit d'une libre coopération des individus. Considérant au contraire que seul un pouvoir d'État peut apporter la sécurité, Rousseau propose un « contrat social », dans lequel chacun s'engage envers l'État. Cela n'est acceptable que si tous les citoyens participent au débat public par leurs votes : l'obéissance à la loi commune est en quelque sorte une obéissance à soi.

L'INDIVIDU EST-IL PLUS IMPORTANT QUE LA SOCIÉTÉ ?

À partir du XVIIe siècle, des philosophes et des juristes soulignent la nécessité de penser l'adhésion à l'État comme un acte volontaire. L'homme est ainsi un individu avant d'être un citoyen. Pour nous, modernes, l'État n'est pas naturel, et notre rapport à lui ne va jamais de soi.

La sécurité avant la liberté individuelle

Pour Thomas Hobbes (1588-1679), l'État est la condition absolue de la sécurité commune. Afin de conserver à l'État toute sa puissance, le souverain peut donc censurer les opinions considérées comme dangereuses.

« Il appartient à la puissance souveraine d'être juge des opinions et des doctrines qui sont contraires ou favorables à la paix, et, par suite, de décider les occasions et les limites dans lesquelles certains hommes peuvent être chargés de parler aux attroupements du peuple, et chargés d'examiner les doctrines de tous les livres avant leur publication. [...] Et bien qu'en matière de doctrine rien ne devrait être considéré que la vérité, cependant cela n'empêche pas de réglementer la vérité dans l'intérêt de la paix. »

Thomas Hobbes, *Le Léviathan*, 1651.

L'individu est souverain

Pour John Stuart Mill (1806-1873), l'indépendance de l'individu est totale et nul ne peut l'obliger pour son propre bien.

« La seule raison légitime que puisse avoir une communauté pour user de la force contre un de ses membres est de l'empêcher de nuire aux autres. Contraindre quiconque pour son propre bien, physique ou moral, ne constitue pas une justification suffisante. Un homme ne peut pas être légitimement contraint d'agir ou de s'abstenir sous prétexte que ce serait meilleur pour lui, que cela le rendrait plus heureux ou que, dans l'opinion des autres, agir ainsi serait sage ou même juste. Ce sont certes de bonnes raisons pour lui faire des remontrances, le raisonner, le persuader droit, absolue. Sur lui-même, sur son corps et son esprit, l'individu est souverain. »

John Stuart Mill, *De la liberté*, Trad. L. Lenglet d'après la trad.de D. White, © Éd. Gallimard, 1859.

L'obéissance à la loi, condition de la liberté individuelle

Rousseau explique que l'individu doit obéir aux lois, car elles sont la condition de la liberté. Sans les lois, l'homme serait à la merci de l'arbitraire des hommes.

« Il n'y a donc point de liberté sans lois, ni où quelqu'un est au-dessus des lois : dans l'état même de nature l'homme n'est libre qu'à la faveur de la loi naturelle qui commande à tous. Un peuple libre obéit, mais il ne sert pas ; il a des chefs et non pas des maîtres ; il obéit aux lois, mais il n'obéit qu'aux lois et c'est par la force des lois qu'il n'obéit pas aux hommes. »

Jean-Jacques Rousseau, *Lettres écrites de la montagne*, VIIIe, Éd. © Gallimard, 1764.

La justice et la loi

La justice et la loi règlent nos relations en société. Certaines lois nous paraissent injustes, mais sans elles, ce serait le règne de la force et de la pire injustice. Si la loi n'est pas idéale, elle nous permet pourtant d'édifier un monde plus juste.

La distinction de la justice et de la loi

La notion de justice possède une signification morale et juridique. Elle nous permet de juger notre action envers nos semblables. Être juste, c'est apprécier ce qui est dû à chacun et agir en conséquence. Nous qualifions ainsi d'injuste une action qui n'est pas conforme à ce qu'elle doit être. En ce sens, seule l'action d'un être libre, celle de l'homme, peut être qualifiée de juste ou injuste : une catastrophe naturelle est malheureuse mais non injuste.

La loi désigne l'ensemble des règles qui organisent la vie sociale dans un État. Inscrite dans différents codes, la loi précise nos droits et nos devoirs en de multiples domaines : droit de la famille, du commerce, du travail… Dans un État de droit, il n'y a aucune autre obligation que celle qui est stipulée par la loi, protégeant ainsi l'individu contre l'arbitraire. De même, toute transgression de la loi est punie par un juge, évitant ainsi le cycle infini de la vengeance.

L'idéal de justice et la réalité des lois

Ce qui est légal n'est pas toujours légitime. Les lois en vigueur dans un État peuvent être injustes. Elles peuvent ainsi s'opposer à des valeurs morales jugées supérieures à la loi établie. Avant la Seconde Guerre mondiale, en France, les femmes n'avaient pas le droit de vote. Mais chacun conçoit désormais que cette interdiction était illégitime. La justice se construit progressivement dans l'histoire.

Pour agir avec justice, il ne suffit pas d'appliquer la loi. Aristote a insisté sur la notion d'équité pour désigner cette vertu par laquelle on s'éloigne du strict respect de la loi pour agir avec justice. Suis-je obligé de revendiquer mon droit contre autrui si je conçois que son attitude était rendue nécessaire par les circonstances ? L'annulation de la dette des pays les plus pauvres n'est pas conforme au droit des créanciers, mais elle paraît équitable, c'est-à-dire juste.

La loi, instrument de la justice

La loi fixe le droit positif, c'est-à-dire le droit « posé » ou établi dans l'État. Mais certains penseurs supposent l'existence d'un droit supérieur, indépendant des lois particulières aux États : le droit naturel. Parmi les droits naturels de l'homme figurent la liberté et l'égalité. La Déclaration des droits de l'homme et du citoyen de 1789 est une des premières expressions de cette prise en considération d'un droit naturel et juste pour définir les lois de la vie commune.

Sans la loi, de nombreux abus individuels seraient possibles. La loi permet aussi d'agir sur la réalité sociale, de transformer celle-ci pour limiter l'arbitraire des situations historiques. La loi est donc un moyen d'action au service d'un projet politique. Le progrès de la justice dans un État dépend donc de l'existence d'un débat public qui permette de reconnaître la valeur d'une loi. Même imparfaite, la loi serait bien la condition d'une plus grande justice.

LA JUSTICE PEUT-ELLE ÊTRE LA SOLUTION À TOUS NOS PROBLÈMES ?

Depuis une vingtaine d'années, on assiste à des procès en tout genre : un malade accuse une société de tabac d'être la cause de son affection, un consommateur poursuit un fabricant de micro-ondes coupable d'avoir provoqué la mort de son animal domestique par défaut de mise en garde... Que penser de cette « judiciarisation » des relations sociales ?

La multiplication des recours juridiques

« Partout l'industrie des droits prolifère [...]. Le phénomène s'amplifie dans le cas de groupes ou de communautés qui, au nom de la défense de leur image, s'insurgent contre toute allusion péjorative à leur égard : ainsi les "Dieters United", association de défense des gros et des obèses, ont organisé à San Francisco des piquets de protestation devant les cinémas où se jouait *Fantasia* de Walt Disney. Motif : la danse des hippopotames en tutu ridiculisait les gros. Toutes les causes, même les plus farfelues, deviennent plaidables, l'univers juridique se dégrade en une vaste foire où les avocats racolent le client, le persuadent de son malheur, forgent des litiges de toutes pièces et lui promettent des gains importants s'ils trouvent un tiers payeur. »

Pascal Bruckner, *La Tentation de l'innocence*, © Éditions Grasset & Fasquelle, 1997.

Le lien social en danger

« On est passé d'une responsabilité fondée sur la faute individuelle à une responsabilité fondée sur l'idée de risque et de sécurité. Conséquence, une demande croissante de sanctions, mais aussi de réparation des victimes. D'où la multiplication des contentieux et requêtes d'indemnisation de toutes sortes : des médecins, des enseignants, des élus locaux sont ainsi poursuivis dans des cas d'accidents.

Si cette demande des victimes, mais aussi de la société, est légitime, elle n'est pas sans créer des inquiétudes : recherche d'indemnisation comme une fin en soi, et plus généralement crainte d'une "dérive à l'américaine", c'est-à-dire de l'instauration d'une société de la méfiance où le contentieux tiendrait lieu de lien social. »

Philippe Cabin, « La société saisie par le droit ? », *Sciences Humaines*, n° 115, avril 2001.

La confiance avant la justice

Les relations de confiance, par exemple dans un cadre économique, peuvent éviter de recourir à un tiers, le juge, en cas de conflit.

« On ne doit pas s'étonner de l'abstention de recourir à un tiers dans le processus de règlement d'un conflit, en particulier lorsqu'il survient dans le contexte d'une relation bien établie. La confiance acquise sera la première ressource que les parties mettront à profit pour parvenir à un règlement satisfaisant. L'intervention d'un tiers ne pourrait être qu'un frein à l'expression normale de la confiance. Elle signifierait surtout que les parties ont entretenu des illusions quant à l'existence et à l'intensité d'une confiance qui doit précisément se manifester au moment des conflits et qui s'acquiert dans une large mesure à travers leurs règlements à l'amiable. »

Jean-Guy Belley, « Vous qui êtes un client juste et honnête... » dans *La Justice, l'obligation impossible*, Éd. Autrement, 1995.

La liberté

Plus que toute autre, la liberté est une valeur chère au cœur des hommes. Personne ne souhaite en être privé et l'histoire montre qu'elle fut et demeure l'objet de nombreuses luttes. Faculté proprement humaine, la liberté ne va pas de soi et n'est jamais définitivement assurée.

La question du libre arbitre

L'homme possède la conscience, ce qui signifie qu'il dit « je ». Or, dire « je », c'est affirmer que l'on est son propre maître, que l'on possède la volonté. Cette faculté de se déterminer à partir de soi-même est-elle absolue ? Pour Descartes, l'homme possède le libre arbitre car sa volonté est infinie : il peut même vouloir contre son propre bien. Alors que l'animal est conduit par l'instinct, l'homme peut se diriger selon sa volonté.

L'idée selon laquelle l'homme est libre n'est-elle pas une illusion ? Spinoza affirme que la liberté dont les hommes se vantent « consiste en cela seul que les hommes sont conscients de leurs désirs et ignorants des causes qui les déterminent ». Ne sommes-nous pas influencés par notre environnement ? Notre pensée elle-même n'est-elle pas l'effet de mécanismes cérébraux que la science découvrirait progressivement ? L'idée d'un déterminisme social ou biologique semble contredire la thèse du libre arbitre.

Liberté et connaissance

Si nous pouvons nous tromper sur la réalité de notre liberté, cela signifie-t-il qu'elle nous échappe nécessairement ? La liberté n'est pas une faculté qu'il suffirait de constater, un pouvoir dont l'usage serait spontané. La liberté est avant tout une tâche à accomplir. Affirmer qu'on est libre, c'est évoquer un projet : être vigilant et chercher à connaître pour s'affranchir des multiples servitudes dont on peut être l'objet.

L'homme étend sa maîtrise sur son environnement à mesure qu'il en connaît les lois de fonctionnement. La découverte des mécanismes biologiques permet, par exemple, de fabriquer vaccins et médicaments. Mais certains savoirs peuvent être à leur tour la cause de nouvelles servitudes : les nouvelles techniques de communication contraignent les hommes à être plus disponibles. La connaissance ne sert la liberté que si elle éclaire aussi la finalité de nos projets.

Liberté et responsabilité

Chacun trouverait absurde de juger un animal ou une machine devant un tribunal au motif qu'il aurait blessé un homme. On ne peut juger celui dont on ne peut rien exiger, qui est déterminé à agir de manière nécessaire, c'est-à-dire non libre. Seul un être libre est déclaré responsable dans la mesure où il possède le choix lorsqu'il agit. En droit pénal, une personne irresponsable ne peut être jugée.

La liberté implique le choix et le choix engage celui qui l'effectue. Dès lors, agir librement est exigeant. La liberté est à la fois une puissance mais aussi une difficulté car elle engage pour l'avenir. Cela permet de comprendre pourquoi certains préfèrent que l'on choisisse à leur place, gagnant un apparent confort, mais renonçant à leur liberté. Mais là encore, ne font-il pas le choix de ne pas choisir ? En affirmant que « l'homme est condamné à être libre », Sartre rappelle ce paradoxe de la liberté.

AVOIR DU TEMPS LIBRE, EST-CE VRAIMENT ÊTRE LIBRE ?

Le temps libre est le temps du « loisir », de l'activité gratuite et créatrice, ouvert à de multiples possibles ; mais il semble souvent se réduire à une simple consommation de « loisirs », à l'image de l'utilisation que l'on fait d'un quelconque produit.

La conquête du temps libre

L'existence d'un temps libéré pour soi est une conquête récente.

« La conquête du temps libre pour le plus grand nombre est historiquement récente. Les congés payés, l'abaissement de l'âge de la retraite, la baisse de la durée du travail, etc., ont permis l'émergence d'une "civilisation des loisirs" où chaque individu dispose désormais d'un temps à soi, qu'il peut consacrer au sport, à la lecture, à la télévision ou à une activité bénévole, etc. Le temps libre est [...] une mutation sociale extraordinaire qui offre à chacun un temps pour la "construction de soi", la réalisation de projets personnels où l'individu peut s'investir selon son gré. »

Jean-François Dortier, « La conquête des libertés en Occident », *Sciences Humaines*, n° 86, août-septembre 1998.

La consommation des loisirs

Si le temps libre de nos sociétés est le temps de la consommation, il est alors, pour Hannah Arendt, un prolongement des nécessités biologiques. Il n'est pas le temps libéré pour la culture.

« La société de masse [...] ne veut pas la culture, mais les loisirs (*entertainment*) et les articles offerts par l'industrie des loisirs, sont bel et bien consommés par la société comme tous les autres objets de consommation. Les produits nécessaires aux loisirs servent le processus vital de la société, même s'ils ne sont peut-être pas aussi nécessaires à sa vie que le pain et la viande. Ils servent, comme on dit, à passer le temps, et le temps vide qui est ainsi passé n'est pas, à proprement parler, le temps de l'oisiveté – c'est-à-dire le temps où nous sommes libres *de* tout souci et activité nécessaires de par le processus vital, et, par là, libres *pour* le monde et sa culture ; c'est bien plutôt le temps de reste, encore biologiquement déterminé dans la nature, qui reste après que le travail et le sommeil ont reçu leur dû. »

Hannah Arendt, « La crise de la culture : sa portée sociale et politique », Trad. B. Cassin, in *La Crise de la culture*, trad. sous la dir. de P. Lévy, © Éd. Gallimard, 1972.

Le loisir philosophique

Sénèque insiste sur l'enrichissement que constitue la lecture des philosophes.

« Seuls entre tous sont gens de loisir, ceux qui consacrent leur temps à la sagesse : seuls ils vivent. [...] Nous pouvons discuter avec Socrate, douter avec Carnéade, vivre en repos avec Épicure, vaincre la nature humaine avec les stoïciens, la dépasser avec les cyniques. Puisque, par la nature des choses, nous pouvons pareillement accéder à la communauté qui dure à travers les siècles, pourquoi, hors de notre durée passagère si courte et si fragile, ne pas nous donner de toute notre âme à ces pensées infinies, éternelles et que nous avons en commun avec les meilleurs des hommes ? »

Sénèque, *De la brièveté de la vie* (écrit en 49), Trad. É. Bréhier révisée par J. Brunschwig, © Éd. Gallimard.

Le devoir

Le devoir est parfois confondu avec la contrainte. Or, l'homme peut s'obliger à faire quelque chose parce qu'il estime qu'il doit le faire. Dans le devoir, ce n'est pas la force qui agit, mais la volonté. Seul un être libre peut avoir des devoirs.

Le devoir, la contrainte et la liberté

Il faut distinguer le devoir et la contrainte. Nous avons souvent l'impression que le respect d'une règle constitue une contrainte. Nous avons alors le sentiment que nous devons faire quelque chose contre notre volonté. Or, toute règle n'est pas nécessairement une contrainte extérieure. Chacun reconnaît par lui-même, en faisant appel à sa raison, que certaines actions sont justes et d'autres injustes.

Reconnaître la valeur d'un devoir n'est pas l'obéissance à une contrainte. Je peux ainsi, par devoir, refuser d'obéir au pouvoir qui me demande de condamner un innocent. Je peux également, par devoir, renoncer à mes désirs pour aider une personne en détresse. Pour Kant, agir par devoir, c'est être autonome, c'est-à-dire reconnaître par soi-même (*auto*) la valeur de la règle (*nomos* signifie « loi » en grec).

Le fondement du devoir

Quels sont les critères qui déterminent le devoir ? Une première approche peut conduire à penser que le devoir est issu des règles morales établies dans la société. Accomplir son devoir serait alors respecter des normes reconnues par tous, suivre des traditions qui relient entre eux les individus d'une même communauté. En conséquence, il y aurait autant de devoirs que de cultures. Le devoir ne serait pas absolu, mais relatif.

Le devoir ne peut se réduire à une norme culturelle. Une culture autorisant l'anthropophagie peut exister ; cela ne constitue pourtant pas une norme morale acceptable. Il faut donc distinguer la moralité sociale, ce que l'on appelle les mœurs, du devoir conçu comme une exigence supérieure à toute autre considération. Pour Kant, le devoir est une règle dont le fondement est universel.

Le devoir et le bonheur

Une longue tradition née avec la philosophie grecque associe le bonheur et la vertu. Autrement dit, rechercher le bien, c'est en même temps être heureux. Mais cette idée ne correspond pas à la notion moderne du devoir. Lorsque nous faisons le bien, nous pouvons être satisfaits d'accomplir notre devoir, mais cela peut aller à l'encontre de notre bonheur.

L'homme qui risque sa vie pour sauver un autre homme accomplit un devoir moral, mais la douleur ou la mort qui s'ensuit n'est pas, loin de là, une image du bonheur. Il revient à Kant d'avoir souligné combien le devoir moral était d'un autre ordre que la poursuite du bonheur individuel : « La majesté du devoir n'a rien à faire avec la jouissance de la vie. » L'accomplissement d'un devoir est désintéressé.

PUIS-JE SAVOIR CE QUE JE DOIS FAIRE ?

Dans la vie, nous ne cessons de prendre des décisions. Dans la mesure où les choix moraux reposent sur des principes généraux, comme le respect de la personne ou l'idée d'égalité, ils semblent évidents. Pourtant, certaines situations semblent plus complexes à résoudre.

Le devoir, une loi morale universelle

Que dois-je faire ? À cette question, le philosophe Emmanuel Kant répond : « Agis uniquement d'après la maxime [la règle] qui fait que tu peux vouloir en même temps qu'elle devienne une loi universelle. » Cela signifie qu'une conduite est morale si elle est universalisable. Kant ne dresse pas une liste des devoirs. Il en donne une condition générale qui doit permettre de nous déterminer dans toutes les situations. Ainsi, par exemple, puis-je ne pas respecter une promesse ? Si le non-respect d'une promesse devient universel, l'idée même de promesse perd tout sens. En conséquence, le sens même de la promesse implique de la respecter. Mon devoir est donc d'y être fidèle.

Les conflits de devoirs

Dans certaines situations, plusieurs impératifs moraux peuvent entrer en conflit, comme le rappelle Robert Spaeman. Le chirurgien qui ne possède qu'un seul organe à greffer pour plusieurs patients doit faire un choix, jamais totalement satisfaisant. Notre choix n'est pas nécessairement le meilleur.

« Il existe des conflits de devoirs. Il y a des cas où il est juste de ne pas tenir une promesse parce qu'une chose plus urgente ou plus importante le justifie. Il est aisé de savoir ce qu'on doit faire dans des cas d'école simples. Mais la plupart des situations dans lesquelles nous nous trouvons sont complexes. En elles se chevauchent diverses exigences dont nous voulons tenir ▸ compte, diverses responsabilités qui nous incombent. [...] Il est impossible de fournir de manière définitive une limite supérieure de ce qui constitue une bonne action. La plupart du temps une action meilleure que celle que l'on fait est encore possible. Et il serait tout à fait faux de dire que l'on a toujours le devoir de faire la meilleure des actions possibles. C'est tout à fait impossible. »

Robert Spaeman, *Notions fondamentales de morale*, Trad. S. Robilliard ,Éd. Flammarion, 1994.

Un devoir pour une civilisation technologique

Le philosophe allemand Hans Jonas (1903-1993) souligne que la technologie contemporaine peut désormais transformer la nature elle-même. Nous sommes donc responsables pour l'avenir. En conséquence, sur le modèle de la formule de Kant (voir ci-avant « Agis... une loi universelle »), Jonas propose une nouvelle formulation de la loi du devoir.

« Un impératif adapté au nouveau type de l'agir humain et qui s'adresse au nouveau type de sujets de l'agir humain s'énoncerait à peu près ainsi : "Agis de façon que les effets de ton action soient compatibles avec la permanence d'une vie authentiquement humaine sur terre" ; ou pour l'exprimer négativement : "Agis de façon que les effets de ton action ne soient pas destructeurs pour la possibilité future d'une telle vie." [...]
Il est manifeste que le nouvel impératif s'adresse beaucoup plus à la politique publique qu'à la conduite privée. »

Hans Jonas, *Le Principe de responsabilité*, Trad. J. Greich, Paris, Les Éditions du Cerf, 1990.

Le bonheur

Pour tout homme, le bonheur semble être le but plus ou moins conscient de l'existence. Mais peut-on déterminer ce que l'on entend par bonheur ? Le bonheur est certes désirable, mais ne doit-il pas être conscient de lui-même, et donc se faire sagesse, pour être atteint ?

La recherche du bonheur

Pascal l'affirme : « Tous les hommes recherchent d'être heureux. Cela est sans exception, quelques différents moyens qu'ils y emploient… C'est le motif de toutes les actions de tous les hommes. Jusqu'à ceux qui vont se pendre. » Ainsi, derrière l'activité quotidienne, et même dans les projets les plus fous, l'homme chercherait à être heureux, c'est-à-dire à obtenir un contentement, un bien-être dont il puisse dire qu'il le satisfasse complètement.

De nombreux penseurs de l'Antiquité ont fait du bonheur le souverain bien, c'est-à-dire que la finalité de l'action humaine consiste en la recherche du bonheur. On appelle « eudémonisme » (du grec *eudaimôn*, qui signifie « heureux ») une telle pensée. Le bonheur est le bien le plus précieux puisqu'on ne le recherche pas pour autre chose que lui-même. Au contraire, les autres biens (richesses, situations, honneurs…) sont recherchés comme des moyens pour atteindre le bonheur. Le bonheur est une fin en soi.

Le bonheur, un idéal inaccessible ?

Les circonstances de l'existence, les malheurs personnels ou collectifs, la condition mortelle de l'homme sont autant de faits qui rendent difficile la réalisation du bonheur. De plus, comment mon bonheur peut-il s'accorder avec celui des autres ? Le bonheur ne serait alors qu'un idéal, un horizon lointain sans cesse repoussé.

Nous désirons être heureux mais il nous est difficile de définir le contenu de ce désir. Est-ce la richesse ? la santé ? l'amour ? D'ailleurs, pour Schopenhauer, nous ne pouvons pas combler tous nos désirs et, surtout, lorsqu'un désir est satisfait, un autre surgit, nous empêchant d'obtenir le repos nécessaire à tout contentement. Comme l'indique le philosophe Heidegger, le mode d'être de toute conscience est le « souci ». Le désir qui nous habite est signe de notre éloignement du bonheur.

La sagesse ou comment être heureux ?

Toute existence humaine connaît le malheur. Pourtant, notre attitude face aux épreuves dépend de nous. Nous ne sommes pas obligés de nous installer dans un pessimisme face à tout ce qui nous arrive. Comme l'indique le philosophe Alain, le bonheur est aussi une affaire de volonté et on ne peut rendre une personne heureuse malgré elle. Si les circonstances de notre existence peuvent être plus ou moins favorables, nous sommes responsables de ce que nous en faisons.

Nous désirons le bonheur, mais nous ne souhaitons pas que ce bonheur soit l'effet du hasard ou d'un moyen artificiel. La « pilule » du bonheur ne satisfait pas notre volonté de maîtrise sur notre existence et ne pourrait être au mieux qu'un soutien provisoire. C'est donc librement que nous voulons être heureux. La sagesse, qui associe connaissance et pratique, consiste justement à faire de l'homme le maître de sa vie et de son bonheur.

DISPOSER DE SON CORPS, EST-CE LE BONHEUR ?

Chirurgie esthétique, tatouage, activité sportive, régime alimentaire... autant de pratiques contemporaines qui soulignent un souci du corps. Mais ces nouveaux usages du corps sont-ils vraiment le signe du bonheur ?

La sagesse et la santé

Aristote indique que le sage doit répondre aux besoins du corps car cela le libère pour la recherche philosophique.

« Le sage aura aussi besoin de la prospérité extérieure, puisqu'il est un homme : car la nature humaine ne se suffit pas pleinement à elle-même pour l'exercice de la contemplation[1], mais il faut aussi que le corps soit en bonne santé, qu'il reçoive de la nourriture et tous autres soins. Cependant, s'il n'est pas possible sans l'aide des biens extérieurs d'être parfaitement heureux, on ne doit pas s'imaginer pour autant que l'homme aura besoin de choses nombreuses et importantes pour être heureux : ce n'est pas, en effet, dans un excès d'abondance que résident la pleine suffisance et l'action[2]. »

Aristote, *Éthique à Nicomaque* (écrit au IVe siècle av. J.-C.), Trad. J. Tricot, © Librairie philosophie J. Vrin.

1. Contemplation : philosophie.
2. Action : conduite morale.

La religion du corps

Le philosophe Jean Baudrillard (1929-2007) souligne que le corps est devenu lui-même un objet de consommation supérieur à tous les autres.

« Dans la panoplie de la consommation, il est un objet plus beau, plus précieux, plus éclatant que tous – plus lourd de connotations encore que l'automobile qui pourtant les résume tous : c'est le CORPS. Sa "redécouverte", après une ère millénaire de puritanisme[1], sous le signe de la libération physique et sexuelle, sa toute présence (et spécifiquement du corps féminin, il faudra voir pourquoi) dans la publicité, la mode, la culture de masse – le culte hygiénique, diététique, thérapeutique dont on l'entoure, l'obsession de jeunesse, d'élégance, de virilité/féminité, les soins, les régimes, les pratiques sacrificielles qui s'y rattachent, le "mythe du plaisir" qui l'enveloppe –, tout témoigne aujourd'hui que le corps est devenu *objet de salut*[2]. Il s'est littéralement substitué à l'âme dans cette fonction morale et idéologique. »

Jean Baudrillard, *La Société de consommation*, Éd. Denoël, 1970.

1. Puritanisme : conduite austère et moraliste.
2. Salut : sauvegarde.

La maîtrise des corps

Les nouvelles techniques médicales conduisent à reconsidérer le pouvoir de l'homme sur son propre corps.

« Les progrès considérables de la science et de la technique, de la chirurgie en particulier, sont susceptibles de réaliser des projets qui, auparavant, pouvaient apparaître fous. La technique étend son pouvoir sur l'homme lui-même et d'abord sur son corps, pour le meilleur ou pour le pire. Ce qui auparavant échappait au pouvoir de l'homme entre désormais dans le champ de la liberté et du choix. [...] Le pouvoir sur mon corps ou sur le corps de l'autre devient considérable. Ces progrès de la science et de la technique biomédicales sont en train de produire une mutation dans les conditions les plus fondamentales de l'existence humaine. »

Y.-C. Zarka, « Culte de l'individu et perte de l'identité », *Cités*, PUF, Février 2005.

Sciences de la nature et philosophie

Les sciences de la nature sont celles qui ont pour objet les phénomènes naturels. Elles se sont constituées à partir du XVIIe siècle en devenant autonomes par rapport à la recherche philosophique. Si les démarches des deux domaines sont différentes, le questionnement philosophique est nourri du progrès des sciences.

La philosophie, science totale

Pendant très longtemps, les philosophes sont aussi des scientifiques. Platon, Aristote, Descartes conçoivent la recherche de la vérité comme une totalité. La philosophie est alors l'ensemble du savoir rationnel. Ce qui unifie sa démarche, c'est la rupture avec l'opinion (*doxa* en grec) qui ne possède pas de fondement solide. La philosophie comme la science sont un effort pour penser vrai.

Descartes propose une image de la philosophie : « Toute la philosophie est comme un arbre dont les racines sont la métaphysique, le tronc est la physique, et les branches qui sortent de ce tronc sont toutes les autres sciences, qui se réduisent à trois principales, à savoir la médecine, la mécanique et la morale ; j'entends la plus haute et la plus parfaite morale, qui présupposant une entière connaissance des autres sciences, est le dernier degré de la sagesse » (*Les principes de la philosophie*, Lettre-Préface de 1647).

Le divorce de la science et de la philosophie

Au XVIIe siècle apparaît la démarche scientifique moderne. Elle se caractérise par l'observation des faits et la recherche des lois des phénomènes naturels. Il s'agit de savoir comment se produisent les phénomènes en évacuant toute recherche sur la raison ultime de leur existence (la finalité). Le raisonnement causal remplace le raisonnement finaliste. L'usage des mathématiques et de l'expérimentation permet de faire progresser les sciences.

En 1687, le grand ouvrage scientifique de Newton a pour titre : *Principes mathématiques de la philosophie naturelle*. Cette « philosophie naturelle » est en fait la science qui s'affranchit alors de la tutelle de la philosophie. Le progrès des sciences de la nature depuis le XVIIe siècle est considérable. Il conduit certains penseurs, qualifiés de scientistes, à affirmer que les sciences sont les seules démarches rationnelles efficaces ; ce qui aboutirait à la fin du questionnement philosophique.

La science objet de la philosophie

La science de la nature est plurielle. Elle se spécialise. Jusqu'au XVIIIe siècle, un homme pouvait espérer parcourir l'ensemble du savoir de son temps. Cela n'est plus possible. Ce formidable développement des sciences est aussi devenu un objet d'étude pour la philosophie. L'épistémologie (terme formé sur le grec *épistémè*, « science », et *logos*, « étude ») est la partie de la philosophie qui tente d'expliquer l'activité et les démarches scientifiques.

En s'intéressant aux faits et aux lois des phénomènes, les sciences de la nature ne se préoccupent pas de questions morales. Il en va de même des techniques issues des connaissances scientifiques. Elles sont amorales. Or, les progrès des sciences et des techniques conduisent à se poser un certain nombre de questions éthiques. La philosophie apparaît alors comme le lieu privilégié de cette réflexion.

L'ÉPISTÉMOLOGIE, LA PHILOSOPHIE DE LA CONNAISSANCE SCIENTIFIQUE

L'épistémologie essaie de dégager comment se fait la science. Elle est une théorie de la science. Elle ne s'intéresse pas aux objets de la science (les éléments premiers de la matière pour le chimiste, le corps vivant pour le biologiste...), mais aux procédures par lesquelles passe la science pour expliquer les phénomènes naturels.

Une analyse philosophique du progrès scientifique

La science progresse par une succession de ruptures

Gaston Bachelard insiste sur l'idée que la connaissance scientifique ne peut progresser que si elle rompt avec l'expérience commune, mais aussi avec ses propres préjugés. Le progrès des sciences n'est pas une continuité de découvertes accumulées. Il suppose de surmonter ce que Bachelard nomme des « obstacles épistémologiques ».

« Quand on cherche les conditions psychologiques des progrès de la science, on arrive bientôt à cette conviction que *c'est en termes d'obstacles qu'il faut poser le problème de la connaissance scientifique*. Et il ne s'agit pas de considérer des obstacles externes, comme la complexité et la fugacité des phénomènes, ni d'incriminer la faiblesse des sens et de l'esprit humain : c'est dans l'acte même de connaître, intimement, qu'apparaissent, par une sorte de nécessité fonctionnelle, des lenteurs et des troubles [...]. En fait, on connaît contre une connaissance antérieure, en détruisant des connaissances mal faites. »

Gaston Bachelard, *La formation de l'esprit scientifique*, © Librairie philosophique J. Vrin, 1938.

L'opinion est un premier obstacle pour la connaissance scientifique

La démarche scientifique exige de s'éloigner de la conception commune de la nature. Par exemple, on pense souvent que, en chute libre, un corps lourd tombe plus vite qu'un corps léger. Or seul le temps de chute importe.

« L'opinion a, en droit, toujours tort. L'opinion *pense* mal ; elle ne *pense* pas : elle *traduit* des besoins en connaissances. En désignant les objets par leur utilité, elle s'interdit de les connaître. On ne peut rien fonder sur l'opinion : il faut d'abord la détruire. Elle est le premier obstacle à surmonter. »

Ibid.

Une théorie scientifique peut devenir un obstacle à la connaissance elle-même

Une théorie scientifique permet de faire avancer la connaissance, mais elle peut aussi devenir un obstacle pour un nouveau progrès. Ainsi, la physique de Newton, qui permet d'expliquer de nombreux phénomènes, suppose un temps uniforme et homogène. Mais cela devient un obstacle pour comprendre la théorie d'Einstein. Le progrès scientifique suppose d'accepter que le temps soit relatif.

« Une connaissance acquise par un effort scientifique peut elle-même décliner. [...] Un obstacle épistémologique s'incruste sur la connaissance non questionnée. Des habitudes intellectuelles qui furent utiles et saines peuvent, à la longue, entraver la recherche. »

Ibid.

« Science sans conscience n'est que ruine de l'âme. »

Rabelais, médecin humaniste et érudit, rapporte ainsi la leçon de Gargantua à son fils Pantagruel. Il ne vise pas ici ce que nous appelons la science, mais l'ensemble des connaissances accessibles à l'homme. Derrière les prétentions humaines au savoir, il est toujours nécessaire de conserver une humilité et un regard critique quant à la portée et à l'usage des connaissances. Ce regard critique est le sens même de la philosophie. Mais, si cette vigilance est particulièrement importante face au développement scientifique et technique contemporain, elle doit être le fait de tout penseur, philosophe compris.

Sciences humaines et philosophie

Par opposition aux sciences de la nature, qui étudient le monde physique, les sciences humaines sont l'ensemble des connaissances qui prennent l'homme comme objet. On y trouve des disciplines comme l'histoire, la sociologie ou l'ethnologie. Par leur questionnement spécifique, elles doivent être distinguées de la philosophie.

La naissance des sciences humaines

L'interrogation des hommes sur leur environnement et sur leur place dans le monde remonte vraisemblablement à l'aube de l'humanité. L'invention des mythes est ainsi une manière de donner sens à ce questionnement. La philosophie, de son côté, a tenté depuis l'Antiquité d'enseigner aux hommes une certaine idée de la sagesse. La science de l'homme est d'abord historiquement une réflexion sur l'homme moral, sur les conditions de la « vie bonne ».

À partir du XVIIIe siècle, alors que les sciences de la nature progressent à grands pas, des penseurs vont souhaiter faire de l'homme un objet de la science, au même titre que la réalité naturelle. Le philosophe italien Giambattista Vico (1668-1744) appelle de ses vœux une « étude du monde des nations » (les sociétés humaines), à l'image de « l'étude du monde de la nature ».

La philosophie face à l'essor des sciences humaines

L'approche scientifique des comportements humains se précise au cours du XIXe siècle. Auguste Comte souhaite ainsi fonder une « physique sociale », appelée également « sociologie » dans les années 1830. Au seuil du XXe siècle, la sociologie naît vraiment avec Émile Durkheim (1858-1917) en France et Max Weber (1864-1920) en Allemagne, alors que la linguistique devient scientifique avec Ferdinand de Saussure (1857-1913).

L'essor des sciences humaines s'accentue après la Seconde Guerre mondiale. Le structuralisme, qui transpose la méthode de la linguistique dans d'autres domaines, se déploie, notamment à partir des travaux de l'ethnologue Claude Lévi-Strauss (né en 1908). À quelques exceptions notables, la philosophie semble alors être une discipline en perte de vitesse ou tout au moins plus confidentielle, surtout que sa prétention à réfléchir les valeurs est anéantie par la tragédie de l'holocauste. Certains philosophes, comme Michel Foucault, se tournent d'ailleurs vers les méthodes des sciences humaines.

Le retour actuel de la philosophie

Les recherches en sciences humaines ne cessent de se développer aujourd'hui mais sans l'unité des années 1960-1970. Les faits humains sont infinis en nombre et offre aux chercheurs de nombreux champs d'investigation : les pratiques du quotidien, la question du lien social… font ainsi l'objet d'études.

Face à cette dispersion des savoirs et en l'absence des grands repères que représentait, par exemple, le marxisme, on assiste, depuis les années 1990, à une forte demande sociale en faveur de la philosophie. Le succès de certains livres, l'essor des cafés-philo, l'intérêt pour les sagesses antiques témoignent à leur manière d'une recherche de sens. Il reste à la philosophie à relever ce défi.

LA SOCIOLOGIE, L'ÉTUDE DES FAITS SOCIAUX

La sociologie est une science humaine dont le but est d'étudier les faits sociaux. Le présupposé initial de la sociologie consiste dans le fait que les comportements humains en société peuvent être décrits sur une base scientifique, même si celle-ci est différente de celle des sciences de la nature.

L'origine du mot « sociologie »

En 1830, le philosophe Auguste Comte forge le terme « sociologie », ou « physique sociale ». Il désigne ainsi une étude scientifique des faits sociaux, qui compléterait et achèverait le tableau général des sciences.

« Maintenant que l'esprit humain a fondé la physique céleste, la physique terrestre, soit mécanique, soit chimique, la physique organique, soit végétale, soit animale, il lui reste à terminer le système des sciences d'observation en fondant la *physique sociale*. »

Auguste Comte, *Cours de philosophie positive*, 1830-1842.

L'invention de la méthode sociologique

Émile Durkheim (1858-1917) est un des principaux fondateurs de la sociologie, à laquelle il donne une méthode et des règles. La première règle sociologique est « de considérer les faits sociaux comme des choses ».

« [Le savant] doit se mettre en face de ces choses dans le même état d'esprit que celui où sont le physicien et le chimiste en face des phénomènes physico-chimiques ; c'est-à-dire qu'il doit y voir, non l'expression d'idées ou de sentiments individuels, mais le produit de forces inconnues, dont il s'agit précisément de déterminer la nature et le mode de composition. »

Émile Durkheim, « La sociologie en France au XIXe siècle », *Revue bleue*, 4e série, t. XIII, 1900.

Un exemple d'étude sociologique

Durkheim étudie le suicide comme fait social, à partir de statistiques, et non en tant qu'acte individuel. Il dégage des facteurs déterminants (appartenance religieuse…) et énonce une constante du phénomène : « Le suicide varie en raison inverse du degré d'intégration des groupes sociaux dont fait partie l'individu. »

Évolution de la sociologie

La prétention de la sociologie à faire de l'étude des faits sociaux une science comparable à la physique paraît limitée par l'objet qui est le sien, à savoir l'homme en société. L'action humaine ne peut être réduite à un objet physique. Le sociologue Raymond Boudon (né en 1934) insiste sur la difficulté pour un sociologue d'étudier d'autres hommes comme s'il s'agissait d'un objet de laboratoire. Tout discours sociologique est en ce sens interprétatif. C'est ainsi que Pierre Bourdieu (1930-2002) revendique une sociologie critique, qui n'hésite pas à défendre des positions dans le débat public.

Durkheim, le philosophe qui fonde la sociologie

Né à Épinal en 1858 dans une famille juive, Émile Durkheim est un brillant élève qui renonce à l'idée de devenir rabbin. Il est reçu à l'agrégation de philosophie en 1882. Bénéficiant d'une bourse pour travailler en Allemagne, il y découvre un vaste champ d'étude très actif, celui des sciences sociales. Nommé à Bordeaux en 1887, puis à Paris en 1902, son rôle pour donner une assise institutionnelle à la sociologie est fondamental. Il crée une revue, *L'Année sociologique*, en 1898, et fonde la première chaire de sociologie à l'université en 1912.

Arts plastiques et philosophie

Les arts plastiques regroupent les arts de l'espace par opposition aux arts du temps comme le cinéma. La relation de la philosophie et des arts plastiques est ancienne. L'élan artistique semble ainsi viser une vérité que la philosophie recherche également par d'autres voies.

La philosophie, juge des arts

Depuis Platon, c'est-à-dire depuis la naissance de la philosophie, les philosophes se sont intéressés à l'art. Le jugement porté par Platon, est, il est vrai, plutôt négatif. La vérité est du côté de l'intelligible, du monde des Idées. Le sensible, surtout lorsqu'il est réduit à l'état d'image comme dans l'art du peintre, constitue une déchéance par rapport à la réalité. Cette vision se renverse avec Aristote qui fait de l'image un plaisir et un moyen d'apprentissage. Mais l'art demeure bien éloigné du statut supérieur reconnu à la philosophie.

La période de la Renaissance apporte une reconnaissance plus grande à l'artiste, mais c'est à partir du XVIIIe siècle, et surtout au XIXe siècle, que l'art devient une figure de l'esprit créateur. Pour Hegel, l'art est une expression de l'esprit dans le sensible : « L'art et ses œuvres, en tant que jaillis de l'esprit et engendrés par lui, sont eux-mêmes de nature spirituelle, alors même que leur représentation affecte une apparence sensible. »

L'œuvre d'art comme phénomène

Au XIXe siècle, l'art est associé au génie de l'esprit. Mais la vérité qu'il révèle est encore, pour Hegel, attachée au sensible. L'art doit alors se dépasser dans la religion et la philosophie. Par contre, saisir l'œuvre pour ce qu'elle est, telle est peut-être la caractéristique des analyses philosophiques du XXe siècle. Celles-ci sont profondément marquées par l'approche phénoménologique. Il s'agit, pour reprendre la formule de Husserl, de « revenir à la chose même ».

Le philosophe Merleau-Ponty a longuement réfléchi l'apparition de l'œuvre d'art dans le champ perceptif. Ce qu'un peintre exprime dans son œuvre, ce n'est pas un au-delà de l'œuvre, un message, mais c'est la peinture elle-même. Les arts plastiques ne seraient pas des arts de la représentation, mais des arts de la présence : « Ni pour l'artiste ni pour le public le sens de l'œuvre n'est formulable autrement que par l'œuvre elle-même. » Cela signifie que l'œuvre est un réservoir infini de sens.

L'art contemporain, une pratique de la pensée

Les productions contemporaines des arts plastiques séduisent, agacent, déçoivent ou étonnent. Elles laissent rarement indifférent. Aussi l'espace public se fait-il souvent l'écho de débats vifs quant à la valeur artistique des œuvres proposées. Or, la notion de valeur est peut-être devenue secondaire par rapport au problème de la signification.

Si les formes empruntées par les artistes contemporains sont multiples, il apparaît cependant un point de rencontre qui est la nécessité d'un commentaire à leur propos. Cela n'est pas le signe d'une incomplétude de l'œuvre, qui ne parviendrait pas à parler d'elle-même, mais l'indice que l'art est une pratique de la pensée. Dans tous les cas, le travail de la philosophie consisterait à traduire cette pratique en un discours.

LA PEINTURE, UN OBJET PHILOSOPHIQUE

La contemplation de l'œuvre d'art ouvre au commentaire philosophique. Le peintre Paul Klee affirmait que « l'art rend visible ». La philosophie cherche à transformer ce visible en mots et en significations.

Francis Bacon.
Étude de George Dyer
dans un miroir, *1968,*
Huile sur toile, 198 × 147,5 cm.

Le titre de l'œuvre permet de comprendre le rapport du personnage avec l'objet qui se trouve à côté de lui. Il s'agit d'un miroir. Le personnage (George Dyer, l'ami de Bacon) est assis, saisi dans un mouvement circulaire. Celui-ci s'organise autour d'un axe central ; il est isolé par le dispositif dans lequel il est placé (double cercle du sol et du plafond).

La lecture de l'œuvre peut se faire à partir de deux notions : le mouvement et le double.

Bacon exprime le mouvement, comme mouvement sur soi-même, dans un effort pour fixer ce retournement vers soi que constitue l'expérience du miroir. Le tournoiement, dont la vitesse est rendue par la rupture centrale et la déformation du corps, est arrêté par le reflet.

Le double, réduit au visage, est parfaitement net dans son cadre, mais il est brisé. L'œuvre semble dire le caractère insaisissable de l'existence humaine. Ceci vaut autant pour le modèle peint que pour les spectateurs qui le contemplent. Pour Bacon, il s'agit de tenter de « peindre la trace laissée par l'existence humaine ».

Photographie, cinéma et philosophie

La photographie et le cinéma sont des modes d'expression relativement récents. Liés à l'utilisation d'un appareil technique, à la fois artistiques et utilitaires dans leurs usages, ils provoquent le questionnement philosophique.

La nature de la photographie et du cinéma

À la différence des outils utilisés dans la peinture ou la sculpture, la photographie et le cinéma utilisent un appareil technique placé entre le praticien et son objet. La photographie comme le film sont une espèce d'empreinte du réel prise à distance de l'objet. Alors que la photographie se situe uniquement dans un espace silencieux, le film se déploie dans l'espace et le temps et peut inclure une dimension sonore.

En raison même de la présence de l'appareil, la photographie et le cinéma peuvent être pratiqués sans un long apprentissage. Cela explique que les appareils photo et le Caméscope soient utilisés par de plus en plus de monde au fur et à mesure qu'ils se miniaturisent et s'automatisent. Les fonctions de la photographie et du cinéma sont multiples, allant de la conservation d'un souvenir jusqu'à la création artistique en passant par le documentaire.

Les enjeux philosophiques de la photographie et du cinéma

Le philosophe allemand Walter Benjamin (1892-1940) souligne, en 1935, que la photographie et le cinéma permettent une reproduction mécanique à l'infini de copies et peuvent donc faire circuler les images partout dans le monde. L'œuvre d'art perd ainsi son caractère de réalité unique et lointaine. Devenue proche, elle est désacralisée et se démocratise. Le philosophe français Clément Rosset (né en 1939) ajoute que le cinéma, en évoquant « le réel en personne », procure un plaisir d'évasion sans équivalent. De son côté, Gilles Deleuze (1925-1995) réfléchit le cinéma dans sa relation particulière au temps et au mouvement.

Ce rapport privilégié au réel est analysé par Roland Barthes (1915-1980), qui souligne que la photographie exprime toujours le fait incontestable et montre ce qui a existé : « dans la photographie, je ne puis jamais nier que la chose a été là ». L'invention d'images numérique et virtuelle met en question cette idée. Mais une photographie qui n'est plus l'empreinte d'une chose est-elle encore une photographie ?

Les usages philosophiques de la photographie et du cinéma

La photographie et le cinéma font l'objet d'un usage philosophique. Le sociologue et philosophe français Jean Baudrillard (1929-2007), qui réfléchit sur le statut des images dans nos sociétés, travaille le thème de la disparition du monde à travers ses propres photographies. Le film *Matrix* de Larry et Andy Wachowski a été pensé à partir d'une interrogation explicitement sceptique : comment savoir si le monde est réellement ce que nous en percevons ?

Le philosophe américain Stanley Cavell (né en 1926) s'interroge sur la dimension morale du cinéma et, à partir de l'étude de films des années 1930, demande si le cinéma nous rend « meilleurs ». Des enseignements philosophiques sont parfois réalisés à partir de photographies ou de films. Cinéma et photographie sont ainsi une sorte de philosophie en acte, mais le sens proprement philosophique de toutes ses pratiques est toujours conçu par un discours.

L'ANALYSE PHILOSOPHIQUE D'UNE PHOTOGRAPHIE

Le statut de la photographie est ambigu. Elle est un objet que l'on peut contempler comme une peinture. Mais elle est aussi l'indice d'une réalité qu'elle est chargée de transmettre.

Werner Bischof, Mendiant à la porte d'un temple, *Madras, Inde, 1952. Photographe suisse, Werner Bischof (1916-1954) est un membre de l'agence Magnum.*

Un regard rapide sur la photographie ne restitue pas immédiatement la présence humaine, quasi invisible, immobile, sans corps apparent. La scène est d'abord l'évocation d'une absence : il n'y a nulle figure humaine. Pourtant, ce que l'on perçoit renvoie manifestement à des productions humaines. Les objets fabriqués (la paroi sculptée ancienne, le drap plus récent) sont les traces d'une histoire et d'une culture (les personnages sculptés sur la paroi).
La composition de la photographie apporte une grande puissance au témoignage. Comme l'indique Roland Barthes, la photographie rend compte d'un « ça a été » incontestable. La paroi de bois, massive, géométrique et sombre, occupe la quasi-totalité de l'image et semble écraser le corps du mendiant, couvert d'un drap blanc, réduit à une vague forme. L'angle de vue place le mendiant juste en dessous de la limite inférieure de la paroi et permet de rendre visible l'idée d'écrasement.
Derrière l'immobilité apparente de l'image s'exprime le mouvement d'une existence vivante et fragile.

Littérature et philosophie

Si la forme écrite rapproche la philosophie et la littérature, l'histoire montre que la première s'est construite dans une opposition à la seconde. Pourtant, il semble bien que la philosophie ne puisse se passer de la littérature, celle-ci proposant parfois de nouveaux chemins à parcourir.

La séparation de la philosophie et de la littérature

Qu'elle soit issue de la littérature ou de la philosophie, la matérialité du texte est identique. Il y a là un objet d'expression commun : les mots. On peut même ajouter que le philosophe, comme le romancier, possède un certain style d'écriture qui peut être étudié comme tel. On parle ainsi du style de Pascal ou de celui de Bergson. Mais le projet philosophique semble différent de celui de la littérature.

La philosophie apparaît lorsque, pour décrire le monde, des hommes décident d'abandonner les interprétations magiques ou légendaires pour des explications rationnelles. Le texte philosophique, dans son exigence de vérité, s'éloigne irrémédiablement de la fiction littéraire. Les philosophes présocratiques (Parménide, par exemple) usent encore d'une langue poétique, mais le discours philosophique se déplace progressivement vers l'abstraction du concept.

La philosophie et les concepts

Chacun peut le constater, les textes philosophiques sont souvent d'un accès difficile. Le souci de l'exactitude pour traduire ce qui est pensé dans sa généralité conduit à former des termes abstraits : les concepts. Le philosophe français Gilles Deleuze explique ainsi que « philosopher, c'est créer des concepts ». Ces concepts permettent de construire une intelligibilité du réel en s'écartant des langues naturelles, celles utilisées au quotidien. Au contraire, c'est dans ces dernières que puise la littérature pour recréer un monde de fiction.

La philosophie part de mots courants : par exemple, « désir » ou « technique ». Elle travaille et définit ces mots pour en tirer un sens communicable, exempt d'ambiguïté, d'interprétation subjective. Dans sa volonté de comprendre le réel, la philosophie épure le langage. Ainsi, certains philosophes, depuis Leibniz au XVIIIe siècle jusqu'aux philosophes analytiques anglais du XXe siècle, ont eu le projet de créer une langue parfaitement logique. Mais sans réel succès.

La philosophie, la littérature et l'expérience du monde

À l'inverse de la science, la philosophie ne peut, semble-t-il, réduire son discours à un calcul à partir de symboles parfaitement univoques. Elle ne peut se mettre en équation. Le langage n'est pas pour elle un outil, mais l'expression des expériences humaines. Or, les textes littéraires sont des manières de restituer ces expériences.

La poésie de René Char, le théâtre de Shakespeare, le roman de Marguerite Yourcenar sont autant de paroles qui donnent à penser. La littérature est ainsi le lieu dans lequel la philosophie découvre une certaine expérience du monde et des hommes. Déplier cette expérience, telle est la tâche infinie de la philosophie.

LA LITTÉRATURE PHILOSOPHIQUE

La littérature est toujours un point de départ pour la réflexion philosophique. Mais elle peut être plus directement philosophique. Conte, roman ou théâtre sont alors une sorte de philosophie incarnée par une fiction.

Le conte philosophique

Au XVIIIe siècle, Voltaire apparaît comme l'inventeur du conte philosophique. *Candide*, *Zadig*, *Micromégas*… décrivent les aventures imaginaires, souvent exotiques, d'un héros qui paraît le plus souvent le jouet des événements. Des diverses rencontres que fait le héros se dégage une sorte de morale. Le principal élément de celle-ci est l'idée de tolérance face à la relativité des croyances et des fanatismes. Séduisant, inventif, le conte philosophique est d'une redoutable efficacité critique au siècle des Lumières.

Le roman philosophique

Le roman philosophique le plus célèbre est certainement *La Nausée* de Jean-Paul Sartre, publié en 1938. À travers l'histoire d'Antoine Roquentin, l'auteur donne une forme littéraire à l'une de ses intuitions philosophiques les plus importantes : l'existence n'a aucune nécessité. La conscience de ce fait entretient la nausée du héros. La force de ce texte provient de ce que l'intention philosophique n'occulte pas l'écriture romanesque. *La Nausée* est avant tout un roman. De même, *Mémoires d'Hadrien* (1951) de Marguerite Yourcenar est à la fois un roman historique évoquant l'empereur romain du IIe siècle et une profonde méditation sur l'existence, tout empreinte de stoïcisme.

Le théâtre philosophique

Si Voltaire inaugure le conte philosophique au XVIIIe siècle, on peut aussi découvrir une intention philosophique dans certaines pièces de Marivaux comme *L'Île des esclaves* (1725), à travers le retournement de l'ordre social. Mais c'est surtout le XXe siècle qui inaugure une esthétique théâtrale plus expressément philosophique. On peut évoquer ainsi le théâtre engagé de Jean-Paul Sartre (*Les Mouches*, 1943) ou d'Albert Camus (*Les Justes*, 1949), mais aussi le théâtre de l'absurde de Samuel Beckett (*En attendant Godot*, 1952). Le théâtre contemporain, en refusant souvent de s'inscrire dans une esthétique de l'illusion, donne à entendre une parole plus immédiatement engagée (théâtre d'Edward Bond).

Quand Platon renonce au théâtre…

Issu d'une riche famille athénienne, promis à une brillante carrière, Platon reçoit une éducation très complète, pratiquant toutes les disciplines. Sportif, il s'initie également à la peinture. Il écrit des poèmes. Il rédige des tragédies. Puis, un jour, ce jeune homme de vingt ans rencontre Socrate, alors qu'il doit concourir pour la tragédie. Après ce premier entretien, il brûle ses écrits, ses tragédies et décide de devenir son disciple. Plus tard, après la mort de son maître, il le mettra « en scène » dans des dialogues philosophiques, lointains échos d'une première passion.

Croyances et philosophie

Croire, c'est adhérer sans preuve. Dans la mesure où la philosophie est une démarche rationnelle, elle semble se distinguer de la croyance. Mais le rapport de la foi à la vérité ne peut laisser les philosophes indifférents.

Croire et savoir

La philosophie est apparue dans une opposition frontale avec la croyance. Dans l'allégorie de la caverne de Platon, les hommes sont comparés à des prisonniers. N'ayant vu que des ombres, ils croient à la vérité de ces images qui ne sont que des illusions. Le monde de la *doxa* (terme grec signifiant « l'opinion ») est celui des croyances infondées. Dans sa recherche de la vérité, l'esprit philosophique s'appuie sur la raison, qui seule peut fonder un véritable savoir.

Le superstitieux croit par faiblesse. Les hommes, explique Spinoza, « souvent acculés à une situation si difficile, qu'ils ne savent plus quelle résolution prendre [...], sont en général très enclins à la crédulité ». Les insuffisances de la connaissance conduisent à se refugier dans la croyance. Plus grave, le fanatisme veut imposer sa vérité. Il transforme l'erreur en une faute, et l'histoire est emplie de ces croyances au nom desquelles la pire barbarie a pu s'accomplir.

La critique philosophique de la religion

De Socrate, accusé d'impiété, à Spinoza, excommunié et chassé d'Amsterdam, les conflits entre les croyances religieuses et l'esprit critique de la philosophie témoignent d'une histoire sombre et tumultueuse. Au XVIIIe siècle, le combat des philosophes et des Lumières se présente comme une lutte de la raison contre la superstition religieuse et les préjugés contraires à la raison. Il s'agit de libérer les hommes des croyances irrationnelles.

Les dieux ne seraient-ils pas une invention des hommes ? Pour Freud, la religion est une manifestation infantile et une névrose, et pour Marx, une idéologie qui soumet les esprits au pouvoir de la classe dominante. La religion offre une compensation illusoire aux victimes de toutes les tragédies. La croyance religieuse ne serait qu'une solution imaginaire aux maux réels de la vie.

Philosophie et religion : deux ordres distincts

L'histoire de la philosophie est profondément inscrite dans la culture chrétienne. Elle a longtemps été marquée par une volonté de conciliation entre les vérités de la raison et les vérités de la foi. Au Moyen Âge, il s'agit notamment de faire de la philosophie la « servante » de la théologie. Mais cela ne semble pas répondre aux exigences d'une raison libre.

À partir du XVIIe siècle, on a souligné l'impossibilité de rapprocher les deux domaines. Pascal affirme ainsi que la foi est une de ces « vérités du cœur » inaccessibles aux exigences de la raison. De même, il n'y a pas pour Kant de connaissance possible de Dieu. On ne peut apporter de preuve de son existence. Il faut distinguer ce qui procède de la raison et peut faire l'objet d'une connaissance et ce qui est révélé au croyant dans son adhésion personnelle à Dieu.

LA PHILOSOPHIE ET LES MYTHES

La philosophie est née en renonçant à l'explication légendaire du monde. Elle a remplacé la croyance par le savoir. Pourtant, les mythes continuent de nourrir la réflexion philosophique, car ils expriment symboliquement certains aspects de la condition humaine.

L'âge d'or, une représentation du bonheur

Au début du VIIe siècle av. J.-C., le mythe de l'âge d'or est évoqué par Hésiode. Dans un lointain passé, désormais révolu, les hommes vivaient parfaitement heureux, sans guerre et sans crainte de la mort, dans une nature qui produisait en abondance.

Renouvelée par la découverte du Nouveau Monde, l'origine perdue devient un pays lointain avec le thème du bon sauvage. La vie simple des « cannibales », décrite par Montaigne, est ainsi un contrepoint critique à la violence des civilisés.

L'optimisme des Lumières et l'idéal du progrès vont donner à l'âge d'or une nouvelle orientation : il n'est plus un temps des origines, mais une époque future.

Œdipe, une réflexion sur la liberté

Œdipe ne peut échapper au destin prédit par l'oracle : rencontrant un homme avec lequel il se querelle, il le tue sans savoir qu'il s'agit de son véritable père ; répondant à l'énigme du sphinx, il devient roi de Thèbes et épouse la reine, qui n'est autre que sa mère.

Œdipe n'est-il que le jouet d'une fatalité implacable ou un homme libre qui affronte désespérément les épreuves de son existence ?

Au début du XXe siècle, le mythe trouve une nouvelle actualité avec Freud, le fondateur de la psychanalyse, qui y puise une interprétation symbolique du rapport psychique de l'enfant à ses parents.

Prométhée, une définition de l'homme

Selon Platon, Épiméthée est chargé par les dieux de distribuer à chaque animal les qualités qui lui permettront de survivre, mais il n'a plus rien pour l'homme ; son frère Prométhée vole alors le feu et la technique aux dieux pour les donner aux hommes. Ceux-ci détiennent désormais la puissance de créer ce que la nature ne leur a pas donné.

Hésiode évoque également la ruse de Prométhée, bienfaiteur des hommes. Ce dernier devient le symbole de la révolte chez Camus ou Sartre. L'homme prométhéen est désormais celui qui affronte son histoire et témoigne de sa foi dans les capacités humaines.

Un mythe moderne : Frankenstein

Mary Shelley publie *Frankenstein ou le Prométhée moderne* en 1818. Le roman évoque le savant Frankenstein, qui a découvert le mystère de la vie. En assemblant des membres de différents cadavres, il fabrique un être monstrueux qui, abandonné, devient à la fois malheureux et criminel. Frankenstein, tel un dieu, est parvenu à créer un être vivant, sans en mesurer toutes les conséquences.

Prométhée a permis aux hommes de se libérer du poids de la nature. Frankenstein prolonge cette audace en décrivant une humanité qui manipule dangereusement la vie elle-même. Ce récit est un mythe moderne qui peut interroger les usages les plus récents des techniques.

Expliquer un texte philosophique

Le travail philosophique prend appui sur l'étude de textes qui nourrissent la réflexion. L'explication d'un texte doit permettre de dégager un enjeu philosophique à partir de l'analyse précise de la thèse défendue par l'auteur et de l'argumentation qu'il développe. Expliquer un texte c'est le « déplier » pour en tirer un sens.

Repérer la thèse et la structure du texte

La lecture attentive du texte permet de déterminer l'idée principale et le raisonnement de l'auteur. L'idée principale peut être exposée d'une manière explicite dans une partie du texte ou être déduite de l'énoncé de la thèse adverse, mais elle peut aussi se dégager de la compréhension du texte dans son ensemble. Une manière simple de dégager la thèse est de se demander à quelle question le texte répond.

L'idée principale est soutenue par une argumentation. Il faut donc repérer avec précision les articulations logiques, qu'elles soient explicites (donc, pourtant…) ou implicites (deux points qui ouvrent sur un exemple…). Il faut être attentif aux types d'arguments utilisés (démonstratif, imagé…) et à leur hiérarchie (argument principal, secondaire, illustration…).

Analyser les termes et les expressions

L'étude d'un texte suppose d'être attentif aux termes et expressions utilisés. Le vocabulaire doit être parfaitement compris, soit en s'appuyant sur le texte lui-même (le sens d'une notion peut être précisé par l'auteur), soit, éventuellement, en s'aidant d'un dictionnaire. Il faut éviter de partir sur un contresens en ayant une compréhension approximative du terme ou empruntée à l'usage courant.

L'explication ne doit pas seulement s'appuyer sur l'éclaircissement des termes techniques ou rares. Les termes courants doivent être également compris dans l'usage qui en est fait par l'auteur. Quant aux images, elles doivent être analysées avec rigueur car elles permettent souvent de riches développements.

Rédiger l'explication

La rédaction de l'explication du texte philosophique doit être précédée d'une introduction qui présente le problème posé par le texte. Les parties de l'explication suivent l'ordre du texte. Si chaque passage du texte fait l'objet d'une explication rigoureuse et appuyée sur une référence précise à celui-ci (citations, indication d'une ligne…), les relations logiques entre les différentes parties doivent également être soulignées.

Un éclairage pertinent peut être apporté par la référence à un autre auteur, mais il faut éviter d'exposer une doctrine qui se ferait au détriment du texte à expliquer. Toute référence doit viser à approfondir l'explication, non à l'oublier. Une courte conclusion permettra de souligner l'enjeu du texte. Une attention précise sera portée à l'aspect formel de la rédaction. L'ensemble doit être rédigé (éviter les simples notes), dans une langue simple et correcte.

ÉTUDE D'UN TEXTE DE HEGEL

Dans cet extrait de *La Raison dans l'histoire* de Hegel, l'auteur indique combien l'idée qu'il existe des leçons de l'histoire est peu convaincante.

L'article indéfini « on » désigne une opinion générale.

Une maxime est une « règle de conduite ».

Particulier s'oppose à général.

Prend ici le sens de singulier (valable pour un seul cas).

Idée de personnes au-dessus des autres, de grands hommes.

❶ On recommande aux rois, aux hommes d'État, aux peuples de s'instruire principalement par l'expérience de l'histoire. ❷ Mais l'expérience et l'histoire nous enseignent que peuples et gouvernements n'ont jamais rien appris de l'histoire, qu'ils n'ont jamais agi suivant les maximes qu'on aurait pu en tirer. ❸ Chaque époque, chaque peuple se trouve dans des conditions si particulières, forme une situation si particulière, que c'est seulement en fonction de cette situation unique qu'il doit se décider : ③ les grands caractères sont précisément ceux qui, chaque fois, ont trouvé la solution appropriée. ❹ Dans le tumulte des événements du monde, une maxime générale est d'aussi peu de secours que le souvenir des situations analogues qui ont pu se produire dans le passé, car un pâle souvenir est sans force dans la tempête qui souffle sur le présent ; il n'a aucun pouvoir sur le monde libre et vivant de l'actualité.

Hegel, *La Raison dans l'histoire,* posthume, 1833, Éd. 10/18.

Hegel semble admettre que l'histoire peut nous enseigner quelque chose, mais que nous sommes incapables de nous en servir.

Article défini : à chaque situation, sa solution.

Analogue n'est pas identique : aucun événement ne se répète.

Image de la tempête : le présent est violence et passion.

Mais : terme d'articulation.

La thèse et la structure du texte :

❶ Thèse rejetée par Hegel : l'opinion évoque souvent les leçons que l'on peut tirer de l'histoire.

❷ Thèse de Hegel : la seule leçon de l'histoire, c'est que les hommes ne s'appuient jamais sur l'histoire.

❸ Premier argument : toutes les époques sont différentes et on ne peut transférer une solution de l'une sur l'autre.

③ Implication du premier argument : les grands hommes sont ceux qui comprennent la spécificité d'une époque.

❹ Deuxième argument : une idée générale, comme un souvenir, est balayée par la réalité vivante et passionnée du temps présent.

Analyser une question philosophique

L'analyse de l'interrogation philosophique doit partir d'une étude précise du sens de la question posée. Cela permet de définir clairement le problème philosophique. Analyser le sujet, c'est déjà philosopher en s'interrogeant sur les différentes pistes qui seront la base de la réflexion.

Repérer le type de question

La question posée peut se présenter sous divers types. On peut demander de préciser le sens d'une notion. Il faut alors rechercher si le sens proposé apparaît exact, et dans quelle mesure, ou si une autre proposition est possible. Parfois, le sujet propose directement une alternative. On peut demander de comparer plusieurs concepts. Il s'agit alors de montrer ce qui les distingue.

La question demande parfois si une action est possible matériellement et/ou moralement. Elle commence alors généralement par « peut-on... », qui peut signifier « est-on capable... » (capacité matérielle), ou « a-t-on le droit... » (faculté morale). Si les conditions matérielles de l'action sont admises, la réflexion doit alors s'attacher à envisager les possibilités morales. On peut également demander la raison d'une action. Il s'agit de rechercher le pourquoi de l'action et non pas de se demander si l'action est possible ou morale.

Analyser les termes du sujet

Pour répondre à la question, il est nécessaire d'analyser précisément le sens des notions utilisées. Il est important de mettre en évidence les associations ou les oppositions présentes dans le sujet. La présence d'une opposition entre les termes de la question permet de mettre en valeur un paradoxe qu'il s'agira de résoudre. Pour dégager le sens des termes, il est important de les distinguer de notions proches (une question sur le besoin n'est pas une question sur le désir).

Dans le cadre d'un examen, le sujet est en relation directe avec au moins l'une des notions du programme, même si parfois aucune d'entre elles n'est explicitement citée. Il est donc nécessaire d'analyser précisément le sens des termes utilisés et de repérer la ou les notions du programme qui sont au centre de la question.

Repérer les présupposés

De la même façon que tout propos peut contenir des sous-entendus, toute question philosophique comporte des présupposés, c'est-à-dire des idées implicites, admises au départ dans la formulation du sujet. Il est nécessaire de relever ces présupposés pour traiter le sujet.

Il convient d'être attentif notamment aux articles, pronoms, quantificateurs qui démarquent une question d'une autre malgré les rapprochements. La question « L'usage de la raison suppose-t-il le rejet des croyances ? » est différente de cette autre : « L'usage de la raison suppose-t-il le rejet de toute croyance ? » Il faut également repérer les adverbes et les formules restrictives tels que « toujours », « jamais », « ne... que ».

EXEMPLES D'ANALYSE

Sujet 1

L'opinion peut-elle faire la loi ?

Analyse :

L'opinion : au sens classique, l'opinion désigne un « savoir non fondé » ; elle est également la pensée majoritaire d'une société (l'opinion publique).
Faire la loi : s'agit-il de « s'imposer » ou d'« élaborer la loi commune par la délibération » ?
Peut-elle : possède une signification matérielle (capacité) ou morale (légitimité).

Bilan :

Au sens de conditions matérielles (« être capable »), l'opinion peut s'imposer (idée d'une pression de l'opinion) [indication pour la première partie]. Mais a-t-elle la légitimité (« avoir le droit ») pour intervenir dans l'élaboration de la loi commune ? Une pensée majoritaire qui s'impose est-elle juste, surtout si elle est non fondée [indication pour une deuxième partie] ? Dans le même temps, la loi ne peut faire abstraction de l'opinion. Celui qui fait la loi doit tenir compte de cette opinion, ce qui ne veut pas dire la suivre [indication pour une troisième partie].

Sujet 2

La technique échappe-t-elle à la raison ?

Analyse :

La technique désigne une habileté particulière liée à un geste, à un outil, à une machine. Elle correspond à un véritable savoir. Elle suppose donc l'usage de la raison.
La raison est une faculté humaine qui peut s'entendre en un double sens : l'intelligence rationnelle ou le jugement raisonnable. La raison construit la science et fonde la morale.

Bilan :

La technique est rationnelle [indication pour une première partie]. Notre environnement technique nous paraît de plus en plus dominateur en nous obligeant à des adaptations difficiles ou en nous laissant envisager un avenir funeste [indication pour une deuxième partie]. Cela ne doit-il pas conduire à encadrer moralement l'usage des techniques [indication pour une troisième partie] ?

Sujet 3

Un objet technique peut-il être objet d'art ?

Analyse :

Il s'agit d'éclaircir ce qu'est un objet technique (le sens du terme « art » n'a pas été toujours dissocié de celui de « technique »).
Objet technique : objet permettant d'obtenir un résultat de manière efficace (outil, machine…).
Objet d'art : objet destiné à la contemplation (la question se pose de savoir si on peut le différencier de l'œuvre d'art dont la finalité serait explicitement esthétique).

Bilan :

Les deux objets semblent dissociables (un outil ou une machine n'ont pas de finalité artistique, mais sont des moyens efficaces pour agir) [indication pour la première partie]. Pourtant, un objet technique ne peut-il pas être lié à des considérations esthétiques (recherche sur la forme, par exemple, dans le design) [indication pour une deuxième partie] ? Ce qui ne veut pas dire qu'il est une œuvre d'art (l'objet technique conserve sa fonction) [indication pour une troisième partie].

Sujet 4

Toute production humaine est-elle une production libre ?

Analyse :

Production humaine : la question fait référence à la capacité proprement humaine de produire des objets grâce au travail.
Production libre : tout travail qui échappe à la contrainte (pour la survie…).
La question présuppose que certaines productions humaines sont libres.

Bilan :

L'homme peut créer librement grâce à son travail, contrairement à l'animal dont l'activité est asservie aux besoins naturels de l'espèce [indication pour une première partie]. Mais l'histoire montre que la production humaine est souvent servile [indication pour une deuxième partie]. Faut-il en déduire que l'homme ne peut pas échapper à la contrainte du travail [indication pour une troisième partie] ?

Construire un plan de dissertation

Rédigé au brouillon, le plan permet d'organiser la pensée de manière rigoureuse et d'apporter une réponse progressive à la question posée. Les différentes parties du plan s'appuient sur l'analyse du sujet effectuée au préalable.

La première partie

Certains éléments d'analyse du sujet permettent de construire la première partie et d'apporter une réponse provisoire. Cette réponse correspond généralement à une opinion commune sur le sujet. La première partie doit donc comporter une première explication des termes du sujet et des liens logiques qui unissent ces termes, ainsi que cela a été dégagé par l'analyse.

Cette première partie doit apporter une première réponse à la question qui découle du travail d'analyse, appuyée sur une présentation des arguments qui sont les plus répandus pour soutenir cette première approche. Elle s'achève par une transition qui peut se présenter sous la forme d'un questionnement sur les insuffisances de la première réponse. Une manière simple de procéder consiste à évoquer un cas particulier en contradiction avec la première réponse.

La deuxième partie

Après avoir apporté une réponse dans la première partie, il faut, dans la deuxième partie, montrer son insuffisance. Cela conduit logiquement à apporter une nouvelle réponse à la question. Il faut donc déboucher sur un approfondissement du sens des termes du sujet donné par l'analyse.

La deuxième partie doit contenir la formulation d'une nouvelle approche du sujet, accompagnée d'une présentation d'arguments suffisamment solides pour contredire la première réponse. Elle se termine également par une transition vers la troisième partie : celle-ci est rendue nécessaire par la contradiction mise en évidence entre les deux premières approches du sujet.

La troisième partie

La troisième et dernière partie est généralement la plus difficile à élaborer. Elle n'a de sens que si elle permet de dépasser la contradiction entre les deux premières réponses en apportant une solution au problème posé. Si ce n'est pas le cas, elle est inutile. En fait, dans cette partie, il faut essayer de rechercher comment les deux réponses apparemment contradictoires peuvent cependant être comprises à partir d'une nouvelle manière de penser le sujet.

La troisième partie comporte donc une nouvelle analyse du sujet, qui montre les limites des approches précédentes, une réponse plus approfondie à la question et une argumentation qui appuie cette réponse. La réponse finale ne doit pas être une juxtaposition de points de vue opposés (« La réponse est différente selon les personnes… ») ou un choix subjectif d'une des réponses (« Moi, je préfère la première (ou la seconde) réponse… »).

EXEMPLES DE PLANS DE DISSERTATION

Sujet 1 : Faut-il considérer les lois comme un mal nécessaire ?

Analyse préalable du sujet :
Les lois sont l'ensemble des règles instituées dans un État pour organiser la vie en commun. L'idée de mal nécessaire souligne que nous devons accepter la rigueur des lois car elles sont indispensables à la sécurité commune.

Plan

Première partie : Les lois, nécessaires à la sécurité commune, sont un bien.
– L'instauration d'une loi commune entre les hommes évite la « loi du plus fort ».
– Afin d'instaurer la sécurité, les hommes s'accordent pour reconnaître l'autorité de la loi.
Transition : L'obéissance à la loi ne conduit-elle pas à perdre la liberté ?
Deuxième partie : Les lois nient notre liberté et contredisent notre bonheur, elles sont un mal.
– En obéissant aux lois, nous ne pouvons plus être maîtres de nos choix de vie, nous assistons à une sorte de nivellement, d'uniformisation.
– La présence d'une autorité souveraine, l'État, est contradictoire avec notre liberté, qui est inaliénable (critique anarchiste).
Transition : Ne peut-on pas concilier les lois et l'idée de liberté ?
Troisième partie : Les lois sont les conditions de la liberté.
– Lorsque nous critiquons la loi, nous la considérons généralement comme quelque chose qui s'impose à nous ; or la loi est aussi ce que nous choisissons par notre vote.
– Si une loi ne fait pas le bonheur, l'absence de lois ne peut qu'aboutir au malheur de la majorité ; et si certaines lois peuvent parfois nous sembler injustes, c'est justement le débat démocratique qui nous permet d'en discuter et de les améliorer.

Sujet 2 : Une œuvre d'art peut-elle être laide ?

Analyse préalable du sujet :
Le laid s'écarte du beau, mais la définition du beau est objet de débat : est-il conforme à des règles définies a priori selon la définition classique du beau ? (sens n° 1) Est-il ce qui provoque émotion, sans qu'on puisse affirmer ce qu'il doit être ? (sens n° 2)

Plan

Première partie : Une œuvre d'art doit être belle.
– Finalité classique : l'œuvre d'art nous plaît pour sa beauté (en imitant la beauté naturelle).
– Cette beauté peut être jugée par référence à des règles techniques et esthétiques (sens n° 1).
Transition : La beauté est-elle vraiment un critère de l'œuvre d'art ?
Deuxième partie : Une œuvre d'art peut être laide.
– De nombreuses œuvres d'art ne se préoccupent pas de la beauté.
– L'artiste propose une approche du réel, il nous permet de réfléchir, il nous provoque ; il doit donc être libéré de cette idée de beauté.
Transition (contradiction) : si des œuvres s'éloignent de l'idée de beauté, cela risque de conduire à l'idée que n'importe quel objet peut être œuvre d'art. Mais si on parle de beauté, on risque de réduire l'art à des recettes établies et de bloquer la liberté du créateur.
Troisième partie : Si la beauté d'une œuvre d'art ne peut être définie a priori, cela ne signifie pas que l'œuvre d'art évacue totalement l'idée de beauté.
– L'art est l'objet d'un plaisir désintéressé, ce qui est une certaine idée du beau (sens n° 2), mais il n'y a pas de règles du beau.
– Le génie de l'artiste consiste dans la capacité à nous offrir de nouvelles manières d'être touché par la réalité ; il faut en ce sens conserver l'idée de beau comme ce qui nous émeut dans la contemplation de l'œuvre.

Rédiger une argumentation philosophique

La rédaction d'une dissertation ou de tout autre texte philosophique doit être rigoureuse. Elle doit être conçue comme une véritable démonstration. Les différents éléments de l'argumentation doivent concourir à provoquer l'interrogation du lecteur.

Rédiger l'introduction

L'introduction est un moment fondamental de la dissertation. Elle doit montrer que le sujet pose un véritable problème et justifier les propos qui suivent. Les premières lignes donnent ainsi une direction au texte en exposant le problème qui est posé par le sujet.

L'introduction comporte quatre étapes : l'énoncé d'une opinion, qui est souvent la plus répandue lorsque l'on réfléchit au sujet ; la mise en évidence d'une contradiction ou d'un paradoxe qui indique que la première opinion est insuffisante ; l'énoncé du sujet, souvent sous la forme d'une alternative, qui est la conséquence logique de la contradiction précédente. Enfin, l'indication de la direction que prendra l'interrogation pour dépasser l'alternative.

Rédiger le développement

Une argumentation philosophique n'est pas un catalogue d'opinions énoncées les unes après les autres. Elle doit construire une progression. Chaque moment de la démonstration contient une idée directrice qui a une portée générale. Elle est fondée par des raisons qu'il s'agit d'exposer. Une seconde idée suppose la rédaction d'une nouvelle partie ou d'un autre paragraphe. Un développement doit contenir idéalement trois parties, elles-mêmes divisées en plusieurs paragraphes.

La démonstration ne peut pas se réduire à une succession d'exemples ou à une appréciation subjective (« je pense que… », « à mon avis… », « il n'est pas normal que… »). Mais il est souhaitable d'illustrer ou de renforcer l'idée par des exemples (l'exemple est un cas particulier emprunté à l'expérience commune), des références (un élément marquant de la culture littéraire, scientifique…) ou des citations qui doivent faire l'objet d'une explication.

Rédiger la conclusion

La conclusion doit montrer que votre interrogation a permis de progresser dans la compréhension du problème posé. Elle permet de rappeler clairement la réponse que vous êtes parvenu à établir. Plus courte que l'introduction, la conclusion comprend le plus souvent trois moments.

Le premier moment est un bilan rapide de la dissertation, qui rappelle les articulations essentielles de votre progression. Est ensuite apportée une réponse à la question : on ne peut pas se contenter d'une réponse indéterminée, hésitante ; et même si tous les enjeux du sujet ne sont pas éclairés, il faut avoir progressé. Enfin, la conclusion peut comporter un éventuel élargissement du sujet.

EXEMPLE D'INTRODUCTION ET DE CONCLUSION

Sujet

Tout ce qui est techniquement possible est-il souhaitable ?

Introduction

❶ « On n'arrête pas le progrès », affirme-t-on souvent face aux multiples inventions techniques qui nous sont proposées régulièrement. L'inventivité humaine semble ainsi sans limite en ouvrant de nouveaux horizons pour notre action dans le monde. ❷ Pourtant, la formule n'est pas sans ambiguïté et renvoie également à l'idée que nos inventions peuvent être également la source de nouvelles servitudes. Ce que nous ne pouvons arrêter nous oblige en effet à des adaptations parfois pénibles. ❸ Tout ce qui est techniquement possible est-il souhaitable ou ne faut-il pas nous méfier de la technique pour éviter d'en être les esclaves ? ❹ Pourtant, à fuir la technique, nous risquons de laisser échapper ce qui fait notre humanité, car celle-ci s'est construite par la transformation de son environnement. Entre un optimisme béat en faveur de la technique et une peur passionnelle tournée vers le passé, il s'agirait de préciser à quelle condition la technique peut être l'instrument de notre liberté.

Les étapes de l'introduction

❶ Énoncé de l'opinion de départ.
❷ Contradiction.
❸ Énoncé du problème sous forme d'une alternative.
❹ Indication de l'insuffisance de la deuxième approche du sujet et proposition d'une direction pour dépasser la contradiction. Indication de l'enjeu.

Conclusion

❶ Il apparaît ainsi que l'univers de la technique n'est pas nécessairement le lieu du bonheur, contrairement à ce que l'on a pu penser pendant toute une époque. Nous l'avons vu, les développements techniques contemporains peuvent nous faire entrer dans un funeste « meilleur des mondes ». ❷ Tout ce qui est techniquement possible n'est donc pas souhaitable. Cela ne signifie pourtant pas qu'il faille refuser tout progrès, mais montre qu'il est indispensable que l'usage que nous faisons de nos techniques soit l'objet d'une réflexion éthique et d'une délibération politique. ❸ En cela, il serait certainement opportun que les projets qui concernent chacun d'entre nous ne soient pas laissés aux seules mains des experts. Ici comme en d'autres domaines, la liberté de chacun ne peut être mise sous tutelle.

Les étapes de la conclusion

❶ Bilan de la dissertation.
❷ Réponse finale.
❸ Élargissement.

Index

A

B

C

D

E

F

G

H

I

J

K

L

T

U

V

W

Z

Diane Chappalley

Crédits photographiques

Couverture : htg Socrate © H. Lewandowski / RMN ; **htd Montaigne** BIS / Ph. © Archives Nathan (reprise p. 35) ; **mg Spinoza** BIS / Ph. Coll. Archives Larbor (reprise p. 41) ; **md Rousseau** BIS / Ph. Jean Tarascon © Archives Larbor (reprise p. 47) ; **basg Marx** BIS / Ph. J.L. Charmet © Archives Larbor ; **basd Foucault** © Carlos Freire / Photos12.com (reprise p. 73).

P. 9A : © The Granger Collection NYC / Rue des Archives ; **p. 9B :** BIS / Ph. Scala © Archives Larbor ; **p. 11 :** BIS / Ph. © Archives Nathan ; **p. 13A :** © RMN / DR ; **p. 13B :** BIS / Ph. © Archives Nathan ; **p. 17 :** BIS / Ph. © Archives Larbor ; **p. 21 :** © Raymond Depardon / Magnum ; **p. 25B :** © Bettmann / Corbis ; **p. 27 :** © Metropolitan Museum of Art, Dist. RMN / Image of the MMA ; **p. 29 :** © Mary Evans / Rue des Archives ; **p. 31 :** © H. Lewandowski / RMN ; **p. 33 :** © Alinari, Florence, Dist RMN / Georges Tatge ; **p. 35B :** BIS / Ph. Lacarin © Archives Larbor ; **p. 37 :** © Christian Jean / Gérard Blot / RMN ; **p. 39 :** BIS / Ph. © Archives Nathan ; **p. 43 :** © BPK, Berlin, Dist RMN ; **p. 45 :** BIS / Ph. T. Scott © Archives Larbor ; **p. 49 :** BIS / Ph. Coll. Archives Larbor ; **p. 51 :** © Klaus Göken , BPK, Berlin, Dist RMN ; **p. 53 :** © Aisa / Leemage ; **p. 55 :** BIS / Ph. Coll. Archives Larbor ; **p. 57 :** BIS / Ph. Coll. Archives Larbor ; **p. 59 :** © Heritage images / Leemage ; **p. 61 :** BIS / Ph. © Archives Larbor ; **p. 63 :** BIS / Ph. Michel Didier © Archives Larbor ; **p. 65 :** © Ullstein bild / akg-images ; **p. 67 :** © Eyedea / Dominique Berretty / Rapho ; **p. 69 :** © TopFoto / Roger-Viollet ; **p. 71 :** © akg-images ; **p. 73B :** © Underwood Photo / Superstock / Sipa ; **p. 75 :** © David Levenson / Getty Images ; **p. 81 :** BIS / © Archives Larbor ; **p. 83 :** Coll. Archives Nathan ; **p. 85 :** © Steve Pyke / Premium Archive / Getty Images ; **p. 87 :** © Imagno / Roger-Viollet ; **p. 91 :** © Bettmann / Corbis ; **p. 93 :** © Rue des Archives / PVDE ; **p. 95A :** © Leemage ; **p. 95B :** © Ullstein bild / akg-images ; **p. 141 :** © Coll. G. Dagli Orti / The Picture desk © The estate of Francis Bacon - Adagp, Paris 2008 ; **p. 143 :** © Werner Bischof / Magnum.

Édition : Magali Hubert, Laurence Accardo
Maquette intérieure : Favre-Lhaïk, Thierry Méléard
Maquette couverture : Favre-Lhaïk, Thierry Méléard
Iconographie : Laurence Vacher
Photocomposition, photogravure : Compo 2000 (Saint-Lô)
Fabrication : Lucile Germaine

N° d'éditeur : 10156373 – Compo 2000 – octobre 2008
Imprimé en France par Clerc s.a.s.